一個經濟學家的無星級開味指南

中午吃什麼?

New Rules for Everyday Foodies

An Economist Gets Lunch

Tyler Cowen

泰勒・柯文──著 朱道凱──譯

目次

推薦序。陳雨航

美食的追尋與冒險

「我會告訴你如何吃到一些世界最美味的食物，即使你不是很有錢。」這句話實獲我心。

我是服膺這種「不花大錢而能吃好料」的信徒。這不是什麼信仰什麼哲學，完完全全是基於現實主義。如果我們不是很有錢，而又想吃點好料，不就自然而然會採取這種策略嗎？

《中午吃什麼？》是本書作者泰勒·柯文寫他對各種美食的追尋與冒險，這位美食家同時是位經濟學家，以支配食物的基本經濟原理，推測真正的好料在哪裡。

作者甚至有更大的企圖，要將我們關於吃的想法革命一番。譬如，他認為許多美食家和飲食評論家的幾個教條——「好食物是比較貴的」，「大量便宜食物的來源——也就是所謂的農企業，簡直糟透了」，「要吃得有創意，不能靠一般消費者」——是勢利眼，是不對的。因而，他希望提供讀者一種從政治菁英或食物菁英手中，奪回食物控制權的方法，拆除假象，過更好的生活。聰明飲食就是減少不平等的一種方法，他認為「最好的食物其實不貴，反而是便宜的」。

來，作者這樣告訴我們……

這本書告訴我們——各種食物做法的緣由和其中的道理，從而得知美食的要義。同時，我們也得明白運輸、倉儲和保鮮技術如何啟動了豐富多樣食材的現代世界。

它告訴我們——想吃得更有創意，就要走出窠臼。發掘新食物和新食譜，首先就是強迫自己走出熟悉的食物來源，換個陌生的地方買菜。找新的超市、異國料理市場，購買新的食材、新的調味料，才能改變餐桌風景的新氣象、新口味。

它告訴我們——餐廳的食物及飲料價格、房租等等的簡單經濟原則，知道什麼是「交叉補貼」，我們因此可以怎樣吃到好的。譬如說，賭博補貼了食物，因此在賭場餐廳用餐是划算的（賭博另議）；譬如說，航空公司票價高利潤時代，曾經在飛機上供應龍蝦，如今飛機餐失去補貼，變得難吃，若要美食，我們得自己想辦法（像香港美食家蔡瀾一樣，帶隻燒鵝上機）。知道餐廳怎麼想，我們也才知道怎麼做。

它告訴我們——哪些餐廳可能符合美味、創新和負擔得起的三大經濟原則。譬如說離開城市中心高昂地租的商店街，到外圍些的市集，或者走入巷弄尋找。廚藝最好的人，通常不是最有錢的人，即使擁有最好的想像力、最創新的烹調概念，他們通常也只能落腳在比較破舊的地方。你得尋找。作者的經驗是「我心愛的餐廳……它們有一個共同點：老闆和大廚駐守店裡，獻身於他們愛烹調的食物」。

它還告訴我們——確定你花錢買的，是好味道而不是社會假象。好餐廳會變質，當它的顧客增加得太多的時候。即使有名廚背書，那些連鎖餐廳味道也不會是最好的，因為大廚不見了。作者說：「關於食物，我們學到重要的一堂課是：最可預料和最井然有序的結果，永遠不是最好的，它們只是更容易描述而已。流行與風尚是井然有序的，路邊攤和火不是。」

這本書同時也探討一些肥胖、飢餓、農業生產率減緩、近年來的大糧荒、基因改造等環繞著食物的問題，以及怎麼吃得健康環保的建議。

這位美國人作者深愛異國風味料理，無論在美國或是異國料理的母國。我們當不會忽略掉他對各國或各大城市食物的幽默的形容（倫敦：一個報公帳吃飯的美妙地方），米其林餐廳指南的特殊用法（推薦無星級，只有一支或兩支叉子的餐廳），以及顛覆我們一般看法的評價（德國：一個懷才不遇的美食帝國）。他在敘述另一位旅行部落客時提到的一段箴言：「當你旅行時，外出用餐不只是填飽肚子，也是一場探索。它是創造一次探險、一段回憶、一個與當地文化連結的機會。」或可說是作者關於旅行與吃的哲學。

閱讀這本說理清楚、細節精采有感的書，我們對吃的世界會有更高的視野和更遠的憧憬。

本文作者為作家，近作有小說《小鎮生活指南》。

推薦序。王瑞瑤

打破迷思，發現新天地

爆發一連串食品安全問題後，外食族人心惶惶，不知該吃什麼好，就算想在家自己煮，也不見得安全。《中午吃什麼？》這本書來得正是時候，它不是餐飲指南，也非採購大全，而是挑明盲點，讓你改變觀念，大口吃喝並樂在其中。

做記者跑美食逾二十年，「哪一家餐廳最好吃？」是我最常遇到的問題，即使是不認識的計程車司機，或是發薪水給我的台灣首富，大家總是在吃的話題上熱烈討論。因為台灣人實在太愛吃了，打開電視幾乎每一台都在介紹美食，而且三百六十五天、每天二十四小時不斷播放——吃在台灣，根本是全民運動，從一小碗數十元的滷肉飯，到一大塊數千元的牛排，都各有擁護者，而且理由一大堆，所以我認為「舌頭是獲得幸福的最短距離」，意味著吃這件事，可以讓販夫走卒、高官貴族同樣開心。

但是，如何用最划算的價格吃到最好的食物，是所有人關心的焦點，也是暢銷書作者、美國著名經濟學家泰勒．柯文撰寫此書的最大目的。他提出幾個簡單的準則，其中有幾個論點深得我心，在台灣也完全通用，包括：美食家不可信、巷弄裡藏美食、基因改造不可怕、別計算碳足跡、吃美食不設限等等，只要能打破迷思，就能發現美食新天地。

多吃多比較，自然變行家

美食評論當然很主觀，但這些主觀的背後往往受到利益的影響，不少美食家與部落客愛吃霸王餐，甚至收錢當顧問，自願當門神；許多美食節目以置入性行銷起家，由付錢的人決定被採訪的內容，製作單位不篩選好壞，只能拚命美食綜藝化，就連談話性綜藝節目也頻頻炒作名人美食。到底推薦的標準在哪裡？閱聽大眾如果認真看、照著吃，十之八九踩地雷。

想要懂吃，外食族可以從住家附近的美食開始，多吃多比較，自然變行家，不必靠美食家來帶路。我當過幾次台北市牛肉麵節的評審，一天內吃下七碗，數天內吃下三十碗，任誰都會變成牛肉麵達人；我也擔任過苗栗客家菜餐廳認證的評審，一天吃五餐，五餐皆大菜，吃了一週便知薑絲大腸如何好吃，客家小炒的刀法該當如何，什麼料該放、什麼又不該出現。透過每一次吃飯，來訓練自己，不是填飽肚子而已，即使是填飽肚子的六十分美食，也能讓你心知肚明，不值在哪裡。

泰勒．柯文提出的低租美食，其實就是巷弄美食。因為租金是固定成本，只能變動食材和人事，所以巷弄美食的特色是食物分量多、裝潢不講究，甚至是一、兩人打理內外的小店，服務通常就不要求了。

尤其是台灣人很愛當老闆、自己做生意，所以小吃店特別多，一、兩張桌子便能張羅出店面。尤其是小吃，幾個準則一定要注意，以免花小錢吃東西，吃壞了肚子，活該！在這種小店吃，一要注意鍋子裡的湯頭有無滾沸，二要注意碗盤、抹布等基本衛生，三是最好能看到老闆吃自己賣的東西，這種心態有點像古代宮廷的試毒官，如果老闆自己都不吃，你還敢塞進肚子裡嗎？

基因改造在最近幾年變成熱門議題，泰勒．柯文的觀點深得我心。人活在世上短短數十年，如果生在饑荒國，看你還反不反基因改造？基因改造的背後或許有財團謀利的陰謀，但無可否認的是：基改最大貢獻是大幅改善了糧食短缺問題。今天，命好的你可以大啖保種玉蜀黍、暢飲無基改豆漿，你可以怕吃了不天然的食物，未來不得好死，但絕無理由反對基因改造，叫別人沒飯吃。

另外針對碳足跡，我也有話要說。不想為了吃而蒙上破壞生態的罵名，那就應該從吃什麼下手，而非計算這些食物旅行了多遠才進到你嘴裡，因為台灣並非自給自足的國家，即使是其他大國亦不可能。

身處美食天堂的你，怎能視而不見

懂得如何選擇食材，在念及口腹之欲下又能盡一份力量，除了以在地生產為主以外，還要有一種分享概念——分而用之，分而食之，以大魚大肉為首選，非因我獨亡或眾亡的食材。維護地球環境，你我都有責任，但人不是神，不必刻意拒吃進口蔬菜、進口牛肉，甚至很貴又很重的進口礦泉水。老實說，台灣明明就種不出也養不出這些食材，偶爾吃不必有罪惡感，喝一口天然礦泉水，就能比較台灣自來水混充礦泉水的不同。

台灣在不同時代迎接不同移民，也經歷不少統治者，許多美食在這塊土地上撞擊並生根，或許無所謂正宗，但多元絕對是最大魅力。因為在維吉尼亞州北部發現了平壤血腸的招牌，大膽上門嘗試並從此愛上韓國菜的泰勒·柯文認為，外來移民在美國成功奮鬥的故事，往往聽起來很熱血，但他比較喜歡的，是這些移民改善美國飲食文化的故事。「我稱馬英愛的烹調為北韓菜，但我也稱之為美國菜。沒有她，我的美食生活會更貧乏，美國料理也會更遜色。」

原本受到大陸沿海與日本料理等影響的台灣飲食文化，在民國三十八年國民政府遷台以後，再一次受到大陸菜系的牽引與融合，如今外省菜逐漸沒落，卻因陸配與外傭的湧入，又形成另一股新的美食勢力。

身處在美食天堂的你，怎能視而不見，放棄眼前這一條條通往幸福的捷徑呢！

本文作者為《中國時報》資深美食記者、中廣《超級美食家》主持人。

中午吃什麼?

| 第1章 |

美食家是勢利眼？

在乎吃，就要在乎食物背後的經濟學

懂一些枯燥嚴謹的經濟學，有助於讓你從每一餐飯中獲得滿足，
幫助你領悟一個道理：最好的食物其實不貴，反而是便宜的。

關於吃，整個世界都需要一些重大改變。這本書接下來要告訴大家的是：你可以從現在開始，就吃到更好的食物——不只對你自己，也對別人好。我們需要的，是一場很特別的革命。

讓我從自己的故事講起吧。這是一個關於找到好食物、找到簡單又好吃食物的故事。當我們自己擁有了一種更好的飲食經驗，並且理解這美好經驗從何而來，你將會很奇妙地發現，這是人類邁向九十億人口的第一步，也是最重要的一步。

吃點心，能讓你不必飢不擇食

寫這段時，我在前往尼加拉瓜途中。過去好像沒人推崇過什麼尼加拉瓜美食，旅遊指南也很少有好話，所以我只好到了當地再想辦法。

陪我飛往尼國首府馬拉瓜的，是一點麵包和乳酪，算是勉強充飢用的，因為我的航班直到下午一點半才抵達終點，午餐會拖到很晚。乳酪是 Safeway 超市的超強味巧達乾酪，麵包是 Whole Foods 超市已出爐三天的老麵發酵麵包。吃點心的好處，可以避免肚子太餓；因為太餓會引發各式各樣的問題，例如，會讓你飢不擇食，隨便找一家餐廳了事。所以，你可以把點心當作一種找尋美食之前的虔誠禁食。

走出機場，我挑了一台司機看起來年紀較大的計程車。到一個陌生城市，找老司機是你獲得人身安全、風土人情、旅遊資訊的好辦法，也是找好吃東西的好辦法。

車資已經談妥，但上路後，我告訴他：「我想中途停下來吃點真正特別的東西，道地的尼加拉瓜食物。我會付你美金十元補償你多花的時間，我也會請你一起吃午餐。」他接受我的提議，並告訴我，我們將停在一個靠近萊昂（León）的 quesillo。

這是什麼？小吃攤？酒吧？妓院？我不知道。他只告訴我，那地方接近旅途終點。我餓了，但好在有麵包和乳酪墊底，我可以忍耐。隨著車子顛簸前行，我思索 quesillo 很可能指 queso，西班牙文的乳酪。

沒多久，我看到一塊路牌，看樣子是官方放的，上面說前方有 quesillos。幾分鐘後，我看到道路兩旁各有約五家 quesillos，全是露天餐廳，全都有客人。好兆頭。

運將說他知道一處特殊的 quesillo，在一個叫做拉帕茲（La Paz）的小鎮，所以我們來到另一個 quesillos 聚集區。我被告知這裡只賣一種熟食，叫做……quesillo。你只有兩個選擇——「不放洋蔥」或「全套」。我點了「全套」，沒問那是什麼意思。

結果 quesillo 非常簡單。它是一片厚厚溫熱的玉米烙餅（tortilla），捲著涼涼液態的白奶油，配上黏答答的乳酪，餅中包著洋蔥，灑了點醋。玉米烙餅和乳酪是每天現場現做的；洋蔥帶來甜味和清脆質地，醋提味。簡單。棒透了。

。午餐總共花費：12美元（包括付給運將的額外車資）

最好的美食，就在平凡的日常生活之中

我們開著他那輛搖搖晃晃的老爺車繼續前往萊昂，一路聊著殖民地建築和尼加拉瓜所有值得一遊的景點。當我們越過鄉間，我一邊驚嘆著火山和湖泊之美，一邊也在觀察當地的農業。接近我要去的萊昂城外，我看到幾座小（真的很小）的農場——養雞與賣雞。

我對萊昂一見鍾情，它是我所見過最迷人的拉丁美洲城鎮之一，有幾分像魔法夢境，你以為

只存在於魔幻寫實小說中，它卻真實存在。建築雖老，卻依然漂亮，這裡每個人似乎世世代代生於斯死於斯。

鎮上有個廣場，黃昏時突然活了過來，到處可見出來散步的一家大小、約會調情的少男少女，還有賣氣球的小販，坐在長凳上的老人。

起先我以為，我會去嘗試鎮上最好的餐廳，但我聽到的建議令我卻步。我的旅館和旅遊指南，都說最好的地方是一家叫 El Mediterráneo 的餐廳，主打地中海料理。看起來不錯，但我千里迢迢飛到這裡吃地中海菜幹嘛？再說，我喜歡廣場的氣氛。

我漫步在廣場上，發現有五個攤販賣同樣的東西：炸雞跟薯條——所謂的薩爾瓦多風格。對這個廣場而言，五個攤販似乎嫌多了，但任何經濟學家都會告訴你，這可是健全競爭市場的象徵。我猜想，這裡賣的炸雞是來自我在城外看到的本地農場，因此我向看起來最新鮮的攤子買了一點，萬一不好吃，再去 El Mediterráneo 就是了。

但實際上，它美味極了——跟曼哈頓熱門餐廳吃到的炸雞一樣好。拿 Jean-Georges 在裴利街開的那家來說，我最近才在那裡花十倍以上的價錢吃了炸雞，味道還比不上這個。

。晚餐總共花費：2美元

賣炸雞的婦人撒了一些鬆脆的白乳酪屑在雞肉和薯條上，中美洲的標準吃法，鹹中帶甜十分美味。我至今仍抱持一個假設：尼加拉瓜擁有全世界最好的新鮮白乳酪，甚至超過薩爾瓦多。

吃炸雞（和乳酪）時，我到這個國家才六、七個小時，但我已開始構思我對當地食物供應鏈如何運作的假設：有錢人有傭人替他們燒飯，因此高檔餐廳反而不怎麼樣；這裡較少有正式的餐飲文化，至少不存在於餐廳。反倒是有一個十分美妙的食物世界，展現在新鮮玉米製品、完美的各式白乳酪及烘焙食品上。我開始在萊昂大街小巷觀察，飲食文化就藏在當地人最愛的餐飲之中，我只要找到門路進去即可。

上床前，我買了一個巧克力冰淇淋甜筒，因為我知道尼加拉瓜是主要的可可產地。果然。

我的流水帳再添1美元。

旅館提供的早餐，常是一天當中最糟的一餐

我決定不吃旅館提供的早餐了。在別的地方，早餐可能是一天當中最好的一餐，但在旅館，通常是最差的一餐。

我前往中央市場，但完全不知道要吃什麼。信步走入熟食區，看到人人都點同樣的東西：一大坨優卡（yucca，譯註：一種類似樹薯的根莖植物）堆在生高麗菜中間，米飯和豆子擺旁邊，優卡上面還鋪了五片豬肉，豬肉看來是用胭脂樹籽（achiote）醬煎過。

優卡柔軟、濕潤、甘美多汁，不像你在美國拉丁美洲餐館吃的那樣，像塊油炸石頭。豬肉有點韌，但風味十足，胭脂樹籽醬賦予它濃烈味道。我咯吱咯吱嚼著高麗菜，有點擔心吃壞肚子。

找東西喝，稍稍難了些。他們提供我「柳橙汁」，但端來的飲料基本上是摻了一點橙味化學香料的水。我一再問，水是否新鮮和安全，但不斷得到同樣的答案，小販信心滿滿地說，那是aqua corriente，也就是自來水。我不確定那是好消息或壞消息，因此買了一瓶可口可樂——是蔗糖做的，不是玉米糖漿做的標準美國可樂。

結帳時，我的「飲料」花了我五十分錢（除了可樂，只喝了一口的柳橙汁也算在內了）。然後我看到他們把我喝剩的大半瓶可樂，倒進一個空塑膠袋，再將袋子塞到一盤冰塊中，準備賣給下一個客人。這精打細算的小販，也把我退回去的柳橙汁做了相同處理。

這樣懂了吧：千萬別喝任何裝在手綁塑膠袋裡的飲料。

。早餐總共花費：3美元

看到路上很多驢子拖車？別吃魚

離開市場時，我買了一塊糕餅，口感介於餅乾和麵包之間，上面塗了某種微甜的東西。我不善於揣摩糕餅成分，部分因為我不懂烘焙，但這些東西理所當然受萊昂居民喜愛。其他很多人也在買。價格包含在上述三美元總額中。吃了三頓美食，只花了很少錢。

這次旅行的高潮，也許要算是另一趟計程車的行程了。我多給了司機一點錢，請他載我去找玉米粽攤子*。

他找了半天找不到，因為到了下午，當產品不再新鮮時，大部分玉米粽的攤販都收攤了。在街區四處兜了十來分鐘後，我們見到一個婦人，頭上頂了一籃玉米粽。我們停車，我向她買了兩個玉米粽，一個給我自己，另一個給司機。

兩個玉米粽賣二十科多巴（córdoba，尼加拉瓜貨幣），約一美元。我沒有面額低於五十科

*玉米粽（tamale），拉丁美洲的傳統食物，餡料分成鹹、甜兩種，鹹粽類似肉粽，將玉米麵團、肉餡用玉米葉包好後蒸熟；甜粽餡料以水果為主。

多巴的紙幣，婦人沒有零錢可找，我們人又在住宅區中央，四下無人，附近也沒有商店。我堅持不用找錢，能吃到甜玉米粽，我已十分滿意了，但她不肯。於是我只好在計程車內待十分鐘，等她換錢回來。那個玉米粽，可能是我在尼加拉瓜吃過最好的一餐。

四天旅行結束時，我已蒐集了很多證據。我在鎮上吃的餐食中，只有一餐夠不上傑出。接下來要吃的是海鮮，這導致我有了另一個假設：**當你看到驢子拖著車滿街跑、路上很多婦人頭上頂著籃子，你如果想吃魚，請去海邊或湖畔吧。**

意思就是：如果一個地方的交通工具不發達，魚和任何你看到的海鮮，只要離水十哩，都不會好吃。

美食家，都是飲食勢利眼

很多美食家、寫飲食評論的人，常受到三個教條誤導。但這三個教條，在尼加拉瓜都派不上用場，在你我家中也用不上，事實上放到任何地方都不對。這三個教條是：

1. 好食物，是比較貴的。（假如時間就是金錢，那麼慢食必然比較好。）

2. 大量便宜食物的來源——也就是所謂的農企業（agribusiness，採企業化經營的農業）——簡直糟透了。

3. 要吃得有創意，不能靠一般消費者，因為一般消費者很容易受到別人（例如名廚、美食作家、文化領袖，尤其是政府官員）的左右。

這三點結合起來，形成了我們這個時代的「飲食勢利眼」。

這類偏見太普遍了——在美食雜誌如 *Bon Appétit* 和現已停刊的 *Gourmet* 上，在反農企業的紀錄片如《美味代價》（*Food, Inc.*）和《麥胖報告》（*Super Size Me*）中，在限制食物推車、路邊小吃、未殺菌乳酪的法規上，在無數介於我們和更好、更便宜食物之間的政府干預中，比比皆是。作家麥可．波倫（Michael Pollan）曾提出一些關於當今世界飲食令人信服的觀點，在他最近的作品《飲食規則》（*Food Rules*）中，甚至要大家別吃這樣的東西了。

我要說的是：其實好食物很容易找，很容易做，而且很好吃。

儘管他們常高喊什麼「在地食」（locavores，吃在地生產的好東西）和「慢食」，這些飲食勢利眼其實是很悲觀、很家長作風的，尤其，他們是反創新的。他們不相信消費者或商人有能力創新；他們基於自己對運輸和原料轉換成食品的錯誤認知，而懷抱著虛妄的懷舊思想，緬懷原始農業。

他們鮮少承認（更遑論強調）便宜又快速的食物（包括那些被我們唾棄的農企業所提供的），是人類歷史上最重要的進步之一。那是現代文明的基礎，也是我們大多數人能夠活下去的原因。工業革命最終帶來現代生活的便利沒錯，但這也要歸功於工業革命爆發前所出現的一場農業革命，才讓經濟的進一步發展成為可能，我們才能將人力抽出農場，並雇用他們為科學家、工程師、發明家和企業家。

「極度新鮮」和「腐壞」，只有一線之隔

早年的食物世界，不是天堂。如果我們回到十九世紀中葉，會看到美國消費者對於新鮮水果、蔬菜、肉和牛奶抱著懷疑的態度——除非是自家或鄰家的農場生產的。就像今天任何業餘乳酪或香腸製造者都可以告訴你，「極度新鮮」和「腐壞」，只有一線之隔。

在那個年代，人們不知道「新鮮」食物來自何方，暴露在高溫和自然環境中多久；食品包裝上不註明有效日期，或根本沒有包裝；糧食在極度過剩期和極度匱乏期之間輪替，依季節和產地而定；高運輸成本使得大部分新鮮食品無法運送到世界上大部分地區；大部分食物是在地食材，

但沒有人特別引以為傲；提煉和加工成本幾乎不存在（除了糖例外），只因為以當時的科技和經濟條件，缺乏有效改造食物以擴大營銷範圍的方法。

那時很多食物都會經過防腐處理，通常使用流傳幾百年的老技術。例如蔬菜會用鹽滷和醋醃漬——未必是最佳風味組合。水果是脫水的，例如利用陽光。肉和魚是鹽醃和煙燻的，或塞入密封的罐子保存。食物中毒司空見慣。製作和保存食物需要大量辛苦的工作。總的來說，那不是一個值得羨慕的美食世界。

到了一九二〇年代，這一切才完全改觀，至少在美國是如此。運河、鐵路及後來的卡車，將食物的運輸成本降至過去水準的一個小數點。在這個新世界，耐久而經得起運輸的食物可以創造財富，於是企業家投資於運輸、倉儲和保鮮技術，也啟動了豐富多樣食材的現代世界。

今天，美國人取得食物的管道之多，在世界歷史上史無前例。供應不再限於醃漬、風乾及家庭農場生產的食物。相對於工資，食物突然變得更便宜，供應也變得更可靠。

一些不好吃的冷凍和罐頭食品，的確也應運而生，但莫為這個理由而譴責商業化。就像印刷機帶給我們好小說，也帶來了壞小說，但無論如何都是一個裨益文化的發明。

正確評價農企業，不表示你必須無視肥料污染問題，或支持政府補貼玉米糖漿，或理直氣壯地在麥當勞用餐。我們可以把現代、廉價的農業，視為一個平台，在這個平台上發展後續的飲食創新。這個平台還需要改革，但大體而言，它在餵飽人類這件事上做得非常好。如果我們不了解這個平台的好處，我們將無法找到最好和最便宜的餐食，還會危及平台本身。萬一平台垮了，饑荒將接踵而來。

我們也需要了解人們如何在當下利用平台，來達到更好更多的人道目標。尼加拉瓜食物真正美妙之處，在於它讓我們見證了個人的創造力——即使是一個非常貧窮的個人。

因此，想要吃得好，要保護環境，要對我們的法律與我們的日常飲食做出正確的決定，我們需要充分了解食物市場如何運作。我們需要更好地了解，如何將所有呈現在我們眼前的資訊，轉化成有用的知識。

在這個飲食「大停滯」的時代……

尼加拉瓜是一個我們不熟悉的環境，但我在那裡的經驗，說明了我希望藉這本書釐清的重要觀念。

1你我的每一餐，都很重要

糟糕的飲食，不只是一場不愉快的味覺經驗，也是對人生樂趣不必要的否定。它浪費了一個提升我們品味、認識世界及分享一次有益經驗的機會。幾乎每一個地方——不論是尼加拉瓜，或是你所居住的地方——都有物美價廉的飲食，只要我們能破解這些食物的密碼，找到區分優劣的暗號。你如何挑選餐廳？如何逛菜市場？食譜真的有用嗎？其實都是很關鍵的問題。

2好食物，通常很便宜

有多少人真有那個美國時間、金錢與耐性，每一餐都在豪華餐廳吃呢？幾乎沒人吧。但我確實想透過食物的探索，讓我的生活更多彩多姿。我也想用盡可能便宜的方法，來達到這個目的——畢竟，吃飯不是人生的唯一樂事。

一般垃圾食物很便宜，很多人也覺得好吃，但這些食物不能改善或提升我們的品味。你很快就會吃膩，而且不利於我們的健康或環境。垃圾食物也違反了一個概念：世界是一個資訊豐富的寶藏，充滿驚奇和隱藏的珍寶，還有學習新事物的途徑。換言之，垃圾食物是條死胡同。

況且，我們不需要垃圾食物，因為我們可以在住家附近，輕易找到更好、更便宜的食物。

我住家的鄰近地區——維吉尼亞州北部、馬里蘭州和華盛頓特區——有好幾家我喜愛的好餐館，全都能提供一流餐食，一餐吃下來，不到十五美元，當然有時我會花更多錢。我寫了二十年的餐廳評論，到頭來還是喜歡這些餐廳的十五美元餐，勝過名廚Michel Richard主持的喬治城豪華餐廳Citronelle，動輒要價兩百元的餐食。

我心愛的這些餐廳，提供五花八門的料理，從四川擔擔麵到法國艾帕斯起士漢堡到紅鮭魚咖哩到衣索比亞生牛肉配辣椒和乾鄉村乳酪。它們有一個共同點：老闆和大廚駐守在店裡，獻身於他們愛烹調的食物。

這樣的老闆與大廚，世界各地都可以找到。德州最好的燒烤廚子，是技術高超的應用科學家；在新墨西哥州首府阿布奎基（Albuquerque）的餐車式簡餐廳（有時甚至在藥妝店），可以吃到令你如癡如狂的辣肉醬；在義大利最少米其林星級餐廳的地區——西西里——照樣擁有一些歐洲最好、也最便宜的食物；紐西蘭的炸魚和薯條店，提供的是優質海鮮，雖然他們只收你不到十美元。在這些餐廳，沒有一家巴望著他們的顧客都是花公款吃飯。

3 當一個創新的消費者

一旦你對我們吃什麼、如何吃背後的經濟學，有了一些了解，就會更明白，身為消費者，我們每一個人都有改善國家和國際經濟的力量。

在美國及其他富裕國家，人們的實質所得大約自一九七三年起就停滯不增了。我們的飲食方式，能否幫助我們——至少部分——超越這個可悲的狀態？

我們以為，創新得來自創業家；我們以為，創新意味重大的生活改變，譬如電力、抽水馬桶和汽車的發明。但是今天，即使將神奇的網際網路納入，我們也已經很久沒看見可以跟我奶奶所經歷的生活改變等量齊觀的創新了。

我奶奶出生於一九〇五年，全球科技進步在一八七〇～一九七〇年間達到高峰，此後腳步放緩，因此在今天這個時代，我們需要更廣義的創新概念。當一個更好、更聰明的消費者，是一個能改進我們生活，從而扭轉我在另一本書所提到的「大停滯」的方法。

你花錢買的，是好味道，還是社會假象？

這本書談食物和吃，但它不只是一本談食物和吃的書。它攸關一個更大的課題：我們對待食物的態度，與我們對待生命、乃至於對待自己的態度息息相關。十八世紀時，蘇格蘭作家詹姆斯．包斯威爾（James Boswell）界定人是「一種會烹調的動物」——可見得美食家是一個喜歡發揮自己基本人性特質之一的人。

記得那些來自古代采風錄，關於羅馬人為了再度享受一場新的筵席而催吐的故事嗎？那代表一種非常特殊的對待食物與享樂的態度，雖然不代表這本書的態度。

有些評論家認為，食物是一種社會和政治控制的手段。十九世紀法國烏托邦社會主義者傅立葉（Charles Fourier）認為，烹飪法是純科學，唯有菁英烹飪法官和陪審團才能實現必要的「和諧」。傅立葉認為，性與食兩者應該是新社會秩序的雙料控制基礎，他稱之為「美食學」（gastrosophy）。良好行為會受到獎勵，由監護人賞賜大量食物和性愛，以此方式，社會主義將創造經濟合作與生產的誘因。傅立葉認為亞里斯多德學派主張的節制美德，是一種惡習，他預言未來人一天吃五餐外加兩頓點心，餐餐是美食，男人身高七呎，消化容易，平均壽命高達一百四十四歲。

那是另一個你不會在這本書找到的食物願景。我喜歡這種論點的樂觀，但我擔心食物被用作控制人民的機制。

這本書，就是希望提供讀者一種從政治菁英或食物菁英手中，**奪回**食物控制權的方法。我相信，拆穿一些社會製造的假象，人民的生活可以過得更好。最重要的是，辨明食物的展示或銷售，在什麼情況下與食物的味道有關，什麼時候與味道沒半點關係，而只是與其他事物——例如取得更高的社會地位或自我感覺良好——有關。

哥本哈根的Noma，連續數年被評為全世界最好的餐廳，但我在那裡吃得乏味極了（好在不是我埋單）。確定你花錢買的，是好味道，而不是社會假象，可以幫助你遠離那些不過爾爾的昂貴餐廳。當然啦，你也可以逆向思考我的建議，把這本書當作如何犧牲美味、好幫助你換取更高社會地位的指南。

我認為，聰明飲食也是一個減少不平等的方法。在美國，通常富人吃得比中產階級或中上階級好。不必然如此，我會告訴你如何吃到一些世界最美味的食物，即使你不是很有錢。

懂一點經濟學，你會吃得更滿足

總之，我希望這本書能讓你知道，成為一個更好的食物消費者，真的可以改變世界。

身為經濟學家，我將食物看成是資本主義供應與需求的結果。不論餐廳或超市或廚具店，你很難想像有哪個行業比它更商業化、更充滿創業精神和創新。如果我們關心食物，我們就必須關心食物背後的經濟理由。懂一些枯燥嚴謹的經濟學，有助於讓你從每一餐飯中獲得滿足，也會幫助你領悟一個跟大家所說的不一樣的道理：許多最好的食物其實不貴，反而是便宜的。

全書從頭到尾，我尋找更好的食物，運用的就是這個經濟法則：

食物，是經濟供應與需求的產物，因此我們要找的，是能供應新鮮食品、供應者富創意，而

需求者消息靈通的地方。

大部分的飲食文章，不大關心經濟學，但經濟這門學科的早期歷史，主要就是一門研究食物生產與分配的理論。

早期，經濟建立在農業之上（當然至今農業仍是世界較貧窮國家的經濟命脈），亞當・斯密（Adam Smith）是現代經濟學之父，他在一七七六年寫《國富論》（*The Wealth of Nations*）時，採用的一些最佳範例，都與穀物交易有關。弗雷德里克・巴斯夏（Frédéric Bastiat）是十九世紀法國最重要的經濟學家，他的著作至今仍在印行，內容重點就是在解釋巴黎人如何取得糧食。我將我的專業帶回到它的歷史根源。

首先，我們需要了解的是，今天的錯誤，究竟是如何發生的呢？

｜第2章｜

東西怎麼越來越難吃

都是禁酒令與媒體幹的好事

基本上，美國食物就是兒童食物。

在美國，食物有一道漫長的弧形發展軌跡，中間貫穿幾個大重點。我們有速成簡易、合成加工的文化；爛食物，從麥當勞、Hostess Twinkies 奶油夾心海綿蛋糕，到 Velveeta 加工乳酪和 Lucky Charms 早餐麥片，似乎無所不在；好又多甘草糖（Good & Plenty），更是一向重「多」不重「好」。

一九六〇年代初期，假日酒店（Holiday Inn）供應的食物有八成來自芝加哥中央廚房運出的冷凍包，因此這家連鎖酒店的大部分餐廳只需要一名廚師和一名洗碗工。當時著名的連鎖牛排館泰德（Tad's），曾創立一支新的連鎖分店叫做「泰德三十種餐」，他們賣雞肉、扇貝、牛排和馬鈴薯冷凍餐，餐點會用塑膠膜包起來，由食客自己放進每張桌子旁邊的微波爐解凍，吃起來沒什麼味道，這餐廳卻毫無愧色。

關於美國食物何以變得這麼差，有一個標準解釋，你會從美食家口中聽到，你會在很多食物歷史中讀到，麥可・波倫也曾引述這個說法——一言以蔽之，就是將美國食物變差的責任歸咎於商業化。

更具體說，這個國家把食物的供應網搞得太快太徹底，以致味道都消失在所謂的效率中。我們變成運輸食品、冷凍食品、罐頭食品和大農業公司的國度。在追求利潤和便利的過程中，我們喪失了古早年代的單純飲食方式。農企業腐蝕了我們溫馨的在地市場，剝奪了我們與鄰近農夫閒話家常的機會。

這裡我要提出不同的看法。沒錯，任何客觀的觀察者都能在農企業上找到離譜與低品質的證據，但仔細觀察歷史卻不難發現，這並不是飲食品質惡化的最大禍首。我們的食物之所以變得如此之差，真正關鍵的原因被忽略了。

我們的誤解，最常建立在兩個失察上。首先，我們都忽略了：其實現在有更多人吃得比過去任何時期都好。今天美國窮人過胖的可能性，遠大於營養不良。即使經歷了二次大戰期間的大規模動員及隨之而來的物資匱乏，都不曾阻止大多數美國人吃肉，雖是品質較差的肉。實際上，這些進步遠比垃圾食品的醜陋來得重要。

其次，我們多多少少誇大了美國食物差勁的程度，就如同英國食物在一個世代前的遭遇。美國在二十世紀的烹調世界絕非一無是處，法國人曾讚賞我們的沙拉和漢堡；中西部和南部充滿新鮮蔬菜，加州一年四季農產品不斷；德州牛肉和燒烤欣欣向榮，紐奧良發揚光大它的招牌美食克里奧（Creole）和卡津（Cajun）料理；美國至今仍是全世界吃牛排最好的地方之一，沿海地區新鮮海產豐饒。

只是那些離美國越遠的人，越不可能看到美國的新鮮食物，也越不可能看到燒烤或吃到中西部的現摘玉米，或品嘗阿拉巴馬州幾乎全年都有的日常蔬菜。然而，這些外國人會熟悉我們的罐裝、包裝和冷凍食品，也就是所有我們擅長運輸的東西。美國人倒是較少見到歐洲的包裝食品，因為歐洲比較不擅長長途運輸食品的技術。我們對歐洲食物的記憶是紅酒、醃火腿和新鮮草莓；歐洲對我們的印象是麥當勞和冷凍披薩。因此，儘管他們對美國飲食文化的若干批評是正確的，但這些批評同時也是不平衡的。

當歐洲觀光客來到美國，很多人沒有汽車，無法去郊區走走，不了解很多我們的民族風味料理，而且一般而言，他們對於如何尋找在地好食物也毫無概念。他們漫步在波士頓和舊金山之類的城市街頭，期待好食物自動跳出來向他們招手，那是他們在歐洲家鄉習慣的找地方吃飯的方式，但在美國，行不通。

話說回來，我們還是得承認：這個國家的確有太多低品質食物了。現在讓我們檢視原因，回顧我們相當獨特的歷史。

禁酒，也禁掉了美食大未來

先從禁酒令說起吧。

美國因禁酒而掀起的政治鬥爭，在一九二〇年達到最高點——那一年，禁止公開販售酒的法律正式生效。隨後的禁酒時代，迫使許多好餐廳關門歇業，也是美國料理和餐飲文化落後如此之久的主要原因。

其實早在一次大戰前，美國就有二十六個州制定了禁止公開販酒的法律，大部分在南方和西部。堪薩斯州更早，在一八八一年就開始禁酒了。就算州政府不禁酒，通常州內某些地區自己也會禁。例如一九一四年，加州境內禁酒的城鎮就包括柏克萊、聖塔芭芭拉、長堤、帕薩迪納、波莫納、瑞蘭德、河濱，以及大部分的洛杉磯郡。禁酒運動也在東北部贏得勝利，例如到了一九〇八年，康乃迪克州一百六十八個城鎮中就有九十個禁酒。

禁酒，是一場遠比大多數人想像中還要更大和更久的實驗。它為大部分好餐廳帶來巨大災難，特別是豪華和昂貴的餐廳，當時一位評論者甚至稱之為「美食大屠殺」。一位英國遊客形容：「不分青紅皂白全面謀殺了用餐的魅力和樂趣……幾乎所有餐廳都成了墳墓。」《週六晚報》（*Saturday Evening Post*）認為，美國美食學已被摧毀。這個問題原本已經在已經禁酒的州裡發生，現在傳染到全國，包括美國餐飲業的首都紐約市。新聞記者賀伯特・艾斯玻利（Herbert Asbury）寫道：「有很長一段時間，在紐約上館子是件恐怖的事情。」

在紐約，著名餐廳Delmonico's於一九二四年關門，正是因為缺少了賣酒收入，餐廳無以為繼。其他的知名餐廳也紛紛歇業——為了同樣的理由，包括Rector's、Shanley's、Ted Lewis Club、Boardwalk、Little Club、Monte Carlo Club、Murray's Roman Gardens、Thomas Healy's Golden Glades、Reisenweber's、Jack's、Sherry's，以及當時公認為紐約最好的法國餐廳Mouquin's。這些餐廳中，有許多是因遭警方查獲店內有酒而被迫歇業。另外還有一些頂級旅館不是連同附設餐廳一起停業（因為酒吧是它們重要的收入來源），就是不再經營餐廳。

貪腐的官員也是幫凶。過去合法的餐廳，如今若要繼續賣酒，就得遊走法律之外，和黑道經營的餐廳競爭。旁門左道的館子會利用法律及貪污的警察，逼競爭對手關門。結果倖存下來的，就是那些擅於賄賂、貪腐及在司法界有人脈的館子，而非廚藝精湛的餐廳。而這些存活的餐廳越賺錢，被期待付的賄款也越高。一間典型的紐約市地下酒吧（speakeasy），每月固定的賄賂成本約為四百美元，按通貨膨脹調整後，相當於今天的十倍。這還不包括三不五時招待來訪警員吃吃喝喝之類的開銷。

其中，昂貴、高品質的食物受創最重。舉例來說，不能賣酒，依法餐廳就不能用紅酒調味。這一來，法國餐廳門可羅雀，無數在美國的法國大廚淪落街頭，不是另尋工作，就是搭船回國。

喝烈酒，吃罐頭，就可惜沒吃到苦頭

不過與此同時（大約從一九一九到一九二九年），美國餐廳數卻翻了三倍，畢竟，那是美國的繁榮年代。但問題就出在：大部分這些餐廳強調的是速度和便利，而不是食物的品質。

不靠賣酒獲利的餐車式簡餐廳（diners）更加流行起來；冷飲店、冰淇淋店和糖果店也蓬勃發展。以紐約市的百老匯來說，就從劇院和餐廳的集中地，變成廉價食品和零售店林立。突然間，滿街都是熱狗和漢堡店、賣什錦雜炒的中國餐館、糖果店和藥妝店、投幣遊戲機店和地下酒吧，這一切，預告著新的食品世界即將來臨。

此外，禁酒令也使得美國餐廳更適宜兒童。只不過，家庭生活雖因此變得更便利，食物品質卻也隨著打了折扣。大多數兒童偏好比較不刺激、可預期的食物，而且，如我在後面更詳細討論的，美國成人本來就特別願意遷就子女的食物偏好，而禁酒令，更賦予了孩子們對美國餐廳食物更大的影響力。

禁酒令也把飲酒活動趕到地下，轉移陣地到非法營業的酒吧或私人住宅裡頭。這些地下酒吧通常也供應食物，但根據觀察家的報導，大都品質粗劣、價格昂貴，而且因為地下酒吧必須保持低調，因此更無法建立什麼烹飪名聲。顧客只限熟人的做法，也限制它用美食吸引其他客人上門的誘因。

通常，非法飲酒會避開葡萄酒，因為葡萄酒很難運輸、儲藏和行銷。酒客以廉價烈酒取而代之，但烈酒不能提升優質食物的滋味。即使經過整個一九四〇年代，美國人仍普遍以威士忌，而非葡萄酒搭配精緻食物。

禁酒令於一九三三年廢止，不過這時美國也陷入大蕭條中了。根據一項來自當時的估計，禁酒令結束六年之後，紐約市的美食才開始復甦。另一項估計，則是以一九四一年紐約市第一家後禁酒時代的傑出餐廳 Le Pavillon 開幕之年，為美食復甦年。

但是，偏偏就在這段期間，美國即將投入第二次世界大戰，這又是對優質食物的另一次打擊。戰爭期間，美國的包裝食品和速食餐廳蓬勃發展，將美國進一步推向食物光譜上更便利、更低品質的那一端。

因為這場戰爭，將六百萬婦女首度送入勞動市場，她們多半已婚生子，丈夫離家參戰（超過一〇%的美國人口被徵召入伍）。對於吃，這些家庭這時候需要的，當然是更廉價、隨時可上桌的食品。再加上，戰時配給制度和資源匱乏，也讓高品質食材和細心烹調可望而不可及。例如，由於六〇%的美國優選級牛肉保留給戰時用途，因此越來越多人吃大量生產的雞肉；Spam 罐頭午餐肉特別流行，就是因為儲存方便，容易料理。由於勞力、資源和運輸設備被轉移到軍事用途，新鮮蔬菜和水果經常缺貨；至於咖啡、奶油、乳酪、脂肪、油，尤其是糖，全部都受到嚴格限制。

和歐洲不同的是，美國的工業和農業基礎在戰後沒有受到重創。工業生產的罐頭食品是適應戰爭的重要方式，運送食品到海外——不論供士兵食用或戰時外援——也大大促進美國罐頭製造業的成長。

至於在歐洲大部分地區，戰爭意味很多食物根本不可得。人們吃得更少，也更依賴在地生產、自家種植、與當地農夫以貨易貨，以及家庭食物的防腐技術。有些人真餓到沒有選擇，會吃寵物或流浪動物。這種現象雖然降低了歐洲食物的品質，但並未使歐洲在戰後轉向便利取向、重量不重質的飲食習慣。換言之，歐洲人是因為吃了較多苦頭，才得以保留味道較好的食物。

美國很多郡縣至今仍有禁酒令，雖然確切數目起伏不定。肯塔基州一百二十個郡中有五十五個禁酒，還有三十五個局部設限；德州二百五十四個郡中有七十四個完全禁酒；阿肯色州有超過一半的郡禁酒。估計約有一千八百萬美國人住在禁酒地區。過度的管制，束縛了創新。一直到一九七〇年代或更晚，美國才開始真正重視葡萄酒，或視葡萄酒為美饌良伴。

謝謝馬英愛，讓我吃到北韓菜

外來移民在美國成功奮鬥的故事，往往聽起來很熱血，但我比較喜歡的，是這些移民改善美國飲食文化的故事。

距離我家約二十分鐘的地方，開了一家新餐館，招牌上——只有韓文——寫著「平壤血腸」。沒錯，平壤，北韓首都。

店主馬英愛，是個迷人的北韓女人，她繫著一條圍裙，上面點綴著貓和心形圖案，用大大的微笑和一聲哈囉迎接所有客人。她很高興看到我，雖然她的英文不足以應付我對食物的所有問題。

如同許多韓裔美國人的成功故事，她的工作時間從早上九點半開始，一直到晚上十點半，大部分時間都奉獻於維持餐館的品質。僅僅十年前，她還在北韓公安部任職，專門抓毒品私梟——也就是那些未經政府許可就與中國做買賣的人。如今她是虔誠的基督徒，餐廳牆上掛著聖經金句，也是誓死反對北韓政權的政治異議者；有時還會去聯合國領導抗議北韓政權的活動。

她曾被關入北韓監獄一個月，因為寫假報告和疑似基督徒而受審訊。她獲釋後不久又惹上政治麻煩，拋下丈夫，穿越中韓邊界潛逃出國，但再度被捕入獄，遭酷刑拷打，不斷被煙灰缸砸，留下的疤痕至今清晰可見。最後她終於用偽造文件逃出國門，一路靠賄賂和一些親屬和政治關係的援助抵達南韓。後來她獲得政治庇護來到美國，如今在維吉尼亞州北部，以廚藝贏得該區美食家的喜愛和讚譽。

她的館子賣豬肝豬腸，也賣一些我生平吃過最好的香腸，配最新鮮的辣椒，還有拌黃瓜的冷蕎麥湯麵，以及雉雞肉餡的水餃。這一帶至少有四十家韓國餐館，但這一家與眾不同，它的菜通常更好，最起碼——總是有變化。

除了烹飪，馬英愛也玩樂器（鋼琴、手風琴和揚琴——一種用竹枝擊奏的弦樂器）、唱韓國民謠，還有在韓國教會證道和唱聖歌，看與ＦＢＩ相關的電視劇。她將餐館的部分收入，捐給難民援助和反北韓政權的持續努力。她也常收到死亡恐嚇。

我稱馬英愛的烹調為北韓菜，但我也稱之為**美國菜**。沒有她，我的美食生活會更貧乏，美國料理也會更遜色。

不同國家的料理，與移民之間的關聯性不太相同。例如法國料理，近代就很少受到移民的影響，巴黎有很多很好的北非餐廳，但即使沒有阿爾及利亞移民，巴黎食物依然會是世界翹楚。義大利和法國一樣，儘管近年外來移民比例增加，但即使沒有新移民，義大利仍會有卓越的食物。

相反的，美國食物**就是**移民食物。很多我們最好的烹飪觀念，都是來自移民（或是來自非洲奴隸）。例如紐約的熟食店（deli），就混合了眾多來自東歐的影響；漢堡是從德國燒肉方法演變而來；美國披薩是重新組合的義大利概念；燒烤很可能來自加勒比海和墨西哥。所謂「民族」料理，現在主宰我們的城市和郊區；「無國界料理」（fusion cuisine）則汲取歐洲、拉丁美洲、亞洲及如今非洲的影響；加州的「納帕谷」（Napa Valley）料理，是當今世上最國際化的烹飪風格之一。

有美國味的四川菜？

美國人極擅長供應廉價原料、廉價運輸、廉價行銷，以及接觸廣大富裕顧客市場的機會。這個國家地大物博，我甚至會這麼說：我們的超長供應鏈——通常用橫越全國的卡車運輸來衡量——也包括我們吸引遠方移民的能力。

例如美國的中國菜，當然比不上四川省的中國菜，但四川沒法提供像美國這麼多元的食物選擇。美國食物正邁向許多民族料理的「次優」地位，這些料理沒有一項是美國食物，但這種海納百川、包羅萬象的特性，卻透出某種強烈的美國味。

一九二〇年代以前，美國大體上是一個對移民開放的國家。這裡有土地可以取得，有大把工作機會，有開放和彈性的階級系統（對大部分白人而言），美國城市可容納幾百萬新來者，新移民構成美國人口很大一塊也就不令人意外了。

從一八二〇到一九二〇年，美國接納了約三千萬歐洲人。但到了一九二一年，緊急限額法案首度限定每年移民人數上限；一九二四年限制進一步緊縮，接下來四十年，美國大體上對大規模合法外國移民關上了大門。

這些移民限制，最終傷害了美國飲食，而且實施時間與禁酒令、大蕭條和二次大戰大致重疊。要知道，光是移民限制一項，就足以對美國飲食造成窒息效應，不妨想像一下，如果不准你吃中國、印度、越南、泰國和墨西哥移民生產的食物，你的餐飲選擇會變得多差！而且這麼一來，主流美國餐廳的競爭壓力也會減輕，結果就是讓我們吃到更差和更單調乏味的食物。

阻止新移民流入，也破壞了那些已經在美國成家立業的老移民的烹飪傳統。這些老移民接觸不到自己的根，只好向主流美國飲食習慣靠攏。雖然這可能有助於美國的國家團結，卻不利於飲食。當失根、孤立的移民被美式家庭生活輕鬆自在的允諾所誘惑，他們開始買罐頭食品、瓶裝番茄醬，以及後來的冷凍餐和微波爐。有時，他們追求這些趨勢過了頭，為了證明自己是「真正的美國人」，來自他們「祖國」的烹調就只能在特殊節日或大型週日家庭聚餐才能現身了。

鄧肯．漢斯（Duncan Hines）可謂一九四〇年代美國最權威的餐廳評論家。他直到一九四八年才第一次訪問歐洲，寫回來的報導說：美國料理世界第一。依他之見，唯一能和美國競爭這個頭銜的，是英國，因為英國有傑出的烤牛肉。

直到一九六五年，哈特—席勒法案（Hart-Cellar Act）廢除了先前基於國籍的移民配額後，移民限制才放寬；該法案於一九六八年正式生效，等到移民進來開設成功的餐廳，又延宕了一段時間。無論如何，接下來十年，美國接納了四百七十萬移民。這個數字遠大於一九五〇年代的二百五十萬人，幾乎是一九四〇年代一百萬人的五倍，比一九三〇年代的五十萬人大了整整十倍。終於，美國食物在一九七〇、八〇年代長大成人，這大部分得拜移民政策轉變所賜。

看看電視，幹了什麼好事

二十世紀的美國家庭結構，也是飲食品質不夠優的原因之一。

飲食習慣始於家庭。家庭是我們學習吃什麼、怎麼吃及如何評價食物的地方。雖然味覺可以重新訓練，但大多數人都會維持童年的食物品味。許多中國人喜歡海參的順滑口感，許多墨西哥人不怕辣椒的辛辣，許多阿根廷人愛吃腰子和腸子，都其來有自：因為他們從小吃慣了那些東西。就像許多美國人會認為神奇牌土司（Wonder Bread）味道正常，但很少德國人會同意，因為他們期待更硬更濃味的麵包。

由於一連串的社會偶然，二十世紀的美國家庭結構結合當時的新科技，阻礙優質食物的發展。看電視的習慣、上班的媽媽和寵壞的孩子三者聯合起來，鈍化了美國人的美食鑑賞力。

蔡美兒（Amy Chua）的暢銷書《虎媽的戰歌》（*Battle Hymn of the Tiger Mother*），解釋了亞洲兒童之所以在工程和科學方面表現優異，是因為父母的管教方式，包括限制孩子看電視的時間，逼迫孩子練一種樂器如小提琴，甚至當子女表現不如預期時罵他們是「廢物」。不論你對這種教養方法有何看法，嚴格家教對一國之食物比放牛吃草好。當兒童掌權，食物品質必然下降，這是美國食物出問題的一大原因。

美國人溺愛和遷就子女的程度，超過其他國家。我們買更多玩具給孩子，讀更多關於如何養育子女的書，給孩子更多零用錢。史波克醫師（Dr. Spock）一九四六年的暢銷書，建議父母彈性地迎合子女需求。對照下，法國兒童的願望——不論對食物或其他東西——較常被不予理會。小孩子只能乖乖吃大人餵他們吃的東西。

我們寵孩子的方式，包括了迎合他們的飲食偏好，但這樣做的結果，就是破壞全家人的餐飲品質。美國父母製作、購買、烹調和展示更乏味、更簡單和更甜的食物，部分原因就是小鬼當家。兒童喜歡甜食、炸薯條、原汁原味的肉和零食，而由於弄同樣的東西給全家人吃比較容易，自然使得美國食物走上這條更簡單、更淡而無味的路。

換言之，很多美國食物，說穿了，根本是兒童食物。只不過大人小孩剛好都吃它罷了。美國父母給孩子的零用錢也比其他國家多。部分因為美國是比較富裕的國家，部分因為美國人更願意迎合子女。想也知道，兒童會花很多零用錢在糖果、速食和零食上。這些東西塑造了他們的口味，並給予他們一些食物自主權，相對來說，其他國家的兒童通常更依賴父母的食物選擇。結果是，美國充斥劣質食物和甜而無味的食物。

舉例來說，兒童是甜甜圈連鎖店風行美國的背後推手。一九六二年，可以說是美國食物墜入谷底的年份之一，那一年五九%的美國人家裡有兒童；這些家庭有九一%經常買甜甜圈，相較之下，無子女的家庭只有七四%。甜甜圈甜到極點，它們五顏六色鮮豔無比，還含有很多添加劑。它們是美食勢利眼的夢魘，在一個以兒童為中心的文化，它們的普及一點也不令人意外。

電視也必須為這個國家的許多壞飲食習慣負責。電視在美國普及的速度比歐洲快。美國人與電視難捨難分的戀情在一九五〇年代起飛，觀看率一路飆升到一九八〇年代。到了一九五五年，三分之二的美國家庭已擁有電視機。在大部分歐洲，這個發展要到二十年後才開始。

電視助長了能快速準備又能迅速解決的食物。回想一下一九七〇年代，整個下午都在播肥皂劇，接著晚間新聞六點播出，黃金檔節目八點登場。也就是說，如果你要燒一頓耗時晚餐，所要付出的「不看電視成本」很高。況且，大多數家人並不想圍桌而坐，細嚼慢嚥一道又一道的菜餚。更普遍的情形是，大家不是迅速煮點東西，就是熱一盒冷凍餐，或打電話叫外送食物。

在我的童年，許多我最喜歡的節目——包括《星艦奇航記》和《太空仙女戀》——剛好在關鍵的下午五點到七點的晚餐時間重播。到了七點半或八點，新的情境喜劇又開始了。我急著看寇克艦長，因此我只要一個漢堡、頂多加些炸薯條就夠了。母親不得不答應我的要求，否則我會拒吃任何把我綁在餐桌上一小時的食物。我學會如何加熱冷凍薯條，如何叫外送的「歡樂炸雞」，如何煎簡單的漢堡。我的口味在那些年形成，而且一直沒改進多少，直到二十多歲我去德國度過一段省吃儉用的日子。

馬麻去上班了，隨便吃吧……

女性進入職場，也是將食物推往同樣「速成即食」方向的推手。一九四〇年，美國已婚有子女的婦女外出工作的比例為八．六％。到了一九四八年，這個比例已上升到二六％，一九九一年更達到六六．八%。早年有一本Jell-O果凍的宣傳小冊子很具說服力：「當女人只要花十分錢，就可在兩分鐘內做出這麼誘人的甜點時，為什麼她們還要在熱爐子前站幾小時，攪拌令人頭昏眼花的混合物？」

連鎖餐廳和速食店在這段時期迅速成長，主要就是因為替父母節省了時間和精力。一九七五年家庭主婦平均每週花在準備餐食和飯後清潔工作的時間，比一九一〇年的家庭主婦少了三十二小時。這些省下的時間多半是從單調沉悶的工作解放出來的，誰願意回到過去？再加上，離婚率升高也迫使許多女性外出工作，進一步強化這些趨勢。

這時，業者們挺身而出，提供對電視友善、對鑰匙兒童友善的食物。微波爐在一九四五年取得專利，一九四七年開始賣給商業用途。一九五五年，一台微波爐售價還要一千兩百九十五美元，但到了一九六七年，花四百九十五元就可以帶一台微波爐回家放在廚房流理台上。今天一台絕對能用的微波爐只要五十美元。

一九五四年史雲生（Swanson）公司推出第一個在全國販售的「電視餐」，內容包括火雞肉配玉米餡、蜜汁甜薯及奶油豌豆。想出這個點子的是史雲生的執行長，他從戰時的「伙食」經驗汲取靈感：他曾在多雨的沖繩戰場吃過一頓類似的晚餐。很多後續推出的史雲生電視餐，其實是細菌學家研發出來的食譜，而非廚師——因為要設計出生產過程嚴格且能持續保鮮的食物（這些因素已凌駕於食物味道之上了），並不是容易的事。

披薩直到一九五〇年代，才在美國竄紅。一、兩個披薩可以餵飽一家人，因此非常適合家庭生活。披薩很容易用汽車運送，最重要的是，披薩適合在電視機前面吃。它容易加熱，可以叫外送，可以直接用手從盤子抓著吃，省了桌子或刀叉。對於忙碌的家庭，它很快就能清乾淨和丟棄。

電視鼓勵人們購買能夠擺在大腿上或從一個大袋子或大碗抓起來吃的食物。除了披薩，預先包裝、容易處理的零食也頗受青睞，如餅乾、洋芋片、炸薯條和紙包糖果；容易濺出醬汁和湯汁的新鮮食物則被列為拒絕名單。問題不在農企業本身，而在消費者不夠創新，部分原因則是電視轉移了他們的注意力。

我們必須先檢討……我們自己

電視在美國生活的核心地位，也驅動一個全國性的廣告市場，使得食物更加同質化。全國電視網擁有最多的流行節目，進一步改變食品市場的均勢。全國性廣告意味產品必須能賣給廣大群眾，因為替小眾或特殊產品買全國電視時間划不來。結果就是：在全國打廣告的產品傾向於淡而無味及大眾化口味；它們訴諸的是美國食客的「最大公約數」。這個廣告生態，有利於走到哪都一樣的全國品牌，使小眾食品更難引起注意。廣告必須以單一產品或前後一致的產品線為號召，因為信息的重複性和一貫性對行銷至為重要。有什麼方法比在一個普受歡迎的節目，如晚間新聞或《我愛露西》上做廣告，更能打動人心？

當烹飪的卓越性被摧毀，往往很難再度啟動，在家炊煮的知識已然喪失，而美妙餐廳網絡也不可能一夕創造出來。傑出的餐廳需要的，是能吃出味道好壞且願意花錢的顧客。當好館子漸漸消失，我們很難在短期間重建一個擁有好品味的顧客群。美國食客及家庭廚子，漸漸習慣追求便利性和可靠性。

總而言之，幾個偶然的歷史因素將美國食物供應網推向便利，而非品質，包括：法律和我們的政客、我們的兒童，以及我們對這些影響的默許。農企業確實貪得無厭地追求利潤，因此它會支持任何飲食趨勢，不論正面或負面，只要這是消費者要的。表面來看也許錯在農企業，但它們是平台建造者，不是主要的內容塑造者。我們必須先檢討……我們自己。

反擊之道，就是掀起一場新的食物革命，絕佳地點就在超級市場的走道上，也許就在那些設計來方便誘騙和安撫吵鬧不休幼兒的購物推車後面。有什麼方法，可以將美國的特殊食品市場變成對你有利？

| 第3章 |

打破你的買菜習慣

一個禮拜後，你會更有創意

如果採買成了無感的例行公事，這種不假思索的習慣，
是發現食物新大陸的最大障礙。

我們大多數人都對超市不陌生，或者該說，太不陌生了。它們每一家都供應大量便利食品，充斥著只能說「近似食品」的東西。

正是這樣的便利性，使得我們的採買生活成了無感的例行公事：我們知道自己要什麼，去哪找，何時買，買回家做什麼。這些不假思索的習慣，是發現食物新大陸的最大障礙。

只要戒掉你的標準程序一星期左右，你與生俱來的創新能力就會綻放出來。你會發現，主流超市並不是銷售——與購買——食物最好的方法。最起碼，不會永遠都是最好的方法。

我自己進行過一項實驗。花了一個月時間，我克制自己不吃來自主流超市的食物，改去一家小超市——一家叫做「長城」的華裔／亞裔超市——購買我所有食物。不過，要先說清楚的是：我仍然常

到其他城市旅行，而且會上館子，因此超市完全沒有壟斷我的飲食生活，但重點是，我就是不讓自己去那些有名的大超市買菜。

一個月，也許聽起來不長，但我的目的，是想要證明人的適應力究竟多快能出現或不能出現。這個實驗背後的理念是這樣的：**食物是經濟供應與需求的產物，因此，我們要去那種供應品新鮮、供應者富創意、需求者消息靈通的地方。**

包裝上的說明，有寫跟沒寫一樣

我所說的這家「長城超市」，位於維吉尼亞州梅里費爾德鎮（Merrifield），離華盛頓特區約二十分鐘車程，一個有很多中國移民的中上階級郊區。

這家中國人經營的商店，共有十條長走道。在這裡，最艱巨的任務就是找東西。儘管我來過很多次，而且我還算熟悉中國料理（至少跟別的西方人比起來），但只是找一、兩樣東西就可以花掉我二十分鐘，感覺像進了迷宮。

這裡的瓶瓶罐罐，大都用中文標示，就算有英文字也很小，很難找到，而且未必總是和中文在同一面，常躲在你看不到的地方。所以就算老闆告訴你，要找的東西在「八號走道中央右邊」，也不等於你就能順利找到。

其中，我覺得最難找的是乾貨和糖果。這些東西大都沒有英文標籤，我常不確定自己在找什麼，因為有些東西在書上或食譜上的名字，跟包裝上的名字不太一樣——標籤上的「芽菜」到底是「酸菜」，還是「醃芥菜」？我至今仍不確定。

這還是有英文說明的東西。

當我進入那些走道，有時我感覺旁人在瞪我：這傢伙來這裡幹嘛？

我決定問戎蓉。戎蓉是中國研究生，來自上海一帶，在我任教的大學修經濟學博士。戎蓉個子很小，態度和善，可能是她同學中最聰明的一個。戎蓉叫我試試雙菇醬油，她說，味道和她母親在中國用的一模一樣。

我問戎蓉，在長城找東西有沒有困難，答案當然是：「沒有」，不過她承認，反倒是去美國的連鎖超市 Giant 令她困惑，雖然她已在美國住了將近四年。她發現，Giant 的穀類加工食品最難搞懂，雖然她的英文已經很好了，但無法像我一樣快速讀完所有標籤，或瞄一眼就知道某個食品嘗起來是什麼味道。

另一個我在長城購物的困擾，是跟店員溝通。其實這裡的員工個個工作勤奮，在店裡不難找到人來問。問題是，幾乎所有員工都說西班牙話，多半來自薩爾瓦多，英語能力參差不齊。好在我會說西班牙話，但未必有用。有些中國食品雜貨，我壓根兒不知道西班牙話怎麼說，但更常見的是缺乏適當翻譯。例如 Salsa dulce de los frijoles（譯註：大意為黃豆的甜醬汁）和「甜麵醬」，意思就不同，這樣問，不會把我帶到我想去的地方。dulce y agrio 倒是直接對應「甜酸」，但這種容易翻譯的情形是例外，不是常態。通常拉美裔員工既不知道貨架上物品的英文名字也不懂中文，進這家店彷彿變成半個啞巴。另一位經濟所的中國研究生王思毓表示，她第一次光顧長城，最意外的是西班牙語在工作人員之間流行的程度。

大多數時候，我靠走遍每一條貌似可信的走道，然後搜尋看似合理的地方，發現東西在哪裡。這個辦法越來越有效，因為我漸漸熟悉這家超市。隨著每一次光顧，我逐漸將這家店分成「有我要的東西」和「沒有我要的東西」兩部分。前者包括農產品、肉、魚、豆腐、香料和醬料，加上冷凍食品（尤其是冷凍水餃），以及一大堆各式各樣的麵條，乾濕兩種皆有。我不會買的東西則是美國食品、拉美食品、袋裝乾魚、罐裝煉乳、亞洲甜食，或廚房用具。

買菜的人都不大移動，為什麼？

相較於主流美國超市，這家店比較不在意將最重要的物品擺在齊眼高度，也較少非常醒目的角落展示和促銷，整體陳列比 Giant 或 Safeway 等美國主流超市凌亂得多，更比不上 Whole Foods。

最後一個搜尋障礙，是推購物車穿越走道。這些走道只能勉強讓兩輛購物車通過，通常至少其中一邊已被一輛車占領，有時兩邊都被塞住。這不利於我找東西，也沒法好好瀏覽。起初我會盡量找空無一人的走道，但顯然不是最佳策略，反而導致我花太多時間去逛其他顧客不常購買的東西（所以走道才會空下來）。

而且，一般來說很多顧客都不大移動。你常會看到一個婦人花整整一、兩分鐘檢查一顆鳳梨的品質，也因此擋住走道那一區。買豌豆的客人會在豌豆箱裡一粒一粒的挑，不管花多少時間。一個太太會為了選最好的韭菜揀到忘神，一個男人請店員幫他挑最好的蛤蜊（他到底用什麼標準來判斷，我不得而知）。

除了很多中國食品，這家店最引人注目的差異是它專注於綠葉蔬菜的程度。當你推著購物車進門，那是你第一眼看到的東西，而且你會看到很多。

這裡的青菜新鮮、便宜，種類又多又漂亮，勝過這一區任何其他超市。葉菜類是這家店的招牌成就，你只要試過一次，就知道你永遠有理由再去。即使本地其他中國超市也難望其項背。長城從紐澤西、新墨西哥和德州的特殊農場進貨，以確保供應源源不絕。

葉菜類也是這家店會拿來當「促銷品」的東西——也就是為了吸引顧客上門購買其他利潤更

高的貨品，不惜賠本出售的商品。在美國食品店，這種促銷品多半是標準貨品，比如牛奶。

這裡的蔬菜種類很多，有韭菜、地瓜葉、芥蘭、茼蒿、甜豆、四季豆、紅莧菜、小菠菜、地瓜苗、白莧菜、小油菜等等。除了這種店，你還能在其他什麼地方找到六種以上不同的白菜？大部分青菜堆積如山，看起來十分新鮮，員工經常照料。我對這家店最強烈的印象，就是看到一排又一排無止境的青菜，樣子都差不多，不確定買哪種，但試過之後發現，它們全都美味又容易烹調，即使只是蒸煮。

在這裡，你也可以找到美國超市標準的高麗菜、綠花椰菜、菠菜、青椒、大頭菜、韭蔥、花菜、南瓜等等，因此在長城買菜不必放棄任何主流美國偏好。這些蔬菜的品質也高於平均水準，價格則便宜得多。拿青椒來說吧，長城一磅賣〇・九九元，但附近的 Safeway 一磅賣五・九九元，貴了六倍，品質則一樣好。四季豆在長城一磅一・四九元，在 Safeway 一磅二・九九元，認真來比的話，我認為長城的比較好。直到現在，每當我買了一大堆各式蔬菜或青菜，收銀員告訴我總價時，我還是會吃驚著怎會那麼便宜。

開始在長城採買之後，我很快養成吃更多青菜的習慣，也更喜歡吃。我不必提醒自己青菜可以抗癌、對地球更好、幫我減肥，或減少對動物的殘酷。我想吃青菜，而且價格這麼低，感覺像不要錢似的。我不必多花錢，就能嘗試任何新的、沒吃過的青菜。

正是這種本小利多的好處，促使我思考：我們需要一種新的食物革命，以及如何完成這場革命的方法。

我喜歡吃魚，但是好麻煩啊……

長城另一個引人注目的，是海鮮區。選擇之多，主流美國超市瞠乎其後。有天我數了一下，總共五十一個容器，裝著不同的海產，包括螃蟹、蛤蜊、章魚、孔雀貝和各種魚類。為了容納這麼多不同類別，海鮮區塞得水泄不通，主櫃檯下面是一排魚缸，工作人員腦後牆上也是魚缸。我問戎蓉，覺得這裡的魚怎麼樣，她說有點失望，至少比不上中國。她習慣吃活魚，下鍋前還在魚缸裡游來游去，超市裡賣的死魚，她嘗試燒過，總覺得不好吃。

相較於很多我的美國同胞，我喜歡吃全魚，尤其伴著美味的醬汁。但在長城，很多魚要麼得刮鱗，要麼魚肉太少魚刺太多，不足以滿足我這典型的美國胃口。不過如果你想熬海鮮高湯，這一區倒是會讓你心花怒放。

這裡賣的蝦子大部分帶殼，章魚、墨魚和孔雀貝看起來都像剛從海裡撈上來的，眼睛、觸鬚樣樣在。這家店如實呈現這些海產的原貌和氣味，毫無企圖讓它們看起來比實際上容易煮或容易吃。這裡還有活青蛙、烏龜和鰻魚，擺在缸裡當食物出售。還有一大堆樣子噁心的水母（譯註：海蜇），還有「鯰魚膘」，是我在那裡看過最奇怪的海產。

海鮮區散發一股強烈氣味，這氣味向中國顧客發揮廣告作用，卻令非華人顧客退避三舍。我老婆和女兒都討厭那個氣味，那是她們不喜歡陪我去長城的原因之一。對我來說，這從來不是問題，我甚至覺得這味道是一種還滿不錯的導航器。

學會熬湯，提升了我晚餐的品質

肉品區有很多種牛肉。最受歡迎的部位是牛腱，味美價廉但費嚼勁，此外還有牛小排、牛腩和各種內臟，有些用塑膠包好，有些擺在櫃檯後面。戎蓉說，肉品陳列方式讓她想到中國。

肉品區大部分的空間都用來擺各種部位的豬肉，包括內臟和豬耳朵和豬腳；其中豬肚是我最喜歡的中國菜之一，可以用辣椒、生薑、肉桂枝、醬油和八角爆炒。「牛鞭」，我猜是冷凍陰莖。我曾在一家本地越南超市看過豬子宮，不過這家店倒是沒有。順著肉品櫃向前走，會看到雞腳、鴨舌和很多燻肉（如燻雞燻鴨），包括已洗好切好，可以立刻下鍋的肉。整個肉品區上方，是一長排各式各樣的丸子，包括魚丸、肉丸和「橄欖球狀魚丸」。

總的來說，長城讓我吃更多青菜，也使我更常下廚，但始終未能誘使我去學很多食物清洗、去鱗、切片和準備的新技術。

我也發現我花很多時間熬高湯：雞高湯、牛肉高湯、魚和海鮮高湯。我用這家店的食材燒的菜，有一半以上用某種高湯調味，這是我家晚餐品質提升的原因之一。熬高湯這檔事，也從「麻煩但也許值得」，變成「舉手之勞」。幾星期後，我簡直將新鮮高湯視為理所當然，那是我過去從未有過的想法。

長城完全不想掩飾貨品當中有多少是冷凍的。事實上，「冷凍」兩字大大展示在很多標牌上，彷彿在誇耀似的。在美國超市，大多數美國顧客喜歡「新鮮食品」的概念，即使該食品，例如魚，通常都會事先冷凍過。美國超市或多或少都在努力維持新鮮的假象，因為顧客不想知道什麼東西是冰過的，他們喜歡看到食物處於解凍狀態。在長城，我看不到這種虛偽。

長城不乏不尋常的貨品。有一條走道整整半邊奉獻給各種茶葉，中間夾了幾盒麥片。我見過最奇特的兩款是功夫茶和月經茶（原文如此）。

有回我和兩位新加坡朋友一起去長城，我問他們我應該嘗什麼零食，請他們幫我挑幾款有代表性而我可能會喜歡的。他們幫我挑了蝦片和龍鬚糖，兩者味道都不差，但都不算是我很喜歡的。也因為我不喜歡這些中國零食（或者說，我不懂得挑好吃的中國零食），我的零食消耗量遽減。

就民族性而言，長城不只是一家中國市場。它所供應的醬料和香料，足以讓顧客燒很多越南和泰國料理；在泰國菜方面，這裡有最好的新鮮香茅草和大量便宜椰奶（只要一．一九元，Whole Foods 要賣二．四九元）。這裡的食材比較不適合做韓國和日本料理，也許部分原因是幾條街外就有一家大型的韓國超市 H Mart。

這家店將拉美食材放在一個標示著「美國食品」的走道，我覺得如果改稱「拉美商品」還比較恰當些。這條走道提供很多豆子和 Goya 牌食品，我從來沒看過哪個亞洲人買過這些東西。如果你在長城看到非華人顧客，他們多半是拉丁美洲人，在我住的華府一帶，多半是來自薩爾瓦多、瓜地馬拉或宏都拉斯的新移民。除了拉美食品，這個「美國」走道還有罐頭食品、Pop-Tarts 蛋塔，以及占了很大空間的品客洋芋片。

你可以利用這條走道上賣的食材做肉食、豆子和米飯，但光靠它，你也不可能做出什麼美國人平常愛吃的餐點。最重要的是，你不能在這家店買乳酪，因為他們只提供兩種加工乳酪醬，選擇極為有限。

當你吃慣了新鮮貨，就會更頻繁地出門買菜

這項實驗最後很明顯的特點之一，就是買菜的頻率。我發現，我回這家店的次數，比我平常出門買菜的次數頻繁。長城有很多耐久食材，例如根莖類蔬菜或冷凍魚，但那些不是我要買的東西。我每一次都是被新鮮食品吸引過去，而且既然我想吃得新鮮，就不可能一次「囤積」三、四頓晚餐。當你吃慣了新鮮的東西，這是必然的結果。

在這裡結帳的經驗，也顯然不是美國式的，戎蓉說，很有中國作風。通常，結帳後沒有人對我微笑，或祝我有愉快的一天。但總的來說我還是喜歡這裡的服務，要買的物品會被快速刷條碼，也從未遇上什麼問題。每個人都急著離開這裡（雖然他們可能已經花了半小時挑選海鮮），因此我從未遇到一個排在我前面的顧客，會跟收銀員聊報紙上的新折扣券，或天氣，或為什麼信用卡刷爆，或鱷梨促銷會不會再延三天。沉默，是常態。

我認為，這家店的這個特色是一項進步。

我問戎蓉，長城有什麼是她覺得不可或缺的東西，她給了我這張清單：

1. 新鮮竹筍，非罐頭
2. 烏骨雞（真的是黑色的雞）

3. 虎皮蛋糕捲
4. 魩仔魚
5. 鴨腳

王思毓則把票投給鴨腳、廉價甜豆、櫻桃和四川辣醬（她是四川人）。對她來說，在美國看到這麼多中國食物是一種安慰，也是一場驚喜，雖然她認為品質比不上中國的。她出國前就聽說過長城超市，但沒料到它居然供應這麼道地的中國食物。她形容長城，像上一代的中國超市，店裡擴音器總是播放感傷的中國老歌（她父母可能會聽的那種）。

乾淨嗎？不；會再去嗎？一定會

那麼，我自己在長城採買一個月的實驗，結果有什麼發現呢？

首先，你可以花更少錢，卻吃得更健康。你會花更多時間在買菜，但除此之外不需要額外努力。一旦你逼自己走進正確的超市，這個習慣會自我強化。

其次，如果你的飲食習慣中缺乏蔬菜和葉菜類，或覺得它們不夠便宜和方便，那麼來這裡買菜可以解決你的問題。我們真的可能擁有一個更重視綠色的世界——一個與誘因相容，經濟上又能運作的世界。長城證明了它的可行性。

第三，我更加了解我們的行為多麼受制於習慣。我發現，發掘新食物和食譜最好的方法之一，就是強迫自己走出熟悉的食物來源。換個陌生的地方買菜，最符合這個目的，逛迷宮對我的節食有幫助，也對我的味蕾有益。

第四，早餐是我改變最多的一餐。過去的穀類加工食品，現在被米飯、粥、青菜和餃子取代。在長城買菜之後，強迫我面對一個全新的食物世界。我領悟到，自己過去多麼忽視這頓可能是一天最重要的一餐。

第五，即使你烹調和吃很多中國菜，如我多年來所為，你很可能仍然離「真正的中國食物經驗」很遠。在中國超市買菜，不會讓你一步到位，但會讓你向前邁進快樂的一大步。

最後，在缺點方面，我發現不斷回去買「新鮮」食物的循環，的確有點累人，既耗時又麻煩。這是餐廳的優點所在——也就是，我們既可以吃新鮮食物，又不必這麼麻煩。何況，我確實喜歡上館子。

綜合以上各點，我發現 Yelp.com 網站上有一篇評論長城的文章，結語那一段接近我自己的感想：「是否每樣東西都如我要求的一樣新鮮？No。店面是否可以整理得更好？Yes。我會再去嗎？絕對會！」

實驗結束後幾個月，我仍然定期去長城採買。我繼續吃更多青菜、更多餃子，也更常用容易熬的高湯做菜。我從實驗學到的功課，已和我的生活密不可分。或許最重要的，我對其他超市有了更多懷疑，我不再把它們的特色視為理所當然。我更可能試著到不同的超市——不只是長城——去買菜，也更認真地思考所有我的食物選擇。

對了，我有沒有提到我非常喜歡上館子？下一章，就來談這個主題。

｜第4章｜

正妹很多？千萬別進去！

我如何找到好餐廳

最好的餐廳，裡頭的人通常看起來有點嚴肅或甚至肅殺。
因為那是某種認真的指標……

你在醫院的附設餐廳吃了一頓很讚的午餐？

別鬧了。

餐廳絕不是醫院的利潤中心，也不是醫院打造聲譽的重要因素。從來不會有人說「送我去某某醫院做心臟繞道手術——因為那裡的食物很棒」，醫院的附設餐廳，只要不引起太多抱怨，就已經算很好的了。

光顧醫院餐廳的人，或多或少是被迫的。在等某位親友進急診室或從手術室出來，你通常不會走遠路去吃一碗更讚的咖哩，因為你的心思通常不在食物上。相對的，醫院當然也不會花多少心思把食物做好，雖然它們的餐廳做很多生意，有很多顧客，賺很多錢，但問題與錢無關，而是：醫院沒有把食物做好的**誘因**。

飛機上為什麼不提供龍蝦？

在美國，高品質食材並不是理所當然的。一流餐廳是有一流的食材沒錯，但通常價格不菲。魚要空運，野味要獵捕和運送，新鮮蔬菜和手工乳酪需要人工栽培，你必須為此付出代價。採用絕佳新鮮食材——好到可以原汁原味端上桌——的美國餐廳，一個人的晚餐花費通常要五十美元以上。

紐約的Masa，是公認美國最好的餐廳之一，甚至很可能是最好的壽司店。老闆兼主廚雇了一個人在東京的築地魚市場負責採買，採購員買好當日漁獲，會在第一時間運到機場，送上直飛紐約的班機（也就是日航〇〇六班機）。魚一通過紐約海關，在機場等候的貨車司機就會打電話給Masa，告訴他們漁獲將於幾點抵達店裡。在Masa，一客基本的晚餐要價四百五十美元。

如果你願意付、也付得起這個價錢，好極了——儘管吃吧。但如果你想吃非常好的便宜餐食，你必須了解：好食材不會從天上掉下來，至少不會掉到芝加哥、紐約或大部分的美國郊區。

想要在餐廳花小錢吃到好料，首先，不要點那種**原料密集**（ingredients-intensive）的菜餚。在比較貧窮的國家，我們多半會碰到食材選擇較少、衛生水準也較低的餐廳，但是這些餐廳的食材通常會很新鮮；因為餐廳距離農場可能只有十五分鐘，幾乎天天收到新鮮貨。例如在海地和泰國，我曾一邊看船上漁夫從海中撈魚或海螺，一邊吃當天上午的漁獲當午餐。不需要神奇的醬汁或創新的廚藝，就好吃極了。然而，那**不是**我們所熟悉的世界。我們能做的，是設法去找到還算不錯的加工食品。

另一個判斷餐廳的方法，是先評估它們享有的交叉補貼（cross-subsidies），或者說，「未享有的交叉補貼」也行。「交叉補貼」雖然是經濟學術語，但意思一點也不難懂：一家公司的產品，是否從它的周遭環境獲得正面或負面的幫助？

比方說，有些拉斯維加斯賭場，會有好餐廳供應低價好食物來吸引你進場賭博，因此你可以說這是「賭博補貼食物」。從前巴黎的餐廳，常開在屠宰場附近，這樣就能快速又輕易取得最好的肉、腸子和內臟；在墨西哥，小吃攤（comedores）通常靠的是祖母的烹飪技術——替家人燒了幾十年飯的老太太，廚藝通常已練得爐火純青，讓餐廳省下了訓練廚師的成本，也不必花大錢請大廚。這些，都是交叉補貼很常見的例子。

再比方說，一九七〇年代法規鬆綁以前，機票受法律保障而維持在不自然的高價，那時候，機上餐點通常棒呆了。航空公司甚至會供應龍蝦來吸引更多乘客，因為航空公司可以用法律保障下所收取的超額票價，來補貼龍蝦。不像今天，一般美國人雖然可以買到價錢超便宜的機票，但機上食物通常難吃死了。我很高興，現在搭飛機比過去便宜多了，但我也學會了：如果我想在飛機上吃得好，最好自己準備。

過去，美國機場的食物連一般速食店都不如，不過今天在美國機場，你可能在茹絲葵牛排館（Ruth's Chris）用餐，在一間像樣的紅酒吧吃輕食，或是點些壽司來吃。達拉斯機場有不錯的燒烤店，辛辛那提機場有Gold Star Chili，倫敦希思羅機場有雖昂貴但上乘的煙燻鮭魚。機場不再把餐飲當作次要營運項目，因為他們發現：人們願意付更多錢，給更好的選擇。

我越來越常聽到人們特地開車去機場吃飯，或提前到機場以便享受一餐，或下飛機後先在機場吃飽，再搭計程車去他們的最終目的地。

愛在餐廳點飲料？你真是大善人！

飲料，可以讓餐廳賺很多錢。我們甚至可以這樣說：食物只是餐廳的展示品，目的在引誘顧客進來點別的東西——也就是更好賺的飲料。如果你堅持不買飲料，不在乎只喝白開水，你穩賺不賠。然而，這些餐廳通常會很聰明地供應那種會吸引你多喝飲料的食物，例如濃郁油膩的紅肉。

確切分析一家餐廳究竟從飲料——例如汽水——賺多少錢，是很複雜的一件事，因為我們通常很難分辨，究竟哪些成本與汽水有關。舉例來說，拿可樂給你的那位侍者，同時身兼其他功能，那麼他的薪水當中，有多少比例應算在拿可樂給你這項服務上呢？

在美國餐廳裡，你可能會付二．五〇美元買可樂，但其實餐廳花在可樂的成本，很可能不到二十分錢。這是相當高的溢價，如果是啤酒，溢價更可以高達五〇〇%。在檔次較高的餐廳，紅酒溢價可能是基本批發價的兩倍半到三倍，雖然各家餐廳差別極大，會依顧客、裝潢和心狠手辣的程度而定。這表示，一瓶一百美元（批發價）的紅酒，會賣到二百五十元或更高。

當然，並非所有溢價都是純利，因為紅酒牽涉到酒杯成本、破損費和貯存成本，外加開瓶倒酒的人事費用。一家非常豪華的餐廳，也可能得先砸上高達百萬美元在酒窖上。據估計，紐約的Daniel餐廳就有價值八十萬元的紅酒庫存，這又是另一筆成本。如果你愛喝酒，儘管掏錢；但如果你喝酒只是一時衝動，也許多想一下：真的值得嗎？

偏高的飲料價格往往是一種價格歧視或差別定價（price discrimination），這個經濟學術語是指：從願意付更多錢買產品的人身上，榨出更多額外的利潤。例如電影院提供老人折扣，就是一種價格歧視。因為電影院知道，如果提供優惠，老人會看更多電影，其他顧客對價格不那麼敏感，因此電影院「歧視」他們。

說到價格，餐飲市場至少有兩種消費者。第一種是對價格高度敏感，會花時間貨比三家；第二種，對價格較不敏感，傾向於照單付費，通常不會仔細去看自己為飲料花了多少錢。這種顧客雖然會注意先期成本（upfront cost，也就是菜單上的主要品項），但對延遲成本（delayed cost，比如加上飲料後的總額）較無感。這些人不是超級有錢到毫不在乎，就是純粹想花大錢，無論什麼原因，他們都會花更多錢在飲料上。

而這種人，正是那些不喝酒老饕的「贊助人」。因為我們得感謝他們為飲料所付出的溢價，才讓優質食物更便宜也更可得。換言之，他們「補貼」了其他顧客，包括敝人在下我。

吃完了？快閃吧……

回顧歷史，過去你占這種交叉補貼便宜的可能性遠大於今天。例如十九世紀時，美國酒館就把飲料的交叉補貼效果發揮到極致——乾脆提供免費午餐給顧客，然後在飲料上把錢賺回來。根據一份一八九九年對明尼亞波利斯六百三十四家酒館的調查，其中有三家的免費午餐「精心製作」、八家「傑出」、五十家「好」、八十八家「尚可」、七十七家「差」，其餘則不提供任何免費午餐。一九〇一年調查芝加哥一百一十五家酒館，發現「幾乎全部」提供免費午餐；芝加哥尤其以這個措施聞名，剛開始，多數客人很上道，吃了免費午餐之後，都會花錢買飲料。

但後來，光吃午餐卻不點飲料的人越來越多，酒館這一招也越來越行不通。到了一九一〇年，由於發生多起衛生問題（畢竟當更多人想占便宜時，這些酒館如果不想被吃垮，自然得降低食物品質），這種手法也惹來抨擊。等到一九一七年美國參加一次大戰後，這種做法則被視為浪費，幾乎沒有酒館採用了。即使如此，利用食物來賣飲料的做法還是延續至今，只不過形式上沒那麼極端罷了——要來一盤免費的花生嗎？

對我們這些不喝酒的人來說，餐廳這種經營模式——食物比較便宜，飲料比較貴——當然很好，不過，至少有兩個但書。

首先，飲料的溢價，其實包含了使用餐桌的費用，也是收取餐廳裝潢費的辦法。因為餐廳不只賣食物，也提供餐桌空間。但餐廳不會直接向你收餐桌費，沒有在桌上擺一個煮蛋用的計時器來按分鐘收錢。身為經濟學家，我不介意餐廳這麼做，但我猜想這會讓大多數人吃得很緊張。因此在飲料上收取高溢價，可以達到相同的效果，而消費者不會有感覺——它向顧客收取空間使用費，但不讓他們聽到計時器的滴答聲。

我相信你一定注意到，很多餐廳都會想盡辦法建議你點更多飲料。當他們不斷叫你花更多錢，而其他客人都這麼做時，你很難光坐在那裡什麼都不點。別以為你能對抗這種壓力，我得務實地說：只有盡量少點飲料，並趕緊讓出桌子，你才能賺到交叉補貼的好處。如果你想吃美食又不願多花錢，那麼，就別在你吃飯的地方逗留，吃完了？快閃。

我也發現，很多風景很棒或裝潢很美的餐廳，會收特別高的飲料費，這裡的顧客花錢買的，其實是觀景費。還記得小時候父親帶我去「世界之窗」，一家開在紐約世貿中心頂樓的餐廳，飲料就貴得離譜。在這裡，飲料是主要利潤來源，不管食物好壞，都會有在乎景觀的顧客上門。好食物，通常不大可能出現在這種地方。

話說回來，並不是所有餐廳的飲料都會有明顯的溢價。例如中國餐廳，就供應相當便宜的酒水和可樂，因為它們通常期待在食物上賺錢，並吸引一整個家庭來用餐。反正，華人一般而言不會喝很多可樂。因此，如果你喜歡喝可樂，最好在中國餐廳裡喝，通常會比在美式餐廳裡便宜。

當然，不是所有中國餐廳都有便宜的可樂，因為不是每家中國餐廳都以傳統中國人為目標客群。如果你去走雅痞風、社交取向的P.F. Chang's，你就會面臨飲料很貴的情況。

走進星巴克，當然是喝咖啡最划算！

如果你常常外食，你會發現交叉補貼的例子俯拾皆是。

比方說，交叉補貼解釋了為什麼電影院的食物通常很爛。因為業者通常用食物補貼電影，而不是拿電影補貼食物。看電影，是很划算的經濟行為，吃電影院的食物則正好相反。

爆米花是在大蕭條的一九三〇年代進入美國電影院的，當時，幸好有爆米花的營收，才讓很多本來可能活不下去的戲院免於倒閉。到了一九四〇年代末期，幾乎所有電影院都賣爆米花。一九四五年，全美國的爆米花有一半是在電影院吃掉的；一九四九年的一項調查顯示，六〇%的電影觀眾會花錢買零食。戲院老闆也逐漸學會，在爆米花上撒更多鹽和油來刺激需求；這個手法在九〇年代中期「爆米花危害健康恐慌」期間冷了下來，但至今戲院賣的爆米花仍不利於你的健康。

尤其，今天的電影院必須將大部分門票收入繳回給製片公司。一般來說，首映週末（電影票房最關鍵的那幾天）可能有高達九成門票收入都得繳回製片公司，整個放映期間則約一半門票收入歸製片公司所有。這很合理，畢竟製片公司投資拍電影，還要花錢做昂貴的廣告。只是這麼一來，假如電影院想賺更多，就得靠賣爆米花了，因為賣爆米花的收入，完全不必分給製片公司。

何況，這年頭誰進電影院？大部分是三十歲以下的年輕人，很多甚至是青少年和更小的兒童——也就是不太在乎食物品味的族群，尤其在美國。因此，你若想在電影院吃得好，最好是去找一家「獨立」戲院。這種戲院專門放映外國片、非主流影片，吸引的是更年長和更成熟的觀眾，而這種人，會比較在意食物品味。

此外，相較於擁有多間放映廳的傳統戲院，這種獨立戲院能保留較高比例的門票收入——有時可能保留高達一半。這表示，他們視你為電影觀眾，而非狂吞爆米花的機器。我並不是說，獨立戲院是理想用餐的地方，但至少在那裡你有機會找到比較好吃的東西。因為對這種戲院來說，能否從食物上賺到錢不重要，重要的是讓成熟的消費者一再回來看電影。

在星巴克（如果你喜歡他們那種咖啡的話），我們也能看到交叉補貼的現象。打從一開始，這家連鎖店就徹底改變了美國的咖啡消費習慣。即使是討厭星巴克的人，通常也會承認這家咖啡館剛開始時，咖啡煮得比大部分競爭者好喝。但隨著版圖擴張，它更注重的是營業額和高利潤率。原味咖啡不足以維持這麼多分店經營下去，因此它開始賣更甜的飲料。今天，這家連鎖咖啡店專賣甜味、以牛奶為基礎的飲料，很多這些飲料與咖啡之間只有某種間接或更遠的關係。現在我們去這家店消費，所享用的咖啡品質，是用牛奶和糖來補貼的。星巴克的「咖啡形象」和咖啡香，只是推銷甜飲料的工具。這表示，如果你愛喝原味的星巴克咖啡，來這裡就對了，因為你將享有交叉補貼的好處。但如果你喜歡的是含有大量牛奶和糖的咖啡，你就被當凱子削了——在這種情況下，或許你應該在家自己沖泡，那要便宜多了。

門口有代客泊車的小弟，還有人幫你掛大衣，你確定要進去？

目前為止，我們一直討論餐飲業的資本面。現在，讓我們來談談實際製作食物的人。

首先，當餐廳可以找到廉價勞工從事烹飪工作時，你就能用比較便宜的價格吃到好食物。像美國這種相對富裕的國家，廉價勞工很難找，我們有高水準的勞動生產力，有法定最低工資，而在很多地區甚至連非法移民的勞動所得都高於合法最低工資。

不過，在很多家族經營的亞洲餐廳裡，還是會看到不少廉價勞工。在這些餐廳，無論是廚房工作的人或外場的侍者，幾乎都是家庭成員，他們不是領很低的薪水，就是完全不支薪。在他們心中，在餐廳工作通常是他們應負的家庭責任之一。也就是這樣的餐廳，往往能提供物美價廉的食物。

極端相反的例子，是那種充滿昂貴勞力的餐廳——門口有代客泊車的小弟，進了大門還有人幫你掛大衣，有紅酒領班，有樓面經理，有一整排侍者，有帶位經理等等。有財力負擔得起這些勞工，是這種餐廳的成功象徵。例如，如果你去在全美國及墨西哥都有分店的豪華牛排館Palm，你會看到很多人在工作。每個人都忙得團團轉，你會感覺他們得花很多時間和精力協調大批員工。

消費者很愛去這家餐廳，名人和政客也趨之若鶩。我在Palm吃過三次飯，老實說都很棒，但我不禁心想：我的錢花到哪去了？假設其他條件不變，我當然喜歡優質服務——不過也僅止於那種能引導我吃到好料的建議，或是其他能帶來具體利益的服務，而不是只讓我感覺豪華而已。

但是依我看，這些服務人員的主要功能，似乎就是要讓顧客感到自己很特別、很威風、很重要。我一進Palm，立刻想到雪茄。

菜單上，哪道菜最不起眼？就是它了！

另一個思考餐廳勞力的角度是：要善用餐廳裡提供的侍者。不是每家餐廳都能找到便宜的侍者，好讓你享用到有交叉補貼好處的食物，但你可以學習如何利用侍者，來讓自己吃得更值得。

外出用餐最重要的策略之一，就是問侍者該點什麼菜。這時，問對問題很重要。想想看侍者的誘因——他們通常有足夠的誘因推銷高利潤的品項，或是當天廚房已經準備好一大堆的標準菜色。昂貴的餐廳如此，某些特定類型的餐廳尤其如此，例如做很多觀光客生意的餐廳。

換言之，絕對不要直接問侍者「你建議點哪道菜」，他們多半會引導你到菜單上利潤最高的品項，更可能為了想快點打發你，而胡亂建議一番。很多侍者往往會記得他服務過最笨的客人，然後會將你與他們聯想在一起。所以，接受這個事實吧，進餐廳時，要有被侍者看扁的心理準備，不論他或她表面上多禮貌。他們見慣了白癡，也見慣小器鬼，就他們所知，你是其中之一。

面對他們，我通常會擺出較高姿態。尤其在美國，再無禮的侍者也想要拿更多小費，只要你明白這是自己應有的權益，並展現你每一餐都想吃得值得的決心，他們會調整態度，不會強力推銷不值得點的菜給你。

你可以這樣問：「哪道菜最好？」當侍者毫不猶豫地告訴我某某菜最好，是我最開心的時候：「鹿肉燉麵疙瘩最好，先生。」這是那種溫暖我心的答覆。當侍者回答：「菜單上每樣東西都好。」我心裡就會有問號。另一個麻煩是，對方回說：「最好？那要看你喜歡吃什麼，我哪猜得出來。」這種答覆表示在你眼前的是懦弱或無知的侍者，不善於應付老饕的訊號，也是整個餐廳管理不善的徵兆。

有時，你可以問問他們覺得「招牌菜」怎麼樣；或是乾脆說你自己是個美食家，為了尋找美食不惜千里跋涉。如果這兩招都無效，不妨試著問（客氣地）有沒有別人可以幫你？

在豪華和昂貴——一客晚餐要花你五十美元以上——的餐廳，你倒是可以先看看菜單，然後問自己：「菜單上，我最不想點哪一道？」或「看起來最引不起我食欲的是哪一道？」然後，就點那道菜。

邏輯很簡單。首先，豪華餐廳的菜單都是經過仔細推敲的，因為廚房的時間和注意力是很寶貴的，一道菜除非有很好的理由，否則不會出現在菜單上。

其次，如果這道菜聽起來很差，它很可能嘗起來特別好。相反的，許多聽起來受歡迎的菜，品質可能略低於菜單的平均水準。舉例來說，你應該避免對烤雞太過熱情，尤其如果你去的館子不是烤雞專賣店（幾乎所有餐廳都不是）。烤雞通常都不差，我自己就能烤出還滿不錯的烤雞，結果也因為太熟悉了，點烤雞只是讓你體驗那種熟悉感而已。另外，這類餐廳的炸花枝通常也不差，但鮮少精采就是了。

也就是說：點其貌不揚的菜，點陌生的菜，點你最不可能想吃的東西。不過，這個做法也有兩個但書：首先，不是每個人都能接受五更腸旺（雖然它很適合放在有很多道菜的大餐中，稍後另一章會談到在亞洲餐廳的具體建議）。其次，也更重要的是：如果你天天吃烤雞都不會膩，就別管這個原則了——儘管吃自己心愛的烤雞吧！

走小路，別選大馬路

如果一家餐廳的收入不夠付店租，它在這個世界的來日也不多了。美國有一半以上的餐廳，會在開張三年內關門。生意不好，你可以遣散廚房人員，或用比較便宜的吳郭魚取代更貴、更稀有的智利鱸魚。但租金，是經濟學家所謂的「固定成本」，也就是你每個月都得付的一筆錢。它是一家餐廳必須面對的終極現實考驗，即使餐廳老闆很有錢到可以買下土地和建築，將月租化為零，也只是表示他預付了與月租等值的錢，並未改變這個問題的基本面。租金，決定了一個地點能做什麼生意、不能做什麼生意。付得起高租金的生意包括連鎖服裝店、星巴克咖啡、迪士尼商店和蒂芬妮珠寶店。高檔購物中心充滿高租金商店，這些商店通常「平均每小時結帳金額」較高，或是高溢價商品較多，或兩者皆是。不然，付不起每個月的店租。低租生意則是如一元商店、古董和二手貨商店等，還有郊區商店街的中國餐廳。很多低租店面雖然外表不怎樣，但還是可能提供好食物，甚至，這種地方的餐廳特別可能有便宜卻又不是垃圾的食品。

相反的，高租金區有很多令人驚豔的食物沒錯，但通常價格也貴得嚇人。曼哈頓的餐廳開在高租金區，以便接近非常富有的顧客。紐約市有四家列入二〇一一年米其林指南的三星級餐廳（Le Bernardin、Per Se、Daniel 和 Jean-Georges），四家全部開在曼哈頓中城，距離林肯中心不遠的一條狹長地帶。這些餐廳鄰近百萬富翁和億萬富翁的住宅，毗連曼哈頓觀光、劇院和購物的中心地段。紐約市總共有四十一家米其林星級餐廳，其中僅三家開在曼哈頓以外的行政區，儘管那些區有更大的空間和更多的人口。

大部分很讚的餐廳開在高租金區，但大部分高租金區的餐廳，卻離讚這個字甚遠。曼哈頓及其他大都會，充斥 T.G.I Friday's、Hard Rock Café 之流——所有你能想到的糟糕餐廳。巴黎一些時髦的地區，則是充滿中等或甚至平庸的小飯館。這些餐廳若不是米其林認可的高品質水準，很可能就是得靠龐大的流客量維生——如果沒有超高的翻桌率，他們無法月復一月付店租。

今天，想在曼哈頓中城經營有特色的異國風味餐廳，越來越難了。這些價格較便宜的特色風味餐廳——從哥倫比亞菜到傳統義大利菜的各國美食——被趕到租金較低的城市邊緣，在皇后區、布魯克林區和布朗克斯區大行其道。例如皇后區的法拉盛（Flushing），中國餐廳就四處林立，生意興隆。

曼哈頓南北向大道的租金，通常比東西向橫街的租金高。這主要是因為這個島的狹長地形，使得縱貫南北的大道承載較多的汽車和行人流量。第五大道上的店面，無論何時總是被最多市民和訪客看到；而三十九街上的店面，則較可能被附近居民或在那一帶工作的人看到。只有少數幾條寬闊的東西橫街，如八十六街、五十七街或十四街，具有南北大道的經濟屬性，因為它們交通流量大。

如果你困在中城，又想吃美味、便宜的異國料理，建議你先試橫街，再試大道；選擇窄路，莫選寬路。一間很棒的韓國餐廳在三十五街可以收支相抵，但在第五大道就活不下來。換句話說，不管你在哪裡，只要轉個彎稍微離開交通要道一點，就可以吃到一頓物超所值的飯。

左右美國餐飲業的成敗關鍵，就是租金——平均而言，已連續上漲了三十多年。即使金融危機肆虐，也沒有逆轉這個趨勢。昂貴地段越來越貴，使得開在高租金城市中央的異國餐廳漸漸改走高檔路線。廉價、實驗性質和裝潢簡陋的異國料理，只好被迫搬到都市邊緣。同樣情形也出現在倫敦、巴黎、柏林，甚至墨西哥市及其他成長中的主要都會區。高租金，不但驅逐了古靈精怪的料理，也趕走古靈精怪的文化，包括夜店和非傳統藝廊，大都也遷移到城市周圍。不管你喜不喜歡，這個趨勢是一個你必須了解的現象，並在某個程度上尋找變通之道。

近年的經濟大衰退，為美食家帶來一個還不錯的結果：當租金止升回跌，或是不再上漲，有特色的小餐廳就有更好機會留在市中心附近，雖然說這個趨勢會延續多久，還有待觀察。

往租金便宜的地方去，因為……

現在讓我們把話題拉回來，談一談我的最愛：低租金美食。

有一個尋找平價美食的好方法，就是到高租金區附近的低租金區去找餐廳。例如在洛杉磯，想吃墨西哥菜得去東洛杉磯，要吃亞洲料理得去韓國城。在東好萊塢吃飯（尤其是東北好萊塢的泰國菜，特別好吃），比在大明星們居住的西好萊塢划算。如果我搭的飛機在紐約的拉瓜迪亞機場起降，我會在搭計程車前往或離開曼哈頓途中，先停在法拉盛——皇后區的中國城（很可能是美國中式料理最密集的地區），吃頓中國餐。

我尤其喜歡探索美國郊區，尋找一流的異國料理。一般觀念認為，郊區是文化荒漠，但我倒是非常樂於在加州橘郡、聖荷西附近、北維吉尼亞州，或馬里蘭州近華府一帶、紐澤西州鳥不拉屎地帶、麻薩諸塞州的桑默維爾（Somerville）、休士頓外圍，以及其他很多我愛去的地方尋找美食。我不見得都會先上 Google 搜尋最好的館子，也不會一直滑動 iPhone。我會開車到處逛，同時睜大眼睛看哪些餐廳可能符合美味、創新和負擔得起的三大經濟原則。

假如你在同一個地區看到的異國料理餐廳越多，那麼它們供應好食物的可能性也越大。為什麼？因為，這些高度競爭的餐廳不可能高枕無憂，他們訴求的是同一群消息靈通的顧客，也可能屬於同一條非常成熟的食材供應鏈。換言之，一個城鎮如果只有一家印度餐廳，它多半不會有非常好的印度菜。在休士頓，這樣想會帶著你去吃墨西哥和越南菜；在密西根州某些地方，它會引導你去吃黎巴嫩和阿拉伯菜；在加州蒙特利公園，它會引導你去吃中式和台式料理；在我住的費爾費克斯郡（Fairfax），這個策略意味著玻利維亞、祕魯和薩爾瓦多料理，是一個比墨西哥料理好得多的選擇。

在美國，大部分的異國餐廳會開在低租金地點。因為他們行銷的對象，通常會特別在乎食物的品質和種類。這些人很多是收入較低的移民，他們上館子大半不是為了約會，也沒興趣把錢花在豪華、花俏或「酷」的餐廳上。

如果我身處一個完全陌生的美國城市，當我要找地方吃飯時，我會離開市中心。我會沿著公路，看看哪裡有商店街。就食物而言，最好的商店街通常沒有沃爾瑪（Wal-Mart）、百斯買（Best Buy）或其他大賣場。因為這類大型連鎖店會引來高租金和大批群眾，通常不是製作異國料理的理想條件。

廚藝最好的人，通常不是最有錢的人

租金最低的一種生意，是流動餐車。紐約市、奧勒岡州波特蘭市及德州奧斯汀市，已開始准許流動餐車營業，此舉大大改善了該地的食物。街頭小吃不再限於難吃的蝴蝶餅或油膩的熱狗。這些流動餐車為食客帶來正宗的墨西哥塔可餅（taco）、自製香腸、廣東點心、越南三明治和無數其他美食。洛杉磯的 Kogi（要查它的行蹤，可上 Twitter 的 @kobibbq）是最著名的流動餐車之一，專售韓國與拉美融合料理，例如它們的 Kogi 泡菜餡餅（quesadilla），混合辛辣蒜味的韓國泡菜、墨西哥乳酪和小麥烙餅。當你沒時間坐下來細嚼慢嚥，或者沒錢吃更講究的餐食時，流動餐車是相當理想的速食。

我最喜歡的本地流動餐車，是Las Delicias，每個禮拜天下午停在福斯徹奇市（Falls Church）五十號公路上，靠近我家的阿靈頓大道，賣著玻利維亞科恰班巴區（Cochabamba）的特色料理，包括花生湯和一道叫做charque的菜（混合濃稠的白乳酪、捲曲的鹹牛肉乾和玻利維亞白玉米）。以我的味覺來說，它勝過這一帶的玻利維亞餐廳。

離我家最近的大城市華盛頓特區，雖然允許流動餐車營業，但市府經常威脅說要取締。這就是政治：當地餐廳不歡迎流動餐車的競爭，因此遊說政府加以管制。華府有一個路邊攤集中地，在哥倫比亞路和十八街交叉口的亞當摩根（Adams Morgan）街區，供應薩爾瓦多、墨西哥、波多黎克料理。食物絕佳，但同樣的，市府不願看見這種行業坐大。

如果我們想改善美國食物的品質，並使它便宜很多，我有一個建議：放寬對流動餐車及其他路邊攤的管制，只要它們能證明有足夠的責任感，取得公開競標的攤販執照。很多城市已採行這個制度，結果對消費者有利，對流動餐車商販有利，也沒有發生老百姓感染沙門氏桿菌的疫情。下一場美國食物革命，很可能是流動式的，它將經由Google和Twitter推廣，而非透過超級杯足球決賽那晚的昂貴廣告。

創業者可以在相當低的風險下，進行自己的低租金美食實驗。如果一個概念不成功，創業者不會被昂貴建築、豪華裝潢或長期租約套牢。比起在大型購物中心裡開餐廳，流動餐車可以讓創業者進行更大膽的實驗。因為，在購物中心裡開餐廳，通常要付更高的租金，而且得投資更多錢在裝潢上，於是餐廳老闆只好想盡方法吸引大量顧客，這通常也意味著：供應可預料的主流食物。相反的，低租金的流動餐車，可以讓更多人嘗試推銷他們的祖傳烹調祕方。要知道，擁有最好、最富想像力、最創新烹調概念的人，未必是最有錢的人，他們常落腳在比較骯髒破舊的地點，然後在那裡慢慢改善當地的房地產價值。

最好的流動餐車，常會停在非常不起眼的地點。要找流動餐車或是一家特別風味的異國餐廳，你得先環顧四周街景：看到什麼醜陋的東西嗎？粗劣的建築？破裂的壓克力招牌？廉價品商店？或是一輛廢棄的汽車？如果看到，推門進去，點菜。

歡迎來到迷人的美食世界。

問google，要有技巧！

最後，經濟學不只關心勞動成本、資金成本和租金是否合理，我們的考量還包括一個重要的人類因素，行為經濟學派現在稱之為「行為」因素。

基本上，人是社會動物。我們會模仿別人，也會刻意標新立異以顯示自己與眾不同。

關於如何吃得好，我的第一個建議是：要超越理性（meta-rational），意思是：認清你的極限，要知道最好的資訊往往掌握在別人手中。就算你把所有飲食書都背下來，關於食物，仍有許多難解之謎，有些時候，有些人真的懂得比你多，別吝於請教別人。

當然，你要問得有技巧。而且在你尋找一頓美食的過程中，有些社會科學知識可能比食物知識更有用。比方說，當你得請教別人去哪裡吃飯比較好，那麼你應該優先去找那種愛吃美食、並以此為榮的人。而要找這種人，你就要瞄準介於三十五到五十五歲的人，因為這個年齡層的人更可能吃過很多好館子，一般來說會累積較多的餐飲經驗；或者，你也可以去問有錢人、未必非常有錢的中產階級，以及習慣外食並蒐集餐飲情報的人。還有計程車司機、教科書業務員（這些人一年到頭出差和外食），都是很好的餐飲情報來源。當你請他們給你建議，而他們的眼睛沒有興奮得亮起來，那……別理他們。

如果你選擇用Google，那我建議你在搜尋時加上「聰明」這兩個字。否則，如果只是搜尋「最好吃的餐廳」，你會得到一大串爛餐廳的資訊。或者，你也可以搜尋更具體的問題，例如「某某城市最好吃的印度餐廳」——即使你不是想吃印度菜。這樣google出來的結果，你會看到較可靠、較有用的餐飲情報來源，然後你可以瀏覽這些情報的來源，並進一步尋找他們關於非印度菜的建議。同樣的道理，你可以Google一下「最好吃的花椰菜料理」，即使你不想吃花椰菜。

總之，避免用Google搜尋大眾化的東西。

讀網路上的美食建議時，千萬不要被負面的評論嚇跑。任何勇於冒險的餐廳，都會惹來惡評。相反的，可以花點時間看看這些餐廳有沒有正面的評價？評論多長？聽起來有沒有說服力？如果有，不妨一試。

有家新開的餐廳很不錯？快去快去……

最後，不是每個人都擅於判斷陌生的餐廳，但大多數人都懂得看人。如果你想判斷一家餐廳好壞，但找不到任何可信賴的人來問，我建議你看看是哪種人去那裡吃飯。

這是另一個在經濟推論中常用的方法。我很怕碰到一種餐廳，裡頭的人個個在歡笑和微笑，一副和樂融融的樣子。華府、曼哈頓及其他很多城市的商業區，都有很多這樣的餐廳。假如我一眼望去人人都很開心，那就是我掉頭而去的時候。

別誤會，開心絕對不是壞事，但開心和美食是兩回事。很多餐廳不是靠食物吸引顧客，而是靠營造喝酒、約會和狂歡的熱絡場子招來生意並賺取高收費的。這些地方的食物通常「不差」，因為餐廳必須維持時髦的形象。他們會供應某種定價過高的各式料理，而且還會由某位知名或有點知名的大廚背書（只是這人通常不在現場）。這些不是最差的吃飯地方，但如果要我花自己的錢吃飯，我通常對之敬謝不敏。

如果你想光顧這類餐廳，不要選在開幕的頭兩個禮拜，因為這時候他們的廚房作業還沒上軌道。最理想的造訪時間，是開張的頭四個月到六個月，因為這類餐廳在剛開張時，通常會花很多心思去贏得好評；也因為有名廚代言，他們很快會獲得評論。這位名廚——或某個能幹的代言人——在剛開始也會隨時在場候教，好跟那些世故的食評家和聰明的美食部落格作者搏感情。於是，這地方聲名大噪，成為重要的聚會場所，笑聲談話聲降臨。而這時，就是你應該停止再去的時候了。斬斷情絲，莫回頭。

二〇〇五年，當名廚李察．桑多瓦（Richard Sandoval）的餐廳 Zengo 在華盛頓特區開幕時，那真是一個特別的地方。他們供應一些美妙絕倫的拉美與亞洲料理，包括生魚片、香酥角、炸餛飩皮包鮪魚捲。裝潢很酷，店內瀰漫一股四海一家的氣氛。這家餐廳開在華府一個新近都市更新區，緊鄰一座大體育館。我跟太太說，如果你喜歡這家館子，那我們就要趁早去，它很快就會毀了。如今，Zengo 仍在，也還不錯，但我不會花自己的錢去那裡，過去幾年都是如此。因為桑多瓦已經把他的時間花在其他投資事業上了，這個館子現在可以靠它的酒吧活下去，最創新的菜嘗起來也不再新鮮。看看 Zagat.com 網站上的美食評論，就說明了一切：

這是我最喜歡的華府餐廳之一——極棒的酒吧，美妙的裝潢，食物也可口。

看見了嗎，他們把「食物」排在最後。

還有，任何餐廳如果每年發動一場母親節促銷活動大空襲——如 Zengo 所為，你最好別輕易上鉤。記住：這本書談的是如何用最划算的價格吃到最好的食物，無關裝潢，儘管 Zengo 的裝潢依然漂亮。

我也發現，過去十年來，時尚餐廳的生命週期加快了。過去，一家好玩的餐廳需要一、兩年時間，才會變成一個充滿快樂面孔、歡樂社交、廚藝卻衰退的場所。現在，似乎只要六個月或更短。也許，問題出在網路——各種評論傳播得比以前更快。所以，如果你發現一家新的時尚餐廳，很喜歡的話，趕緊去、不停光顧——千萬別等。

臉上堆滿歡樂的顧客，不是美食好指標

另外，如果一家餐廳裡的女客人個個時髦又美麗，我也會擔心。對我來說，那是另一個危險訊號。我會問自己：「為什麼這地方有這樣的女人？」我不是說美麗的女人有差勁的食物品味，

問題在於：當你看到美女如雲時，就會有很多男人跟著去這家餐廳，不管端出來的菜是否真的好吃。這，會讓餐廳有降低食物品質的誘因。

對我而言，通常最理想的情況是這樣的：餐廳裡的人看起來有點嚴肅，或甚至一臉肅殺。客人臉上露出失望或厭惡的表情當然不妙，但你希望看到的是某種認真的態度——這意味著不論這家餐廳的價格高低，去那裡吃飯的人都會把吃飯當一回事。

拿一面鏡子，試著在鏡子前吃某個非常美味的食物：你會露出多少微笑？你看起來會多快樂和友善？恐怕沒有你想像的多。

記得一九九〇年代初，我和朋友卡文．葛列爾（Kevin Grier）在一家當時很棒、但現已關門的慕尼黑餐廳 Sabitzer 吃飯。那是復活節後一天，整個館子連我們在內，只有兩桌客人，另一桌是一家子法國人，我敢說，他們從頭到尾看起來都在生氣。每次一道菜端出來，他們都冷哼一聲，不露任何喜色地悶著頭吃。那一餐，是當時的我生平吃過最美味的一餐，他們吃光盤中每一粒碎屑，我們也一樣。

就在那一刻，我頓悟到：臉上堆滿歡樂的顧客，絕不是美食的好指標。相反的，如果客人們相互吼叫，彷彿有血海深仇似的，反而值得你留意。這可能意味著，他們都是老主顧，經常去那裡吃飯，所以彼此都很熟。很多中國餐廳就是這樣，充滿著大叫大嚷的中國顧客——別問我他們是不是在吵架，我完全搞不清楚，但我想那應該是值得一試的指標。

以上判斷餐廳的原則，你可以舉一反三。比方說，如果你走在佛羅倫斯街上，看到一家餐廳裡都是手上抓著旅遊指南的英國觀光客，而且提前在六點吃晚飯，你應該掉頭就走。這樣的邏輯可以延伸到其他很多例子，我的另一個座右銘是：**對一家餐廳來說，有好顧客，比有好廚師重要。**

餐廳老闆當然知道，自己的顧客會被別人拿來當作研判指標，所以他們都會設法培養自己想要的那種顧客。一九五〇年代當麥當勞要開始擴張時，就煞費苦心打造「家庭餐廳」的形象。雷・克羅克（Ray Kroc）在設計麥當勞時，就設法打消青少年在此遊蕩的念頭，他不想讓麥當勞顯得太「酷」，不要店裡有彈珠台遊戲機，或報紙販賣機，或電話亭，或香菸糖果自動販賣機，或看起來像青少年胡鬧的場所。他要快速翻桌，要客人餓了進來，吃飽就走。因此麥當勞的設計是刻意反社交的——與今天的星巴克正好相反。

和大部分其他商品一樣，飲食是一種社會經驗。它不只關乎營養、卡路里和味覺，人們也會尋找適合他們的社會環境。這是你破解餐廳「密碼」的第一步。

不論我們喜不喜歡，餐飲業存在著一種經濟學上說的「長期均衡」（long-run equilibrium）。這個詞的意思是，餐廳的品質好壞，通常可以用幾種靜態特質來判斷，例如，它們吸引的是什麼樣的顧客類別。

當你準備第一次光顧某家餐廳，正在考慮是否跨門而入時，不妨問自己一個非常簡單的問題：「裡頭的客人對食物的態度，是否跟我一樣？」如果是，你很可能來到一個跟你速配的地方；若不是，趕緊轉身離開。就這樣走人或許會有點不好意思，但坐在那裡忍受食物與顧客配錯對的感覺似乎更糟。何況，與其事後不愉快，現在就終止自己與這家店之間可能的惡劣關係，反而是在幫店主一個忙。

第5章

雜亂無章的食堂裡，冒出美好的煙

燒烤是「慢食之最」

關於食物，最可預料和井然有序的，
永遠不是最好的，它們只是更容易描述而已。
例如路邊攤和火，就從不井然有序……

我是道地的美國人，但我超愛異國料理。我出生在紐澤西州，年長後養成對燒烤的熱愛。這表示，我喜歡的烤肉方法是這樣的：

1.露天烤窯——這是原始和歷史上的燒烤方法，把食物埋在地下和架在坑上，或在露天的獨立建築中烤熟。

2.古典烤窯——通常是磚造的，用柴火烤肉，不用電器。這種烤窯有時也叫做露天烤窯（有誤導可能，它們不是真的像第一種方法是露天的）。

另外，我有時也會喜歡：

3.機械烤窯——一種將厚肉片塞進一個機械化設備，以機械控制的方式慢慢烤熟。機械烤窯可能用木柴、瓦斯或其他熱力來源。混合式機械烤窯——越來越普遍——先用瓦斯燒熱木柴，再用木柴烤肉。

以上這三種燒烤形式，與一般大家熟悉的燒烤不同。一般熟悉的是高溫快速烤肉，或者該叫做炙烤（grilling）更恰當。據估計，美國人一年在火焰上烤肉高達令人肅然起敬的二十九億次，但快速、猛烈的炙烤，通常產生不了那種用老式美好慢烤出來的好食物。堪薩斯市Arthur Bryant's Barbecue的小排骨要烤十小時，胸肉十二小時，豬前腿肉十六小時。曼菲斯市（Memphis）有一家餐廳以烤三十六個小時的豬前腿肉聞名。古典燒烤的核心要素是煙燻、慢烤和低溫。

我從密蘇里州哥倫比亞市坐了大約半小時的車子，來到哈里斯堡（Harrisburg）的Lonnie Ray's BBQ。這家燒烤店具備傑出燒烤的一切特徵：坐落在小鎮，享有強大口碑（事實上，開車載我來的這位與我合作的教科書業務員，是本地人），館子本身很小，其他顧客流露明顯的在地氣質。

這裡的燒烤，是幾種風格的混合體，風味絕佳。但我印象最深的是Lonnie Ray's的老闆麥可．懷特尼（Mike Whitely，餐館就是以他父親命名）。聽我問了幾個關於館子的問題後，麥可過來跟我談話。健談但專注的他不害羞，立刻進入科學性的探討。他問我，喜歡燒烤哪一點，不喜歡哪一點？我在其他什麼地方吃過燒烤？類似這樣的談話，也許聽起來像是釣取恭維，或藉機吹牛，不過他卻是真心想了解更多燒烤這門手藝，並改善他的產品。因此我們迅速進入有關不同風格、不同餐館和世界各地燒烤方法的討論。麥可有一種刨根究柢和自我批判的態度，值得幾乎任何科學家羨慕。

你可能以為，麥可是個沒受過多少教育的鄉巴佬，但其實他擁有密蘇里大學心理學位，曾任青少年輔導老師。他業餘以烹飪自娛，並做一些外燴賺外快。少年時期，他去朋友家經營的中國餐廳玩，激起他對團隊工作潛能的好奇。他看到這家人以食物、以他們的食物傳統為榮，學到他們如何合作拔雞毛。他思索，這種合作方法，有無可能也應用在其他料理上？

一門「很有學問」的生意

燒烤是一門必須重視品質、團隊工作和持續改進的生意。在鼎盛時期，它可以說是美國最好——也最便宜——的料理。若說任何美國食物擁有近乎宗教的地位與信徒，則非這種緩慢燒肉的方法，配上神聖的佐菜莫屬。燒烤迷可以跋涉幾小時去吃更好的燒烤，然後熱烈辯論哪位燒烤大師和哪種風格最超凡入聖。很少食物比它更接近朝聖的概念。

這一切虔誠信仰的背後，存在某個真實的東西。那是我們需要的那種食物革命的關鍵成分。最好的美國燒烤，何以會這麼棒？如果可以烤出這般美味，為什麼沒有遍布各地？我居住的北維吉尼亞州，能選擇的燒烤很有限，因此我必須探訪國內各地，甚至跨越邊界去到墨西哥尋找答案。

有些食物似乎能翻山越嶺飄洋過海，有些則不能。拿最經典的法國菜——就是你能在法國非常可愛的鄉村客棧找到的那種——為例，它可能牽涉二、三十種重要食材，包括本地香草和香料；烹調方法也很難傳授給任何有志當廚師的人。但是，經典法國菜仍然可能複製到全世界。如果你想吃的話，不管在哪裡，大概都吃得到極好的法式紅酒燉雞。德國到處有非常好的法國餐廳，價錢比巴黎還便宜，而且通常燒得相當好。我在里約熱內盧最難忘的一餐，是有九道菜的法國料理。無論法國人多不願意擁抱文化全球化，法國大廚已創造出全球化的料理，雖有因地制宜的各國版本。它的售價夠高，餐廳願意花大錢去複製某種形式的法式精美。

但真正好吃的燒烤，卻只能在為數有限的區域和國家才吃得到：在美國，包括德州、部分美國南方、部分密蘇里州和伊利諾州，及夏威夷（夏威夷有公共燒烤傳統，通常是烤全豬）；在其他國家，墨西哥中部及牙買加大部分地區有很讚的燒烤，我還聽說在北非沙漠地區，如果你碰到正確的部落和節慶，那裡的烤羔羊和山羊令人嘆為觀止。

紐西蘭毛利族的燒烤——坑窯（hangi）——為婚禮和盛宴而做，是將食物埋在地下很長時間，直到具有強烈的煙燻味。你偶爾會找到一家供應坑窯燒烤的紐西蘭餐廳，或是一間毛利人經營的坑窯燒烤外賣店，但它不是固有的餐廳傳統。我在紐西蘭吃過兩次坑窯，兩次都不感動——也許它畢竟還是比較適合家庭野餐或婚禮。

總的來說，一旦離開幾個重要的發源地，燒烤餐廳通常令人失望。有些餐廳也許以懷舊手法勾起我們對真正燒烤的思古幽情，但不是真正那回事。燒烤通往一個更古老的年代，在那個年代，食物製作是個人的、手工藝的，並依賴天時地利。當《德州月刊》（*Texas Monthly*）雜誌宣布德州萊辛頓鎮（Lexington）的 Snow's BBQ 是全美最好的燒烤時，沒有人抱怨該餐廳只開週六上午，相反的，那成了美食地位的象徵。當你走進德州洛克哈特市（Lockhart）的 Smitty's Market，燒烤爐子火星四濺，濺到你點菜地點的腳旁邊，那是金字招牌，驕傲的來源。「小心別絆倒。」一進去前我警告我太太，根據一則可能不實的傳言，說他們拿免費燒烤來讓消防局長和保險督察睜一隻眼閉一隻眼，才能繼續經營下去。

儘管如此，燒烤也跟著現代美國消費社會和大企業（尤其是肉品業），經歷了高度商業化的發展。它稱不上最頂級的食物——肉未必是最高品質（所以需要烤這麼久），燒烤醬是用現代美國超市常見的量產食材調配而成，但透過現代化的食物供應鏈有助於降低成本，使燒烤人人吃得起。

以下是我對古老美好慢食燒烤的一些基本觀察：

- 最好的燒烤店，通常在大清早開門。
- 吃燒烤，最好是去人口不到五萬人的城鎮。
- 好肋排，不像好胸肉，很多地方都買得到。

了解這三個觀點所本的基礎，你將洞悉幾乎一切特殊烹飪創意的來源。

為什麼燒烤很難變成垃圾食物

燒烤一詞的英文 barbecue，源自西班牙文 barbacoa，可以追溯到一五二六年一本談新大陸印第安人的西班牙文書，是指一種加勒比海地區的烹飪方法——在地下挖一個坑，將肉叉在枝條上，架在坑上慢慢烤。在泰諾語中（Taino，西印度群島上一支已消失的印第安部族），babracot 指的是構成烤肉架的樹枝結構，牙買加坑窯（jerk pit）直接承襲這個早期傳統，不過墨西哥原住民宣稱他們在西班牙占領前也使用這種技術。今天的我們，恐怕永遠不會知道哪個族群最先發明燒烤。

最早（非印第安人）的美國燒烤，約莫出現在一六六〇年代的北卡羅萊納州；可能是奴隸從加勒比海帶來的技術。當時的燒烤受到歡迎，可能是因為它的核心要素符合這個殖民地的生活方式——豬肉供應充裕；醋是天然殺菌劑，至今仍是北卡羅萊納州燒烤醬的成分；椒類貢獻維生素C，可預防壞血病及其他疾病；低溫慢烤的方法使木製烤架比較不可能著火。據推測，把肉切成小塊的做法，最初是為了幫助牙齒不好的人。那個時代很少吃番茄，早期燒烤醬是不含番茄的。

在德州，燒烤在十九世紀流行起來，成為餵食一大批人的傳統方法。一頭綿羊、山羊、豬或公牛，在露天烤窯烤上二十四小時。當時的公民活動，通常同時舉辦燒烤。一八六〇年，山姆・休士頓在一場名為「美國燒烤大會」的政治集會上演說*，此後「燒烤」一詞，有時也被用來指政治集會。

跨入二十世紀，燒烤也走出教堂和政治集會，跨越到小吃攤、燒烤屋和餐廳。一九二〇年代可支配的收入增加，外出用餐者日眾，消費革命蔚起。尤其是汽車的問世，使得很多餐廳可以開在鄉下。燒烤餐廳的出現，是二十世紀初美國消費革命的一部分。

但燒烤始終沒有真正變成速食或垃圾食物。一九三〇年代，Pig Stand 公司曾擴張至一百多家燒烤店，但在一九四〇年代關剩沒幾家。Luther's 在一九八〇年代中期達到六十三家分店，但到了一九九〇年代已減至二十家。在辛辛那提電台傳教的史凱格斯牧師（Reverend Deuteronomy Skaggs）一度宣稱：「如果上帝有意讓辛辛那提有燒烤，祂很久以前就賜給我們了。」一九七七

*山姆・休士頓（Sam Houston），帶領德州加入美利堅合眾國的關鍵人物，曾任參議員和德州州長，休士頓就是以他的名字命名。

年紐約廣播明星貝瑞・法柏（Barry Farber）相信，燒烤將一統江湖，接管食物世界。他在時代廣場開了一家燒烤店，認為燒烤將成為「下一個披薩」。最後，法柏的餐廳和他那些更宏大的計畫都失敗了。最接近優質、大眾市場燒烤的，是連鎖墨西哥餐廳 Chipotle 供應的一些肉食，那是用低溫真空烹調法燒出來的，我留待本章最後再討論。

從燒烤業，看見地方創意

燒烤，今天也發展出區域性的手藝傳統。在大部分的美國東南部，燒烤指的是豬肉，通常是烤全豬或豬前腿。手撕豬肉在南方和部分中西部很常見，但除此之外很難找到道地貨色。在芝加哥，豬肋排是日常食品；德州燒烤側重胸肉、香腸、豬肋排，有時也烤牛肋排，尤其在德州西部。其他區域性傳統包括山羊（德州南部）、羊肉（肯塔基州西部）和烤豬鼻（聖路易市東區）。

北卡羅萊納州東部的燒烤，不同於該州西部。東部較可能烤全豬，西部則烤豬前腿。近年來，東部比西部更快改成使用瓦斯和電的現代商業烤爐。傳統的東部燒烤醬不含番茄，而是用醋、胡椒、辣椒粉和鹽。西部燒烤醬會添加番茄醬和烏斯特黑醋（Worcestershire）。東部燒烤通常較乾，有人說是因為豬肉用機器切得比較細。東部也做布倫斯威克燉肉（Brunswick stew）當作佐菜，最初是用松鼠肉來做，現在通常用雞肉、番茄、馬鈴薯、洋蔥、玉米和皇帝豆等食材。東部也流行燒烤馬鈴薯。北卡羅萊納州西部的高麗菜沙拉（coleslaw）通常是紅色，而且比較脆。一號公路常被視為兩種燒烤風格的分水嶺，但隨著時間過去，兩地的差異逐漸模糊。

為什麼要談這些？因為燒烤與地方創造力有關。

即使商業化了，燒烤仍抗拒變成垃圾食物，仍與它的業餘根源緊密相連。任何一年，有超過六百萬美國人參加五百場以上的燒烤比賽。曼菲斯燒烤賽，通常是全國最大賽事，可能吸引多達三百個參賽團隊和大約八萬名旁觀者。

在更早的年代，燒烤師傅常是業餘出身，發跡後逐步爬到大師地位。然而，無論這個領域有多少成就，凡有傑出燒烤的地方，必有平庸的燒烤。試誤研發法（trial and error）也意味著一定會經歷很多錯誤。燒烤師傅通常由替教會、替政治集會，或替朋友燒烤起家，一旦食物受到歡迎，就會引發一些較好的廚子開餐館，用更大的顧客群做實驗來改進他們的產品。最好的餐廳爬到頂端，過程中培植一批員工，後者常在學成後自立門戶，開自己的燒烤店。

尼爾森．海德（Nelson Head），可能是華府大都會區最好的燒烤師傅。他成長於阿拉巴馬州伯明翰市，從小吃燒烤長大。起初從事房地產業，但後來決定進軍餐飲業。他先向一位著名的燒烤師傅學藝，然後才創立自己的餐廳。他在華府試開過幾個館子，最後才遷至維吉尼亞州伍德布里奇市（Woodbridge）的現址，就在州際公路旁邊，很容易接觸到卡車司機和觀光客。就像很多其他的燒烤店老闆，他有一種沉著、理性的氣質，來自一個習慣從嚴謹的應用科學角度去思考和談話的男人。

燒烤店常會取一個稀奇古怪的名字，符合我們對非連鎖、業餘產品的預期，例如「胖弟」之類的。在美國，名聞遐邇的燒烤店還包括南卡羅萊納州洛克威爾市（Rockville）的「胖威利的肥豬屋」（Fat Willy's Hawg House）、德州泰勒鎮（Tyler）的「豬仔黑鬼博士」（Dr. Hogly Wogly's），或佛羅里達州奧蘭多市（Orlando）的「大隻佬的膽大包天燒烤」（Bubbalou's Bodacious Bar-B-Que）。這些名字代表一種很刻意的決定，以凸顯產品的個性，營造一種「工匠」感。甚至連燒烤這個字的拼法，在很多餐廳都不一樣，這是一種反抗同質化文化趨勢的終極表現。

早餐前的大火，好香啊

在德州鄉間，古典烤窯不再限於本章一開始定義的那種露天烤窯，而是指用木柴烤肉的長形（十至二十英尺長）磚造隔間，有金屬格柵板用來擺肉，有煙囪可以排煙，還有一大堆木柴擺在附近。通常，火源集中在隔間兩端，因此肉是用間接熱力烤熟的——你可以想像一堆像一台汽車那麼大的木柴失火的場景。美國南方的古典烤窯通常嵌在牆裡和建在地面上，但基本上用的是相同的烹飪程序。

古典烤窯最好的運作方式，是有人徹夜或花大部分時間看守。理想上這個人應該睡在大火旁邊，定時醒來撥一下炭火，或確定沒有不該燃燒的東西燒了起來。不是所有烤窯都如此嚴密監控，但不這樣做的燒烤店老闆會冒更大風險——因為他們得在晚上關掉部分或全部烤窯，烤出來的品質自然也會打折扣。

燒烤師傅用通風口和煙道將空氣引進爐子，把煙排出去。光是正確點火這件事，就是一門學習而來的技術。此外肉必須翻面，溫度必須抽樣檢查，火必須點燃、維護或按情況所需添加燃料撥旺。木柴不會每一次都燒得同樣均勻，燒烤師傅必須不斷調整窯中狀況，比如添加木柴或撥弄火苗來控制溫度。這種烹飪方式牽涉很高的勞動成本，不利於流水線式（想想麥當勞或Applebee's之類的連鎖餐廳）的生產方法。

打從一開始，許多最好的燒烤店就習慣了大清早開門。因為古典烤窯會在前一晚開始烤肉，老闆們通常會在第二天希望盡快賣掉烤好的食物。因此，非常高品質的燒烤餐廳通常很早——上午七點到九點之間——營業，希望到了午餐時間可以賣掉大部分肉品。否則，經過一夜燒好的肉品，只會隨著時間流逝失去新鮮度。

因此，午餐是個重要市場。畢竟在美國鄉間，午餐顧客通常比晚餐多。人們外出工作，開著車子，尋找一頓大餐。再加上，由於不確定每日需求量，餐廳老闆通常寧可在午餐前開始賣，以確保做更多生意。這類餐廳比較不願延長營業時間到晚上，因為越晚品質越差，他們不願賣次等食物，因此在下午兩點半或三點就打烊的燒烤餐廳很常見。這倒過來，也鼓勵客人們提早上門。熱門的燒烤餐廳常在中午十二點或更早就已經客滿。

一大早開門還有另一個原因，就是：通常老闆必須一大早起來照顧肉；既然起來了，何不乾脆開門做生意？德州洛克哈特市最好的燒烤店，是在上午七點到十點之間開門。很多本地人或觀光客會進來吃早餐，通常點香腸，那是早上第一批燒好的菜。在 Kreuz Market 或 Smitty's，經營烤窯的「肉販」只需剁一些肉下來給你；像這樣一大早開門，通常不需要大批女服務生或很多準備功夫——你自己把肉端到桌上，用你自己的手指抓起來吃，紙巾已經擺在桌上了。

不過在曼菲斯市，燒烤餐廳通常不會早早開門或早早打烊，通常是上午十一點半或正午十二點開門。主要的原因，是曼菲斯的燒烤以豬肋排為主。燒烤肋排需要的時間、空間及燃料較少，而當地的主要燒烤餐廳也已經改用機械而非古典烤窯。換言之，他們已擺脫一些傳統的束縛。

在北卡羅萊納州，燒烤找到一種令人不安的辦法來解決新鮮度問題。大多數北卡的燒烤餐廳也很早開門，但主要是出於傳統，而非經濟理由。這些餐廳大都把食物預先燒好，然後冷凍起來或放在保溫箱中。Lexington Barbecue #1 自豪地告訴顧客，他們的食物絕對不放過夜，但我和一起去吃的朋友聽到這話都不感動。因為，他們有時會把今天現做的和昨晚賣剩的混在一起賣，因此永遠供應無虞，但老實說品質不怎麼樣就是了。

什麼是燒烤？其實我說不上來……

令人遺憾地，世界最好的燒烤，恐怕不在美國。往南跨越邊界，你對烤窯經濟將有更多理解。在墨西哥鄉村，一些最古老的燒烤傳統至今仍活躍著。一般家庭會為了某個特殊日子如婚禮或生日，烤一頭羊或豬。為了做燒烤，墨西哥人會在地下挖個坑，坑裡鋪石頭，生火。然後把肉包起來（通常用龍舌蘭葉子），放在火上。坑頂用濕土覆蓋，讓食物在裡面燜熟。墨西哥名菜烤乳豬（cochinita pibil），即指在坑窯中烤豬，你可以在美國一些較好的墨西哥餐廳看到這道菜。Pib 是馬雅語的窯烤，不過美國的墨西哥餐廳賣的不是正宗烤乳豬，他們用香蕉葉包豬肉，放進烤箱裡烤。

我曾在一個叫做聖奧古斯丁奧棚（San Augstin Oapan）的墨西哥小村莊做田野調查，村民烤肉用的燃料，是硬甘蔗，裡面有「心」的那種。據說木柴在烤的過程中會裂開，這也許反映當地的木柴選擇有限。有些墨西哥鄉民用木炭烤肉，但扔一些洋蔥、蒜頭、辣椒或奧勒岡葉在炭火中增加香氣。

聖奧古斯丁奧棚最著名的燒烤師傅是安吉爾・多明尼克（Angel Dominguez），他也以用村子河岸邊的黏土做陶器聞名。如果你去安吉爾的家拜訪，你要麼發現他坐在吊床上，微笑著踩他的縫衣機，要麼被告知他去河邊照料他的西瓜了。他是村民眼中的怪咖，部分原因是除了他以外，陶藝和縫紉兩者都是村婦的專屬領域。他回答問題總是緩慢且口齒不清，但炙烈燃燒的眼神，洩漏了他對創造藝術的全神貫注。

當心血來潮，或是需要用錢時，安吉爾會運用前哥倫布時代的方法，和來自村莊四周百分之百天然的材料，捏出精采絕倫的陶胚，然後放進坑窯裡烤。如果他興致缺缺，你給他再多錢也激不起他的工作意願。如果你留下錢想要當作購買他作品的訂金，只會被他當禮物收下。

一旦學會運用和控制窯火的技術，他自然而然登上村子燒烤大師的寶座。他替村裡的慶典活動（如節日、婚禮）烤山羊肉和豬肉，僅僅把包好的肉埋在燃燒的坑窯中，並在一旁照料以確保火既不會太旺也不會太弱。動物來自本村，烤前才用人工屠宰，那是我生平吃過最新鮮的山羊風味。

如果你問安吉爾，知不知道什麼是燒烤，他回答不上來。對他來說，燒烤和他的傳統陶器一樣，是村子自古以來的生活方式，也是只有少數人能掌握的手藝。

燒烤朝聖的第一站，是……

大部分中型至大型的墨西哥城市，至少在墨西哥中部，燒烤店大都開在市郊，而不是市中心。價格相當便宜，一頓豐盛的餐食通常不到美金五元。食物在戶外供應，也許在帳篷或雨遮底下。肉是用傳統方式窯烤的，種類很多，羊肉到牛肉到豬肉都有，頭和內臟一視同仁，烤窯內通常鋪龍舌蘭葉。烤肉的時候，下面墊一個金屬盤子盛接滴下的肉汁，肉汁用來做清燉肉湯，配捲肉的塔可餅吃。塔可餅可選擇加辣醬或不加。

如果你要我只推薦一個地方，我會建議「露比達」（Lupita）的經濟小吃——墨西哥市北邊約九十分鐘車程，近克雷塔羅州（Querétaro）聖胡安里約市（San Juan del Río），位於「Galindo Amealco 公路三公里處」，但沒有正式的地址或電話。該店的名片背後印著教宗若望保祿二世的彩色肖像，及一段關於正義、和平與愛的語錄。它只在週末營業，有時燒烤在午餐時間就賣完了，之後只賣美味的餡餅。要去得趁早，因為這家店基本上是一個路邊避風雨的亭子，他們擺好桌椅和炊具，就開始做生意。經營者是一位叫做露比達的墨西哥老婦，我費了一番唇舌才說服她，美國客人能吃辛辣的燒烤醬。這是燒烤應有的烹調方式，像這樣的地方還有幾百家，散布在墨西哥中部各處。如果你熱中於燒烤朝聖，這類地方應該是你的第一站。

墨西哥還有一種烤肉方式（特別是豬肉）叫做牧羊人式（al pastor），是燒烤技藝的另一個變化版。肉用叉子串起來，然後在一個側面有炭火的直立烤窯中慢慢烤。牧羊人豬肉——可謂迷你燒烤——可能烤一整天。這種技術類似希臘和土耳其的旋轉烤肉（gyro），靈感來自阿拉伯飲食文化。在墨西哥，旋轉烤肉方法最早出現在一九三〇年代，由黎巴嫩移民帶到普埃布拉市（Puebla），該地長久以來是墨西哥的美食中心。如今旋轉烤肉已完全墨西哥化，對大多數外地人來說，它比更古典的墨西哥窯烤，還要像傳統墨西哥料理。

傳統燒烤比較好，還是機械烤出來的香？

所有人種都曾在歷史上的某個時間點，開始用火煮食，食物也開始帶了點煙味。今天在美國，很多燒烤餐廳現在已不在室外或室內燒一爐大火，而是採用容易控制的機械技術。員工可以高枕無憂地烤一晚上肉，知道溫度和烹調速度有機器照顧，再也不需要守在餐廳監看燒烤過程。訓練一個人開機器，比訓練他操作古典烤窯容易多了。

機械烤窯有幾種不同方式，通常肉暴露在控制的熱源下，熱力可能來自木柴、瓦斯或木炭。這三種燃料中，以木柴的地位最高，提供最佳風味但也最貴；瓦斯地位最低但最便宜。機械烤窯的主人，往往得面對用瓦斯取代木柴或木炭的誘惑。

燒烤也可以用燻爐（smoker），這種爐子是用裝煤油或鍋爐燃油的五百加侖金屬桶構成，上面安裝擺肉的烤架。一個簡單的燻爐可以賣到一千五百美元，更複雜的設備則高達一萬元以上。肉是擺在熱源上方幾呎高的金屬架上。熱度不高，也不會產生火焰。肉是同時用熱和煙兩者慢慢燻熟。熱力來源可能包括瓦斯、電、煙燻液、壓力鍋、密閉烤箱，甚至微波爐。

機械烤窯的誕生，促進了一九七〇年代中葉及一九八〇年代的燒烤復興。如今經營一家燒烤餐廳、加盟店，或甚至創立連鎖店，都比過去容易多了。現在，大多數都會區都有很多燒烤餐廳，通常全部採用機械烤窯。光是華盛頓特區，少說就有十五個地方賣燒烤，雖然品質水準不如德州或更遠的南方。

對大部分機械化的烤窯來說，地方主管機關不是大問題。機械烤窯通常不會讓肉或烤肉時滴下的油——兩者皆易燃——接觸到火，如果溫度超過某個程度，烤窯也會自動關閉，並發出警報。熟練的機械烤窯製造商已備妥文件，說明烤窯如何排煙，也有品質和安全驗證，符合法定安全標準。烤窯食品已通過消費品檢測，取得一切必要的證書。相較之下，古典烤窯完全拿不出這類證書，更古老的露天烤窯就更別提了。

有「燒烤王」之稱的麥可．米爾斯（Mike Mills）在拉斯維加斯擁有和經營的「曼菲斯冠軍燒烤」（目前在同一城市有三家分店），是目前燒烤業的典型——餐廳內部一塵不染，員工看來專業，形象企業化，裝潢講究，每天以相當低的勞動成本生產大量烤肉。該公司的發源地，是麥可早年在伊利諾州南部經營的兩家燒烤店；麥可被奉為古典燒烤技術大師，但他的事業版圖靠的是更多的現代科技。

長久以來，燒烤迷之間為了機械烤窯的功過爭論不休。不過，用一點經濟學原理，可能有助於化解爭議。我們先來看兩個現實面。首先，許多著名的燒烤餐廳，尤其在美國南方，已改用機械化烤窯。儘管有些人會認為這些餐廳退步了，但共識是：基本上都還很不錯。

其次，有些燒烤基本教義派的人，反對用瓦斯，認為這會給肉帶來明顯的瓦斯味。大名鼎鼎的燒烤師傅威伯．雪萊（Wilber Shirley）就認為放肉的位置很重要——古典烤窯是將柴火置於肉的下方，當肉的油滴到火上時，熱力會減弱，使肉更柔軟，而且停留在肉上的脂肪有更長時間增加肉的滋味。相反的，另一派則認為，柴火烤肉比較不規律，不能精確控制溫度。

但是這樣的辯論沒抓到真正重點：重點不是用什麼火，而是統計學上所說的「選擇效應」（selection effect），也就是：窯烤餐廳之間，存在著許多系統性的差別。

比方說，古典窯烤餐廳較可能是手工作坊，較不可能是大企業。古典窯烤餐廳較可能有一位本身有多年經驗，親自在場督導的老闆，最起碼也會有一位深受信賴的助理在場，並雇用訓練有素和經驗豐富的工人。古典烤窯比較難放任不管，否則無法確保整體品質維持在高水準，而且萬一出狀況，代價可能會是一場地方悲劇，搞不好還會燒掉一個鎮，而不只是得罪幾個客人這麼簡單。因此，它必須有人隨時監控才行。相反的，機械窯烤餐廳通常較企業化，可以服務更多顧客，也較可能用各種管理手法賺到錢。

此外，古典窯烤餐廳生產規模小，較可能開在鄉間，吸引熟客與老饕上門；機械窯烤餐廳則較容易在城市或郊區立足，吸引較多隨機上門的客人。不過話說回來，現在有越來越多的觀光客知道要找古典窯烤餐廳，就算要到偏僻的地方也無所謂。

古典窯烤餐廳很難抄捷徑，即使他們想這麼做。他們沒得選擇，只能維持比機械窯烤餐廳更高的平均品質。在此同時，最好的機械窯烤餐廳如果真要用心把品質做好，確實可以做得非常好。

燒烤店，越來越像賣甜甜圈的……

北卡羅萊納州的萊辛頓市（Lexington）曾經有過這樣一個實驗：該城有二十來家燒烤店，現在只有幾家保留了古典窯烤技術，其他的先後在過去二十年間漸漸轉換到機械烤窯，結果發現，並沒有發生全面性流失顧客的事。相反的，萊辛頓的燒烤傳統依然風行。謠傳有些北卡餐廳保留一堆假木頭來唬弄門外漢，但這個謠言沒被證實。

基本教義派極力反對機械烤窯，有時極端到否定它們是「燒烤」，指責這些業者錯把烘烤（roast）當作燒烤。

我自己並不排斥萊辛頓的機械烤窯。這裡的豬肉通常會塗抹味道很重的醬，掩蓋了烹調方法。此外，古典烤窯的產品通常不是現烤現吃，可能會因為擱太久或冰過而有點乾，而且未必總是熱騰騰的，因為若拿去重新加熱會使肉變得更乾。換言之，現代科技和經濟效率**同樣**限制了古典和機械兩種烤窯的產品品質。

何況，今天大多數美國人在家燒烤（其實是炙烤）都是用瓦斯，只消按幾個鈕或轉幾個錶盤就行了。相較於古典燒烤得花上八至十二個小時，用瓦斯要快多了，也不必花錢買炭和點火液（兩者都不便宜且不易操縱）。這種在家用瓦斯炙烤的習慣，也慢慢改變了消費者對產品的口味——也就是：習慣了有點瓦斯味的烤肉。燒烤餐廳用瓦斯烹調，再也不是什麼滔天大罪——甚至，根本不會被發現。

今天，有些燒烤餐廳變得很像甜甜圈店，尤其在大城市。各種衛生、消防和安全法規，使得古典烤窯更難以為繼。真正露天、戶外的烤窯店，在美國大部分郡縣都是違法的。在烤窯上加蓋鐵皮屋頂，四周用紗門紗窗圍起來，加上其他障眼法，雖然有助於業者規避法律，但使用這些方法之後，實在很難用可控制的方式燒大量的肉，也因此很難經營得下去。

拿「藍煙」（Blue Smoke）來說，這是曼哈頓最早的燒烤餐廳之一，歷盡千辛萬苦才開成。藍煙光是申請手續就花了將近一年，其中最困難的，是證明餐廳有良好的排煙辦法，安全無虞。藍煙之所以能生存，靠的是服務上流社會的客人，這些人追求在曼哈頓吃古典燒烤的新奇感，並願意花很多錢在飲料上。但大部分燒烤餐廳在相當小且便宜的規模上營運，不可能克服這種障礙。

在這樣處處掣肘的環境中，古典窯烤不可能蓬勃發展。烤窯師傅的就業前景黯淡，消費者也漸漸習慣其他的燒烤方法，以致窯烤技術更難保持活力和發揚光大。

即使在鄉間，法規也開始讓他們更難經營。在整個德州南部，尤其聖安東尼奧市（San Antonio）一帶，牛頭燒烤傳統上是墨裔美國人的週日佳餚。早年，這道菜是在露天烤窯烤十到十二個鐘頭，但衛生法規幾乎排除了所有能做這道菜的地點。例如，德州拉雷多市（Laredo）政府就規定，燒烤牛頭必須用蒸汽壓力鍋，代替傳統的地下坑窯。不鏽鋼製的蒸汽壓力鍋更貴，結果是幾家批發經銷商取代了早期獨立、業餘生產和試驗性高的系統。買蒸鍋和安裝瓦斯管線的花費，以及伴隨的保險規定，都增加了烹調成本，並使供應集中化。燒烤迷認為蒸的技術遠遠不如坑窯烹調。遺憾的是，烤羊頭的傳統漸漸式微。上回我去聖安東尼奧（二〇〇九年），問旅館服務台職員哪裡可以找到羊頭燒烤，他卻不懂我在說什麼。這個燒烤傳統遲早會完全消失，至少在美國。

醬料與佐菜，是業者致勝的祕密武器

對燒烤而言，醬料和佐菜幾乎跟肉一樣重要。

在德州，燒烤醬不像其他地方那麼重要（有時完全不用），原料包括番茄醬、水、醋和肉汁。聖路易市的燒烤醬比較嗆辣，以番茄為底。北卡羅萊納州東部用白醋醬，西部則用番茄醬染紅燒烤醬。北卡羅萊納州南部用芥末抹醬，這個「芥末地帶」貫穿南卡羅萊納州、喬治亞州、阿拉巴馬州和部分密西西比州。南卡羅萊納州哥倫比亞市，是芥末風格的大本營。北卡羅萊納州部分地區和肯塔基州用一種稀薄的醬汁，味道像烏斯特黑醋。在美國的託管地關島，用的則是洋蔥、醬油和醋做的酸辣醬（finadene）。

無論哪個地區，燒烤醬（或粉）都含有很多可能成分，其中包括現成調好出售的燒烤調味料和調味醬、羅勒、紅辣椒粉、芹菜籽、芫荽、肉桂、孜然、咖哩粉、小茴香籽、蒜頭（通常剁碎）、生薑粉、山葵粉、墨西哥綠辣椒粉、芥末粉、洋蔥、奧勒岡、洋香菜、紅辣椒片、鼠尾草、龍蒿、百里香和白胡椒等等，不勝枚舉；啤酒、百事可樂和烏斯特黑醋偶爾也會出現。燒烤廚師還試驗過其他有爭議的香料，比如眾香子粉、月桂葉、丁香、檸檬皮和馬郁蘭。

燒烤醬及調味料通常被當作不傳之祕。它們是在一個友善但競爭激烈的大環境中，經一再試誤研發而成。大家不斷試驗新的配方，但新概念多半失敗，較好的配方最後會進入餐廳，並影響其他的燒烤醬。好醬料，往往來自很多人嘗試發明新燒烤和燒烤醬的地方。

燒烤醬從來不是仰賴在地生產的食材。大部分的燒烤原料，都可以在食品雜貨店買到。芥末、番茄醬和醋的重要性至高無上，端視地區傳統而調配。它們可以儲藏，不講究新鮮；事實上，有些燒烤廚師以使用預先調好磨成粉的調味包為榮，而不是使用新鮮香料。洋蔥和蒜頭通常買現成剁碎的，薑則是曬乾磨粉，與中國或印度廚子喜歡用新鮮材料相反。

雖然如此，最好的燒烤醬還是無法銷往全國各地。燒烤醬如果要製罐、裝瓶和越過州界出售，成為國民食品網絡的一部分，必須取得額外的管制許可。為了避免腐壞，必須添加防腐劑和化學品，才能夠維持很長時間。除了需要管制許可，製造商還得面臨萬一醬料一、兩星期後腐壞的責任問題。因此，最好的燒烤醬只供應當地使用，不配銷全國。一九四八年亨氏（Heinz）食品公司推出第一個全國性燒烤醬，卻遭很多古典燒烤迷鄙視。此外，大批製造的燒烤醬往往不如小批生產的燒烤醬好吃；小批生產比較容易控制和衡量品質。

佐菜，也是一些燒烤餐廳的致勝武器。東南部的燒烤，最可能搭配高麗菜沙拉和炸玉米丸子。南卡羅萊納州和喬治亞州東部，則搭配米飯和肉末馬鈴薯泥；肉末馬鈴薯泥通常用豬肉和豬內臟來燉。部分維吉尼亞州和北卡羅萊納州東部，常供應布倫斯威克燉菜，燉菜裡可能包含野味、玉米、皇帝豆、馬鈴薯和番茄，組合方式各家不同；而早年布倫斯威克燉菜是用松鼠肉做的。德州燒烤店可能供應馬鈴薯沙拉、孜然紅豆，或甚至德國酸菜或白土司。

這些佐菜無一需要特殊的地區性食材，但有些佐菜（不包括白土司）仍難以在全國範圍複製，最主要是因為行銷全國需要防腐劑。當燒烤餐廳是由一位在場的業主以手工作坊的形式經營時，佐菜最新鮮也最獨特。因此優質佐菜與古典烤窯長相左右，雖然兩者的品質在邏輯上多少有點互不相干。所以，燒烤的醬料和佐菜提供了為什麼最好的燒烤不能流傳廣遠的明顯原因——與真正窯烤料理的手工性質息息相關。

關於吃，最井然有序的結果，永遠不是最好的

正宗燒烤之樂難以散布的法律障礙，大都與煙有關。從華盛頓州的環保人士到曼哈頓的公寓居民，大家都不喜歡吸太多煙。然而，各種煙燻食品的需求卻在成長，如今上網訂購高品質的燻肉很容易，由聯邦快遞（FedEx）或優比速（UPS）送到府上。

也因此，低溫慢燒的概念逐漸在美國高級料理中扮演重要角色。新機器掌握到古典窯烤的一些最佳特質，將之引進頂級餐館，甚至是一般家庭裡。低溫真空烹調法（sous vide，法文意思是

「緩慢真空」），使很多食物可以用慢燒的方法烹調出來。你可以將食物放進一個真空密封的塑膠袋，然後在精確控制的水槽中用低溫煮熟。水和袋子基本上代替烤窯，如果做得正確，燒好的食物新鮮又美味。必要時，食物可以冷凍起來，吃時再用慢火煮熟。

雖然使用不同的工具，低溫真空烹調法複製了燒烤的一些特點。袋中的水使食物可以均勻受熱，代替撥弄和翻轉烤窯中的肉。袋子封住肉汁，和烤窯的密閉效果差不多，而低溫可防止肉變乾。低溫真空機另外還有個好處，那就是讓嚴格精確的烹調指示確實可行，助理廚師只要以某個溫度加熱袋子某段時間就行了。在名廚缺席的時代，這個機器確保食物味道一如預期。儘管如此，低溫真空烹調法還是無法複製燒烤的煙燻味道和酥脆質地。

好市多（Costco）有賣真空烹調形式的羊腱子（配迷迭香薄荷醬）；Wegmans 和 Safeway 兩家超市的熟食部門也有供應真空烹調食品。低溫真空烹調法目前在頂級餐廳很普遍，一台良好的家用真空烹調機，售價五百美元以下。

另外，許多異國料理餐廳也在燒烤的推廣上，助了一臂之力。有些古巴和菲律賓餐廳，如果提前通知，可以代客燒烤一整隻家鄉風味的豬。傳統的印度泥爐，則是用炭火（有些用瓦斯）高溫烹調食物。巴西串燒（churrasco）是把肉串在叉子上，擺在明火上炙烤——美國大部分主要城市和郊區都可以找到巴西窯烤館。曼菲斯市鬧區的超人氣餐廳之一，是巴西窯烤連鎖店 Texas de

Brazil，這家店的特色，是改良了傳統燒烤，而且他們的烤肉品質甚佳。不令人意外的，他們比國內其他地方的巴西窯烤館更強調肋排。Fogo de Chao 是另一家巴西窯烤連鎖店，在聖安東尼奧市鬧區有一家大型分店，同樣挑起這是否應該視為一種離經叛道燒烤形式的質疑。這些菜餚的原始靈感來自阿根廷和巴西鄉間，烹調方法接近傳統燒烤。

燒烤基本教義派也許反對其中一些發展，認為它們不是「真正的燒烤」，但這個看法受到誤導。一九九九年，德州州議會投票通過洛克哈特市為德州燒烤首都。美食家愛煞這個地方，但洛克哈特市的烹調方法並非總是低溫慢烤，它的燒烤方式是在古典烤窯中烤優質的肉，但通常是高溫快烤，尤其是香腸和牛肩肉。洛克哈特燒烤系出德國，混了一點墨西哥血統，就像這個地區一樣，分布著許多德國名字的城鎮。

肯塔基州部分地方，燒烤的是羊肉。巴爾的摩市有一種版本的燒烤，以「窯烤牛肉」知名。不同於大部分燒烤，這種牛肉是炙烤，而非煙燻。除此之外，牛肉是半生的（全熟在燒烤世界更為普遍），肉的部位是後腿而非前胸。肉先切成薄片再烤，再度異於烤大塊肉的典型燒烤做法。最後，這種傳統是用山葵醬為主要調味料，上面還鋪著白色生洋蔥。這些燒烤店很多是開在一條特殊道路上——Pulaski 公路，左鄰右舍看起來是妓院和龍蛇雜處的舞廳。根據大部分死忠者的說法，這也算燒烤，但也再度引起什麼才算是正宗燒烤的質疑。

關於食物，我們學到重要的一堂課是：最可預料和最井然有序的結果，永遠不是最好的，它們只是更容易描述而已。流行與風尚是井然有序的，路邊攤和火不是。

食物的世界是一個美味而雜亂無章的食堂，充滿著五花八門的風味，有時，還冒出美好舊式的煙。

第6章

呷飽未？

在亞洲，吃是個永無止境的話題

美國的泰式餐廳有兩個很糟的發展：
一是提供大型酒吧，另一是賣壽司。
兩者都意味著這家餐廳不認真看待食物。別進去。

世界上大部分人住在亞洲，世界上大部分食物是亞洲食物，因此，接下來把我們的注意力轉移到亞洲食物是合理之事。假如我們想了解如何取得好食物、可能遇到什麼障礙，不能不談到亞洲食物。

亞洲文化特別重視食物。亞洲人的社交關係是圍繞著飲食建立的，食物對亞洲人而言，不是那種一邊做其他事情一邊囫圇吞下的東西。去一趟香港或新加坡，你多半會聽到人們熱烈建議你去哪找最好吃的東西。食物在那裡和天氣一樣，是一個永無止境的話題。每回去亞洲，我總感覺他鄉遇故知。在那裡，每一餐飯都重要。

首先，來談談越南佐料

我愛美國的越南菜，也愛加拿大的越南菜，加拿大的亞洲食物幾乎永遠在一般水準之上。就烹飪法而言，越南料理很適合跨越國界，大部分北美洲的越南餐廳都是以越南顧客為主，這也是越南餐廳能夠維持相當高標準的原因。

吃越南菜的重點，在使用沾醬和佐料。其中，一種很重要的佐料是魚露，用萊姆汁、魚醬、糖和水調製而成；有時加上胡椒或胡蘿蔔絲或蒜末。魚露是越南料理中最接近萬用沾醬的東西。我喜歡澆在碎冰上，用它蘸春捲，或淋在粉絲和越南蝦仁豆芽薄餅上。另外，花生沾醬是很多牛肉類菜餚的佐料，通常用番茄醬、花生醬、糖、芝麻、蒜頭、沙拉油和一點豬肝和豬肉等食材做成。

使用這些調味品攸關美味，但你不必花腦筋記住細節，開口問服務生，他們會告訴你怎麼做。如果服務生英文不靈光，他們會示範給你看。你只要把桌上的沾醬和佐料拉到面前，指著它們，必要時打開蓋子，做出困惑的表情，就可以了。

如果你不按這些沾醬、小菜和佐料存在的目的使用它們，你的越南餐肯定比它原本應有的味道差很多。食物不是太乾，就是太不協調。

第二個重點是：如果你點的菜不需要用到沾醬、小菜和佐料，那你就點錯菜了。你很可能吃到某種淡而無味的亞洲食物，也許不難吃，但跟馬馬虎虎的中國菜差不多，只是摻了點越南味而已。

越南料理不曾在美國大受歡迎，美國是有很多越南餐廳沒錯，但顧客主要還是越南人。在我住的華府一帶，我發現越南料理正從主流地位撤退。喬治城的越南餐廳不是生意變差，就是關門歇業，很多設在郊區的越南店也已關門或縮小規模。相較於有「完整菜單」的越南餐廳，有一些賣越南三明治和湯麵的店（主要做午餐生意），倒是成功地擴散到非越南人聚集區。談到湯麵，裡頭混合了牛肉、麵條、青菜和香草，可是道美好的午餐點心——別忘了加點佐料，尤其那瓶紅色東西，能讓湯麵更辛辣，還有，擠點萊姆汁。

大部分的越南食物無法竄紅，是一個值得玩味的現象，因為，越南食物鮮少令美國人的味蕾不舒服。大部分的越南食物一點也不古怪，起碼出現在美國菜單上的越南菜一點也不怪（北越人有時被指控愛吃狗肉）。越南料理甚至明顯受到法國影響，你可以從越式三明治及法國棍子麵包配咖哩的吃法看到。照理說，越南菜應該更受歡迎才對，雖然對一般美食家而言，受歡迎可能意味品質下滑。

越南食物打不進大眾市場，我猜想很可能是因為大多數人從未搞懂那些小菜、沾醬和佐料。而且很多人不願開口求助，尤其當言語不通的時候。而沒了那些沾醬和佐料，越南料理之美就不大明顯了。

我想鼓勵美食家們多試試北美洲的越南料理。這些料理鮮少太古怪，也從來不貴，而且大部分非常健康——較少依賴油和油炸，不像很多中國菜。記住：重點在沾醬、小菜和佐料。一旦你習慣這些調味料，你對越南料理的喜愛可能與日俱增。

正確的泰式烹飪，是件很嚴肅的事

不同於越南菜，美國的泰式料理變差了。它變得更甜——放了太多精製糖的那種甜膩——而且味道更淡、更不可靠。從絕對數字來看，現在很棒的泰式餐廳比過去多，但我不敢替目前泰式料理在美國的平均品質掛保證了。

泰式餐廳靠不住，部分因為它們太容易把菜燒得太甜。咖哩常煮得太甜，泰式炒河粉也是，通常倒進太多精製糖（順便一提，很多人以為泰式炒河粉是傳統泰國菜，但它其實是相當晚近的發明，始於二次大戰期間，不是所有泰國人都喜歡）。最好的甜泰國菜是甜中帶酸，用鳳梨或糖醋調味，但整體而言仍然偏甜，太少魚露、蝦醬或白胡椒粉。

泰式料理的第二個問題，是泰國人的服務倫理太好了。不論在泰國或其他國家，我好像從來沒有被一家泰式餐廳的服務生或帶位小姐無禮怠慢過。在餐飲環境，泰國人總是殷勤禮貌（相較之下，言語不通的越南服務生經常搞不清狀況或顯得毫不在乎），這使得泰式餐廳比較容易流行和迎合廣大群眾。

泰式料理看起來也健康。盤中堆一些河粉，或擺幾塊豆腐，或在菜餚上撒幾根豆芽。泰式烹調很適合綠花椰菜和其他青菜，也很適合海鮮——叫一條全魚，不管怎麼燒都行；而且很多素食者看到蔬菜咖哩都會食指大動；素河粉通常和有肉或海鮮的葷河粉一樣好吃。再加上，泰國菜的顏色很漂亮，綠、紅、黃、橘五彩繽紛，擺在素色盤子上，看起來鮮豔奪目。

簡言之，我認為泰國菜的問題是：它變酷了。這個趨勢始於加州，一九八〇年代，一身黑衣的年輕人開始大批出現在好萊塢的泰式餐廳。風氣蔓延開來，去泰式餐廳吃飯的美國人似乎比去中國餐廳吃飯的時髦。但事實是：時髦人未必有高明的食物品味。

泰式餐廳有兩個最糟糕的發展，一是出現大型酒吧和很多飲料，另一個是賣壽司。兩者都顯示這樣的餐廳不認真看待食物，別進去。

不過，如果一家泰式餐廳以某種方式宣傳自己為泰華料理，倒不是壞兆頭。好萊塢部分地區有很多這類餐廳，特別是東好萊塢，那是全美國吃泰式料理最好的社區之一。泰華料理也許聽起來像迎合大眾，但通常這個詞有不同的意義。它意味著在泰國境內食物分兩大類，一類跟中國少數民族有關，另一類無關。此類餐廳是在標榜自己與泰國華人文化有某種聯繫，主要是講給泰國人聽的。

一個了解泰式料理和泰式餐廳的好辦法，就是研讀大衛．湯普森（David Thompson）的《泰國菜》（*Thai Food*）——一本公認最好的泰國烹飪書。你不必買，去圖書館借來看即可。事實上，你不必真的仔細研讀，讀十分鐘應該就有概念了。隨便翻到一頁，嘗試理解上面的食譜。甚至，想像一下自己按食譜做一道菜。

你會注意到兩件事。首先，每一個食譜都涉及很多不同的步驟和食材，往往多達三十個。其次，大多數食譜會要你參考其他食譜，例如做咖哩醬的食譜。後者本身往往錯綜複雜並牽涉很多手工步驟，而且常使用晦澀難解的食材。

我在寫這段時，信手翻到了咖哩魚腸食譜那頁（三〇五頁），開頭第一句就特別反諷：「知道可以在中國食品店買到現成瓶裝的魚腸，真讓人鬆口氣。」顯然，不是每個人都能鬆口氣，而且「取得魚腸」還不是最難搞的部分呢。這道食譜，包含十項食材，其中最冷僻的是白色薑黃（不過似乎可用可不用），伴隨的咖哩醬牽涉到十二項食材，除了很好的亞洲或泰國超市，很難買到。還有還有，其中一項原料是蝦醬，製法在一七七頁。如果你想做真正的蝦醬，需要不斷拍打、層層紗布以及發酵長達六個月。照理說你還應該加半杯煮過的鹹魚，鹹魚的製法在一七六頁。你得用力將鹽揉進魚身，醃上一夜，然後在太陽下曝曬兩天。食譜警告說：「必須用品質最好的鹽。」

懂了嗎?正確的泰式烹飪，可是件很嚴肅的事。

有時我認為，湯普森這本書「陳義過高」了點。他另一本《泰國街頭小吃》（*Thai Street Food*）還比較容易做。我做菜，比大多數人都認真，而且我家附近就有一家泰國超市，但我就是達不到這本書的要求。要跟著最好的英文烹飪書燒四川菜、越南菜或印度菜，我都沒問題，我也能做似模似樣的綠咖哩雞，但湯普森會讓你覺得這種咖哩，只是雕蟲小技。

多年來，我最喜歡的美國泰式餐廳叫做「泰國渡口」（Thai X-ing），我希望當你讀到這本書時它還在營業。老闆名叫陶．威格史塔布特（Taw Vigsittaboot），來自泰國南部，餐館是他家多搭出來的一間房。這個館子自開張以來，大部分時間只有一張桌子。二〇〇九年我去過之後，他們開始有了兩張、接著三張桌子。通常店裡有廚師——就是老闆本人——和員工一名，負責點菜和收帳。他們只做晚餐，不做午餐。

這家小館坐落在城裡一個比較便宜、有點衰敗的街區，叫做蕭區（接近佛羅里達大道、U街和第六街交叉口，確切地址是佛羅里達大道西北五一五號）。如果你是臨時起意要去，你可能會進不去，就算有位子，你可能還是得等兩個小時以上才吃得到東西。原因之一是，這位老闆燒的菜很多都是從頭做起，他是湯普森食譜的活生生版本再加一等。這是為什麼，你必須提前一天以上點好菜，否則你可能根本不該去，因為你會在那裡枯坐幾個小時——假如你能找到一張空桌子的話。

這是泰國菜應有的燒法，但當然不是我們平常吃的泰國菜，尤其如果烹調對象是更廣大的客群。這是為什麼，很多泰國菜流於過甜的原因。正確的複合味道，很難隨叫隨到。

有一年陶告訴我，一個叫做美食頻道的電視台聯絡他，想請他上節目，但他不確定他想去，因為他燒菜忙不過來，而且他已經有足夠的顧客了。「試試看嘛。」我說，企圖在我看到需求的地方增加供給。他重複一遍，他忙死了，不感興趣。（不幸的是，這本書完稿之際，我又去了趟這家餐館，發現它已擴充，多添了幾張桌子，食物有顯著退步跡象，我點的菜，約莫只有一半好吃。）

我有一個大膽的假設

如果你在尋找好吃的泰式料理，試著找類似這樣的餐廳——有個特立獨行的廚師，習慣在較小的規模上烹調；或者，找一間肯接受特殊要求的廚師，這表示菜餚是從頭做起（或多或少），加上正確燒法（或多或少）。如果你提出要求，很多泰式餐廳會答應，雖然你可能需要很堅持，才能找到適當的人來了解和執行你的需求。「泰式燒法」和「泰式辛辣」，是有用的兩個詞；而「非常辛辣」一詞則不理想，它會給你烙上不懂裝懂的印記。最後你可能吃到的是標準菜餚的非常辛辣版本，辣不是問題，但不會使菜的味道更豐富和更內斂。

我也發現，別人推薦的泰式餐廳不怎麼靠譜。你得拒絕錯誤建議的資訊循環，找出一、兩家願意跳出窠臼的泰式餐廳。一旦找到，我認為不管你點什麼都無所謂——幾乎所有東西都好吃，你可以不斷回頭，一去再去。我生命中不需要很多好泰式餐廳，但我確實需要一些能抓到要點的地方；在美國的多數大都會區，你都能找到這樣的地方，花點工夫一定找得到。

我曾在泰國待了三週，發現一個令人著迷的飲食天地。在那裡，中等水準的泰式餐廳也許比你在美國吃的中等泰國餐食**差**，但最好的泰國菜卻好得驚人。花點時間和泰國人聊聊，聽從他們的建議，你會有很大的收穫。這個國家有很多人對於某個餐廳或小吃攤的食物好在哪裡或壞在哪裡，是認真以對的。

在繼續談下一個亞洲食物之前，我想提出一個關於北美洲泰式料理的大膽假設。我不能證明它，但到目前為止它沒讓我失望過。這個假設是：**去汽車旅館的附屬泰式餐廳吃飯**。

這個建議聽起來古怪，因為大多數人不會把泰式餐廳與汽車旅館聯想在一起。但你會發現，這樣的組合其實零星散布在加州聖塔羅莎市（Santa Rosa），和加拿大艾伯塔省愛德蒙頓市（Edmonton）等地。

我認為這是有道理的，原因有二：首先，如果餐廳附屬於汽車旅館，通常不必付額外店租。當一個泰國家庭已擁有旅館，開餐廳是副業，就不必靠吸引大量顧客或倉促的服務來付昂貴租金。這一來，你也比較有機會以較低的價格，吃到相當道地的泰國菜。

其次，這種餐廳多半是同一個家族經營。乍看之下，結合泰式餐廳與汽車旅館實在沒啥道理，但你仔細想想，就會發現這個搭配很合理。因為人們通常會開車去，同時做這兩件事——就像咖啡館和書店的組合一樣，也是合理的搭配。住汽車旅館的人，當然未必特別愛吃泰國菜，但泰國人經營的汽車旅館與泰式餐廳之間，擁有一個很可能的共同點：背後都有一個勤奮努力、力爭上游的泰國家庭，而且家庭成員中剛好有人的廚藝不錯。這，恰恰是你期待於一個優秀泰式餐廳的特質。

想吃好的日本料理？賺更多錢就行了

講到日本料理，當然有壽司等等名菜，但讓我們先從一些基本通則談起。

與本章討論的大部分料理比起來，日本料理有兩個不同之處。首先，日本是一個高工資的國家，因此日本人大量移民美國，並不是為了逃離貧窮。很多來這裡開餐廳的日本人，偏愛高消費地點，他們不想靠低廉價格和大量家庭勞力做生意。其次，大多數日本人來自城市，對都會生活較熟悉，特別可能移居在美國的主要城市，或靠近這些城市的地方，例如紐澤西州的利堡（Fort Lee），而不像其他亞洲移民，大部分聚集在偏遠郊區。

這兩個特徵，也使得日本餐廳不同於很多其他亞洲料理。首先，真正的好東西，通常不便宜。其次，最好的日本餐廳幾乎總是在大城市，而不在郊區。大城市意味更高的租金，這是為什麼真正好東西不便宜的另一個原因。更有甚之的是，很多優質日本料理需要優質食材，尤其是優質海鮮。總之，日本料理真正的好東西不便宜。

結果是，我們看到美國的日本餐廳，存在一個相當簡單的均勢。大城市如紐約、洛杉磯、芝加哥和舊金山，都有一流但非常昂貴的日本料理。在這些地方吃一餐，不論是否包含壽司，都能花掉你兩百美元。你可以找到比這些餐廳稍微差一點的選擇——不算最頂尖但還是很棒——價格在一百美元左右。

價格往下一些，則是成千上萬家略遜一籌的餐廳。如果我是嚴格的美食家，我可能覺得這種等級的日本料理統統不值得光顧，還不如在家吃沙丁魚，省下錢來等下回揮霍在更好的日本料理上。但我只是普通的美食家。我家附近沒有大型日本社區，所以我常去的，都是普通的日本餐廳。通常，是為了以下的理由：我去，是為了跟朋友聚餐；我去，是因為就算是二流的壽司也還是對我的腰圍很有幫助；我去，是要提醒自己什麼是真正的好東西；我去，因為我喜歡日本風情；我去，因為就算是次等白鮪魚壽司仍然十分美味。這些理由，足以讓我不斷光顧這些日本餐廳，就算我知道就食物而言，我不會百分之百滿意。

日本餐廳中，很少有尚未發掘的璞玉。問題在於你願意花多少錢，以及你負擔得起多常去。

一分錢一分貨，如果你想吃更好的日本料理，不必浪費時間去打聽什麼私房祕密。勞您大駕，先去賺更多錢比較實在。僅此而已。

覺得巴基斯坦很亂很危險？那你笨死了

一般來說，美國的巴基斯坦料理比印度料理好吃，而且好很多。這兩種餐廳裡，很多核心菜餚差別不大。美國的印度料理很多源自印度西北菜系，因此你會發現印度餐廳和巴基斯坦餐廳的菜單有大量重疊。你不可能在巴基斯坦餐廳，吃到南印度菜系的咖哩洋芋捲餅（masala dosa）或孟加拉的芥末咖哩，但你能吃到烤肉（tikka）、鷹嘴豆、菠菜、出色的餅和各式各樣的咖哩。

他們也供應很多美國印度餐廳都會賣的主菜，但不是「印（度）西（方）合壁」的那種，例如奶油雞，而是像 haleem 一類的特殊菜餚，這是一道用肉、扁豆和香料小火慢燉的菜，質地平滑如漿糊。haleem 在印度部分地區也很普遍，但美國的印度餐廳不願做這道菜，因為它黏乎乎的賣相不好，味道辛辣，還會招致一些消化不良的風險。一般而言，巴基斯坦餐廳比較可能使用新鮮香料，而非現成混合好的調味料，因此巴基斯坦料理口味更重，對我這個食客來說也更好吃。

為什麼巴基斯坦菜會變得比印度菜好？我認為與文化聯想有關。很多美國人聽到「巴基斯坦」，會想到賓拉登、無人戰機攻擊、恐怖主義、丹尼．波爾*和販賣核子祕密。對國際新聞較關心的人，也許還會想到汽車炸彈在喀拉蚩市爆炸和軍閥割據的內戰。相較之下，當美國人聽到「印度」，有較大機會想到甘地、「世界上人口最多的民主國家」、曾與披頭四一起演奏的西塔琴大師拉維香卡（Ravi Shankar）。他們可能看過一些色彩明豔、載歌載舞的寶萊塢電影。

這些印象是否公允、有沒有代表性並不重要，重點是：巴基斯坦的形象會讓很多對吃外行的人退避三舍。這也就意味著：你應該去巴基斯坦餐廳，甚於去印度餐廳。如我前一章談到，對餐廳而言，顧客的素質通常比廚子的素質重要。我不相信印度廚師的才藝不如巴基斯坦廚師，但他們能夠發揮的空間相對有限，除非他們的顧客絕大多數是印度人——就像紐澤西州愛迪生市附近的印度餐廳。

你也會發現，巴基斯坦餐廳比較可能在牆上掛宗教畫像，或令人想到回教的東西，例如麥加的照片。這是另一個優點，裝潢越積極凸顯宗教信仰，通常食物越好。很多巴基斯坦餐廳也不願

*譯註：Daniel Pearl，二〇〇二年擔任《華爾街日報》南亞新聞中心主任期間，於巴基斯坦遭到綁架和斬首。

賣酒，這點讓美國人不喜歡，但能使餐廳更重視巴基斯坦顧客，有利於食物的品質。

巴基斯坦顧客對餅的水準要求較高，進到巴基斯坦餐廳，常會讓你枯坐二十分鐘，等待完全現做的餅。美國的印度餐廳，則比較可能端給你一盤老早做好擱在那裡的烙餅（naan）。如果你想在印度餐廳點烙餅，要吃到新鮮烙餅最好的技巧，就是點別人最不可能點的口味，因為需要特別去做。如果餐廳讓你久候，你應該高興才對。

我愛吃印度菜，在印度旅行讓我吃到一些生平（不論何時何地）所吃過最好的印度美食。印度的素菜特別好，你可以吃全素，且不必犧牲品質或多樣性。每一個地區都有很多特色菜餚，是你不可能在其他地區吃到的，在美國當然更不可能。對於任何有西方水準收入的人，印度是世界的美食天堂之一；盡可能快點去吧。雖說如此，近年來我幾乎不進美國的印度餐廳，尤其當附近有巴基斯坦餐廳時。

美國的印度餐廳讓我不滿意，原因跟泰式餐廳一樣，是印度料理的流行，以及流行風導致餐廳迎合廣大群眾口味的能力所造成的。不過話說回來，這個趨勢雖然不幸，倒也帶來一些正面結果。當印度餐廳市場越大，就有越多人下海創業。十五年前，在我住的地區，我必須開車去杜邦圓環（Dupont Circle）唯一一家餐廳吃印度捲餅，然後等老闆娘四十分鐘幫我做捲餅。現在，我可以找到幾十家餐廳在賣印度捲餅。

吃印度菜，我有以下幾個通則：當你看到一家印度餐廳，不論是完全或局部供應印度地方菜，多半值得光顧。凡是招牌上寫著南印度菜、喀什米爾菜、孟加拉菜、祆教菜及其他無數地方菜的地方，你都應該嘗試；很多巴基斯坦餐廳通常不會賣這些菜系。或者，如果你在一家標準印度餐廳，最好點地區特色菜而非奶油雞。同樣的，理由很簡單：越少人聽過或越少人可能有正面印象的料理或菜餚，越可能是為了吸引相對消息靈通和經驗豐富的食客。

孟加拉餐廳又如何呢？大部分孟加拉人經營的餐廳——為數不少——自稱為印度餐廳，同樣是為了吸引更多顧客。就一切實際目的而論，這些**的確**是印度餐廳沒錯，只是他們較可能供應一些牛肉類的咖哩菜餚，不企圖複製在孟加拉國內可能看到的各式魚類菜餚。如果你發現一家餐廳刻意標榜自己為孟加拉料理，不妨一試。或者，如果你在一家自稱「印度」餐廳的菜單上看到一道孟加拉菜（例如牛肉咖哩），也不妨試試看。這裡我一再重複的建議是：盡量避開那種在美國已經日益標準化的印度料理。

美國的韓國餐廳，為什麼全都貴聳聳？

這是一個不容易談的話題，因為**大多數人不喜歡韓國料理**。他們喜歡某些韓國食物，比如甜甜的烤肉飯或餃子（不過餃子可能來自任何亞洲國家）。但他們不喜歡更強烈的韓國口味，很多韓國菜會用蒜頭、紅辣椒、泡菜、更多紅辣椒、芝麻、更多蒜頭、內臟，以及怪模怪樣的海鮮鍋，裡頭有張牙舞爪的八爪魚，觸角上還滴著血紅辣椒汁，衝擊你的五臟六腑。很多蔬菜是經過醃漬和發酵的。它不像很多中國菜、印度菜和泰國菜，吃起來柔和滑順，吃得你通體舒暢。

但我認為，韓國料理自成一格，風格強烈也許甚於其他任何料理。這也許就是為什麼，隨隨便便一家裝潢簡陋的韓國餐廳，隨隨便便一道你從未聽過也不覺得誘人的菜，動輒要價三十美元以上。它們憑什麼？食物不是應該好吃嗎？異國料理不是應該人人吃得起嗎？

年紀越大，我越覺得韓國料理耐人尋味。我從韓國菜得到新啟示的次數，多過於幾乎其他任何料理。但我有點猶豫，是否要寫這一篇，因為在我內心深處，我懷疑這本書的大多數讀者可能不會真正喜歡它。

不過，如果你敢嘗試的話：首先，你會找到你喜歡的韓國菜餚，譬如前面提到的烤肉飯。我喜歡烤肉飯，但不是頂愛，它不足以引誘我上門。你也可以試試海鮮煎餅，蘸適度的醬，以及各種石鍋拌飯，將米飯、蔬菜和肉（也許）放在碗裡，拌入甜辣醬。

探究韓國料理堂奧的途徑，是經由蔬菜。如果你能欣賞醃漬、發酵和泡在紅辣椒水裡的韓國泡菜，你就能欣賞其他很多韓國美食。不妨去貴寶地的連鎖韓國超市，比如 H Mart 或 Lotte Plaza，兩者都是值得逛逛和探索的地方，買一些醃漬的菠菜和豆芽菜和其他任何你能找到的醃菜。

繼續吃那些韓國醃菜。遲早你不是放棄，就是上癮。如果你上癮，就向韓國餐廳進軍。經過一些摸索和實驗，你會感覺自己來到極樂世界。

不用花太多心思尋找好的韓國餐廳。只要你喜歡韓國料理，大部分餐廳都不差。別找地方性或不尋常的菜餚，如山羊、韓國粥、南瓜和你在其他所有韓國菜單上沒見過的東西。別點超過二十美元一客的任何菜餚，沒必要點那麼貴的菜，因為如果你喜歡韓國料理，有很多更便宜的菜會讓你喜歡。

如果你放棄韓國醃菜，好吧，其他的韓國料理也不用試了。

菲律賓料理，還有很多潛在寶藏

美國的菲律賓餐廳少得可憐，至少相對於住在美國的菲律賓人數（約在二百萬至四百萬之間）而言。菲律賓人很可能是美國第二大的亞裔少數民族，僅次於華人，但根據一項統計，全美國只有四百八十一家菲律賓餐廳，約為中國餐廳數的百分之一。

我吃過的菲律賓家庭料理十分可口。我也聽過可靠的報導，菲律賓購物中心有很好的美食街。不過，與其他許多亞洲民族相比，菲律賓人在美國並無特別強的餐飲業；也許因為他們重視在家吃飯，也許那只是一個難解的文化之謎。

在馬尼拉有很多餐廳，不過卻是以擁有很多非菲律賓速食聞名。菲裔美國人也似乎相當容易改變飲食習慣，改吃非菲律賓食物；也許因為菲律賓食物本身受到中國和西班牙強烈影響，提供他們現成管道，通往非菲律賓料理。

很多美國最好的菲律賓餐廳，落腳在洛杉磯和舊金山。虱目魚和燉牛尾——越濃越好——是體驗菲律賓料理的首選。菲式滷肉（adobe）巧妙運用醬油和醋，雖然有些食客（不是我）嫌它太酸。餐館賣的 lumpia（菲式春捲）通常不夠新鮮，因此我不推薦在大部分公共食肆點這道菜。我最喜歡的菲律賓菜是在維吉尼亞州北部的一家藥妝店，老闆在櫃檯後面偷偷賣一些菲律賓家鄉菜；我是住在藥妝店隔壁多年以後，才發現這個祕密。

總結一句話：菲律賓料理有很多尚未挖掘的寶藏，因此你最好結交一家菲律賓人，或去菲律賓偏遠地區旅行。美國的菲律賓餐飲業不發達，我也看不出未來二十年會有變化。

那是中式炒麵，還是加了醬油的義大利麵？

根據專業期刊《中餐通訊》（*Chinese Restaurant News*），目前美國有四萬三千多家中國餐廳。這表示：中餐廳數目是麥當勞店的三倍多！

不過，中國人可能會告訴你：其實沒有所謂的「中國菜」，而是有很多「中國地方菜」。「中國菜」在世界上每一個國家，都有不同的版本。有些國家的中國菜做得比較好，例如坦桑尼亞、印度、加拿大、馬來西亞。地點相當南轅北轍，不是嗎？

事實上，這些國家的中國菜都有一個共同脈絡貫穿其中。首先，經營餐廳的華人，與「正宗」中國料理有比較強的連結，不論這個「正宗」的中國料理來自中國、台灣、香港或新加坡。其次，這些餐廳都會以吸引華人顧客為目標，也可以說，他們的目標客群是經驗老道、深諳中式料理的人。

有些國家的中國菜，我認為燒得很差，例如義大利、德國、哥斯大黎加、阿根廷、智利。這些國家本身就有很多美食，但不具備上述兩個條件。德式中餐淡而無味，澱粉多，一大堆肉浸在無趣的醬汁中，大都以保守的德國食客為目標客層。你可以在一些主要德國城市，找到優秀的中餐廳——服務德國菁英——但大部分德國的中餐都不及格。

在義大利的中餐廳裡，往往把中國麵食當作放醬油的義大利麵處理。哥斯大黎加首都聖荷西（San Jose）有一個中國城，當地的中國移民可以追溯到十九世紀末，很多人似乎已完全遺忘對中國食物的集體記憶，雖然他們能做炒飯以及傳統哥斯大黎加菜餚的混合料理。

拉丁美洲是另一個中國菜乏善可陳的地方，巴拿馬除外，因為巴拿馬市地處國際交通要塞，曾有大量中國貿易商和商船注入。在北半球，你吃到好中國菜的最佳機會是在加拿大，或加州主要城市的郊區。遺憾的是，美國必須列入中國菜整體不佳的國家之林。

過去長久以來，華人聚集的中國城為優質的中國料理創造低租金環境，是品嘗中國料理的好地方，但物換星移，如今郊區商店街變得更重要了。現在，大多數的中國城租金昂貴，專為觀光客吃中國菜而設（舊金山尤其如此），加上人口流失，因為很多華人為了更好的學校體系而搬到郊區。因此，今天你必須去郊區或中國人聚集的城市邊緣，如紐約皇后區的法拉盛，才能吃到好吃的中國菜。

我最喜歡的維吉尼亞州中餐廳，是「老劉火鍋城」，隔壁是一家巨大雜亂的廉價商店（叫做Unique），店裡的擴音器只用西班牙語廣播（它也在長城超市隔壁）。我從這一點推估，老劉應該只給很低的租金。

湘菜、川菜、粵菜，怎麼挑選？

美國的中式料理大都是廣東、湖南、四川的三大菜系，此外你會看到很多菜餚標榜宮廷、北京和上海菜式。這些名稱多半是騙人的，就像你千萬別以為「湖南」餐廳，賣的就是正宗湖南省料理。讓我說得更具體些：

湖南菜：湖南菜中有一些最美味的中國料理，湖南菜如毛澤東愛吃的五花肉（有些菜單稱之為紅燒肉）是我喜歡燒的菜之一。湖南菜本身是一個複合概念，由一些地方風味組成，但整體而言可以用辛辣、有點油，味道則比四川菜更純淨和簡單。

儘管如此，在美國掛「湖南」、「湘菜」招牌的餐廳，九九%以上都沒賣幾樣正宗的湖南菜餚。「湖南」兩個字出現，通常表示這家餐廳賣甜甜、黏黏、有很多醬汁的菜，與真正的中國料理差十萬八千里。如果你真想嘗接近真正湖南料理的食物，我認為最好的選擇是：自己煮，或去一家正宗的四川餐廳，很多川菜館的菜單上有一些不錯的湖南菜。

四川菜：美國有兩種川菜館。第一種，就像上述的湘菜館，招牌上同時標示「湖南」和「四川」兩者，而且有些招牌上的四川一詞還維持 Szechuan 的舊拼法，而非 Sichuan 的新拼法。同樣的：快閃。雙菜系招牌，不是一個好指標，你充其量只能吃到風行於一九八六年的美式中國料理。

第二種四川餐廳，是道地（或多或少）的四川菜，也是美國最好的中餐廳，品質通常高。我去過幾十家這類餐廳，家家值得光顧。辨別這些餐廳的好壞，可以參考以下指標，如：用中文寫的菜單（不是每一家都有）；去點用中文寫在黑板上的特別推薦菜；點擔擔麵，很多菜餚會用麻辣醬的「麻」味入菜；點五花肉，桌上有黑醋；宮保菜餚乾爽少汁，酸辣口味；還有涼麵。還有顧客是否多是中國人，也是個好指標。

川菜館可以這麼好還有一個重要原因：川菜的特點主要在調味料，包括辣椒，但更特別的是花椒。除了幾年前遭美國政府禁止花椒進口的威脅外，這個小小珍寶在美國供應無虞，你可以在一些較好的中國食品雜貨店買到。我家廚房有一大堆，它們絕對可以存放幾個月或甚至幾年。任何時候我想做一道美味的川菜，只要炒熱幾粒花椒，把它們磨碎，混合一些現磨的黑胡椒粉、料理米酒和醬油，淋在我喜歡的蔬菜上（通常是蘆筍或四季豆），用花生油快炒幾下，就大功告成了。你可以用花椒做很多東西，它們出了四川省仍然美味，也很容易處理。基於同樣理由，只要具備最起碼的烹飪技術，就可能在你自己的廚房複製出一些相當不錯的主要川菜。

一些其他最好的川菜，需要用到新鮮麵條（譬如擔擔麵），麵條可以現做，然後混合調味料。五花肉很重要，你可以在大部分亞洲超市買到肥瘦適中的豬肉。

川菜館裡不是每道菜都辣死人。如果你想吃美味又不辣的餃子，你在美國最好的選擇就是上川菜館。炒青菜或燒豆腐的道理相同，不論這些菜餚是否是正宗川菜。原因還是老話一句：顧客，是強大的力量。川菜館有辛辣的菜餚把關，擋掉許多比較無知的顧客，通常都能更專心做出好菜餚，不管辣不辣、不管是不是正宗川菜。

我住的維吉尼亞州費爾費克斯郡，有一家四川餐廳叫做「百川味」，會做傑出的砂鍋獅子頭。那根本不是川菜，是用較肥的牛肉和豬肉做成肉丸形狀，放在茴香調味的高湯裡燉。它的辛辣成分基本上是零，有點像我在瑞典吃過的肉丸（事實上我曾帶一些瑞典人去吃這道菜，他們都喜歡）。四川餐廳是吃獅子頭的地方，只因為他們習慣為挑剔的中國主顧烹調，這些主顧當然不是個個天天都吃川菜。

在四川餐廳點菜，是有訣竅的。這些餐廳通常有一份專給華裔客人看的菜單，你一定要堅持看那份菜單，否則就白來了。另外，很多其他菜餚會用中文寫在另一個板子上，可以請他們翻譯給你聽，或如果你膽子夠大的話，不管三七二十一點了再說。告訴他們，你想吃「家常菜」。如果你不怕辣，看看你周遭的中國顧客點什麼，依樣畫葫蘆。如果你怕辣，別向服務生示弱，否則你也是白來了。

廣東菜：很多中國人認為，廣東菜是最精緻的中國料理，而且是唯一能夠始終如一達到最高水準者。它很可能最擅於利用中國沿海的豐富魚產，並採用各式各樣的新鮮中國蔬菜。廣東料理新鮮而含蓄，對食材講究的程度和處理手法，可以媲美法國高檔料理。遺憾的是，如果你在美國，大部分這些優點都不是好消息。

和川菜一樣，美國的廣東館子也分兩種，但兩者都不怎麼樣。第一種廣東餐廳，源自中式食物最早湧入美國的一九六〇年代，這些餐廳的食物完全不辣，老闆賣芙蓉蛋、雞肉炒飯之類的雜牌菜和不入流的蘑菇雞片，這種被我稱為「中美料理」的餐廳，為數眾多。

第二種廣東餐廳，企圖複製一些半道地的真正廣東菜，但通常沒有很成功。廣東菜來自中國南方，那裡有豐富的海鮮和蔬菜，是美國無法匹敵的。海鮮和蔬菜恰恰是美國食物供應鏈最不擅長的部分，想把精緻與食材無懈可擊的廣東概念移植到美國，勢必一敗塗地。如果我想吃優秀的廣東菜、又不能出國的話，我最可能的做法是找一家坐落在紐約或洛杉磯等美國主要城市的昂貴餐廳。只要付的錢夠多，我可以吃到新鮮的海鮮，只是感覺會不大划算。因此，我傾向於不吃廣東菜，儘管經常嘴饞不已。

廣式點心倒是一種通常負擔得起，也大致還不錯的廣東食物。大部分點心既不依賴新鮮蔬菜，也不需要完美品質的海鮮。北美洲的廣東點心可以做得相當好，是一個品嘗廣東料理之美，同時避免美國食品供應鏈陷阱的好辦法。

萬一你去了半道地的廣東餐廳，最好的選擇是：煲仔菜，有時在非廣東菜的中餐廳也能找到這種料理。典型的中國煲仔菜，有蘿蔔牛肉，或豆豉鮮蚵，或豆腐海鮮。煲仔將這些味道融在一起，在最好的情況下，會帶給你深度、由衷的滿足感，如同你在某些法國西南部料理感受到的。

中式自助餐？能免則免吧

中國地方菜當然不只上述幾種，但它們是美國的主流菜系。你會發現，有為數不少的台灣餐廳，整體水準在中等以上，儘管他們賣的不見得是台灣美食。他們通常提供多種不同地方的中國菜，顧客以台灣人居多。要吃宮廷菜，最好的機會是去一家有點老、豪華和昂貴的中餐廳，如曼哈頓的「順利園」。至於美味的中國西部回族食物，最可能出現在加州或紐約，要及時把握機會。你會看到不同風貌的中國菜（如果還能稱之為中國菜的話），圍繞著麵食而非米飯組成，使用的是大蔥、孜然和羊肉。整體而言，如果你碰到任何你沒聽過或看過的其他類型的中國料理，不妨一試，那通常也是食物品質良好的預兆。

不論你面對哪一種中國地方菜，最不可取的是中式自助餐。印度菜適合自助餐形式，因為反正很多印度食物是用低溫燒很長時間，一些印度主要食材如羊絞肉，也非常適合文火慢燉。但很多最好的中國菜是大火快炒的，它們應該一起鍋馬上就吃（基於同一個理由，吃中國菜的速度，應該比吃其他料理例如印度菜快，雖然大多數餐飲指南不會告訴你這一點，怕你嫌作者不懂餐桌禮儀）。中國菜擱太久，往往變得疲軟濕答。我知道，不是所有中式自助餐都是如此，但根據我的經驗法則，供應自助餐的中餐廳多半不值得嘗試。

當以上方法都不適用於你時，我有個建議：**只要花點功夫，你或許能把幾乎任何一家中餐廳，變成一家還不錯吃的餐廳**。沒錯，我說**任何一家**。你不可能把它變成一家無所不能的中餐廳，但你可以從中選出一、兩道好菜。

整體而言，中國餐廳是最不「安全」的餐飲場所。意思是說，如果你不慎吃到一家糟糕的（機率高得嚇人），它可以很糟、很糟。有意思的是，這些糟糕的中餐廳幾乎無所不在。你可以在小鎮、貧民區找到，也會在曼哈頓中區看到。

當你困在某地尋找好食物，看到一家「中國」餐廳就在眼前，方圓數里內沒別的餐廳，你心想：「搞不好，這家賣的是**真正**的中國菜，也許不比在成都或廣州吃到的，但應該不會太差吧？」你窺視店裡，你看到華裔服務生，感覺到一絲中國味，應該沒錯了吧？我知道有人試過這個策略，結果通常上當。

碰到這種情形，我建議：**每一家中餐廳都可以是一個好餐廳**，只要它有一個中國廚師就行了。差不多所有在美國（和幾乎任何國家）的中餐廳，都符合這個條件。重點是：你如何讓這位中國廚師，替你燒出真正的中國菜？

老闆，來一盤你拿手的豆腐吧

我曾在維吉尼亞州一個叫做橋水（Bridgewater）的小鎮，面對這樣的困境。我從北卡羅萊納州開車回家，途中肚子餓了，停在橋水鎮，因為我找不到其他地方歇腳。一位我教過的博士生曾在橋水鎮待過幾年，他稱那地方「逆水鎮」，把當地的食物嫌得半死。那是一個大約五千人的小鎮，附近沒有大城市。我有點好奇，想看看這地方究竟什麼模樣。

我開車到鎮中心，看到一家中國餐廳——或許我應該說，是一家所謂的「中國」餐廳，它比較像一個有板凳讓你坐下來等的地方，而不是一家真正用餐的館子。果然，和很多小鎮的中國餐廳一樣，他們主要做外賣生意。我走進去，瞄一眼菜單——不出所料，沒被打動。

接下來，我用的這個方法很簡單：跟中國廚師好好聊聊，讓他知道你很在乎吃。當時，眼看餐廳生意不忙，我要求跟廚師說說話；服務生從後面帶來一個貌似廚師的男人。我用簡單的句子重複對他說：「我要吃麻婆豆腐，像你會吃的那種。」我重述了不下十次，中間還會補上如「道地中國菜」、「家常菜」或「四川口味」、「嗆辣」等字眼。這些詞彙當中，我猜想，最管用的是「家常菜」三個字。

這些話不是隨便選擇的。首先，我知道雖然他們的菜單上有豆腐，但「麻婆豆腐」一詞不常從橋水鎮的非華人口中吐出。我甚至試著模仿中國人說話的抑揚頓挫，雖然學得四不像，但或許他有發現我的努力。基本上，我是向他表示，我熟悉某個版本的真正中國菜。我要求跟廚師談話這件事本身，也顯示我真的很在乎這頓飯。我猜，橋水鎮上沒幾個居民試過這一招。

其次，我估計這家餐廳很可能使用的食材很糟。這樣的小鎮，能有多少人會堅持吃高品質的放山豬？我不敢碰他們的蝦子，或許雞肉還可以，牛肉不可能好到哪去。但是——豆腐就算差，能差到什麼地步？那是一塊你能冰幾個星期的東西，多半不可能被搞砸。這道菜裡有豬絞肉，絞肉比肉片禁得起亂燒。它不必嫩，而且肉的味道大部分被醬和調味料掩蓋了。連我自己都可以用Safeway超市的豬絞肉燒出不賴的麻婆豆腐，我估計他們的豬絞肉不會比我買的差。

於是，我就點了道麻婆豆腐。我這樣點菜似乎讓這位廚師很開心，當我的麻婆豆腐端上來時，棒呆了，算不上「人間極品」，但比維吉尼亞州北部的中國菜好太多了，甚至勝過曼哈頓的中國菜。所以，這個小鎮上，如今至少有一家很好的中餐廳——如果你懂得揚長避短的話。

第7章

糧食革命，人人有責

我們需要來自消費者的創新

我們不可能靠回到一八九〇年的食物世界來解決問題。
我們需要更多自制，一場新的農業革命。

璜．卡米羅．阿亞拉（Juan Camilo Ayala）是墨西哥農民，住在聖奧古斯丁奧棚，種了一輩子玉米。他早上起床，走到他的玉米田，用牛和犁耕田，有時用驢。他沒有其他任何農耕機器，六十出頭了，仍擔心收成，成天在田裡勞碌。

他對何時會下雨有非常老道的見解。村子的大部分節慶或多或少都跟雨有關。雨水過多或過少意味糧食不足，璜．卡米羅有很多關於過去村民挨餓的記憶。

那是艱苦的生活。但如果沒有玉米，璜．卡米羅的家人，甚至他國家的整個文明，根本不會存在。璜．卡米羅的家人天天吃他種的玉米，玉米收成後不賣，而是帶回家，曬乾後可以在穀倉裡貯存幾個月或甚至幾年。

這些玉米用機器磨成粉，和水揉成麵，然後在平鍋上煎成美味的藍玉米餅。一九二〇年代以前，磨玉米必須用石頭做的臼，機器幫女人節省很多時間。但母親、祖母或女兒中仍有人需照料爐火。

玉米，是人類聰明才智的產物

世上至少有兩個文明，奠立在玉米之上。第一個是我們現在所說的阿茲特克文明（Aztecs），廣義而言，涵蓋拉丁美洲、中美洲和北美洲一大片地方。當西班牙殖民者柯蒂斯（Cortés）率領的探險隊抵達新大陸時，他們驚嘆當地的城市和運河，他們也見識到一些世界最先進的農業。墨西哥居民沒有太多肉可吃，因為他們缺乏牛和豬等大型家畜。但他們有番茄、玉米、辣椒、豆子、南瓜和馬鈴薯，全部用科學方法種植、育種和栽培。這些農作物，混合少量的肉，構成充足的營養。

第二個奠基於玉米的文明，是西方文明。如果沒有玉米（遑論馬鈴薯），英國的工業革命也許不會發生。十九世紀工業突破之前，一個比較緩慢的農業革命已經展開，構成工業革命的基礎。因為我們能夠生產更多糧食在先，很多工人才可能離開農業，去嘗試商業、科學和工程，這一切都導致創造發明。隨著發現新大陸及當地的農作物，玉米幫助歐洲經濟體從勉強餬口，進展到慢速的經濟發展。

即使到了今天，無數食品仍要仰賴玉米，不論以何種方式，不論是福是禍。美國人率先使用玉米糖漿，做為可口可樂、糖果、番茄醬和市售冰淇淋的原料和防腐劑。玉米糖漿增加食物、湯和液體的實體感；它幫忙固定食物形狀，它防止變色，它將食材黏合在一起，它維持水分穩定。玉米也以各種方式進入我們的美乃滋、肥皂、嬰兒食品、口香糖、罐頭和冷凍蔬菜、啤酒和紅酒、餅乾和麵包、加工肉品、咳嗽糖、牙膏、口紅、刮鬍膏、鞋油、清潔劑、菸草、人造纖維、皮革、橡膠輪胎、保麗龍和屍體防腐劑等等，族繁不及備載。

但玉米並非原本就生長在大自然中，未經人類干預。最接近玉米的「天然」植物，是蜀黍（teosinte），一種強韌的中美洲野草，頂端有狀似玉米的小草穗；看起來或嘗起來都不大像玉米。納瓦族（Nahua）印第安農人在現今叫做墨西哥的地方，經過世世代代，培育出更強壯、更好吃也更容易種植的玉米。我們今天所知的玉米，早已是基因工程產品，因為它是農人刻意改變蜀黍的基因構造，所培植出來的作物，顯著不同於野生品種，也不可能自然產生。換言之，玉米是人類聰明才智的產物，如同家裡養的狗狗（有人說，狗狗本身的功勞更大，因為牠們自我改良的能力不亞於我們改良牠們）。

最初的玉米培育，恰恰發生在璜．卡米羅的家鄉，靠近巴爾薩斯河，在墨西哥市和阿卡波可港（Acapulco）之間。玉米的培育經過幾代才完成，基因檢測顯示，改造時間在西元前八九九〇至八六一〇年之間。璜．卡米羅是玉米農，也是發明玉米的農夫和科學育種者的後裔。

玉米史是人類史上最重要的故事之一，而那些透過選擇育種，經過幾個世代發明玉米的納瓦族農人，是人類有史以來最有價值的科學家。就世界歷史的重要性而言，他們令愛因斯坦相形見絀。

越來越少的農民，養活了越來越多的都市人

你可以將璜．卡米羅想像成還生活在世界最早的綠色革命中。他的村名聖奧古斯丁奧棚的最後一字「奧棚」（Oapan），在阿茲特克人的納瓦特爾語（Nahuatl）中，意思是「綠色玉蜀黍桿茂盛的地方」。我稱之為第一次綠色革命。

第二次綠色革命出現在十九世紀中葉（見第二章）。在那次的突破過程中，食物供應網變長了，突然被大量蒸汽和電力驅動的機器編織在一起。大約在一九二九年，海登（W.P. Hedden）寫了一本成功的書《如何餵飽大城市》（*How Great Cities Are Fed*），敘述大規模城市如何靠人數越來越少的農民養活。突然間，運輸和機器變得重要無比。海登追蹤糧食從美國農村到紐約市的移動路徑，他的報導讓我們看見，這個新的食物世界離本地生產和本地銷售的模式早已漸行漸遠。

北美洲的食物革命，大致是這樣發生的：以柳橙為例，一車廂的柳橙從加州運到芝加哥，然後在印第安納州哈蒙德市（Hammond）移交海港線的伊利鐵路公司。在哈蒙德市的分類調車場，伊利鐵路公司根據載貨內容分開火車車廂，並安排恰當的前行列車。列車長度由目的地，以及穿越阿帕拉契山脈時會遇到的斜坡決定。沿途，列車會定時停靠月台加冰，以維持車廂冷度；每一次靠站，就發一封電報通知紐約市的貨運代理商。列車會抵達紐澤西州克羅斯頓市（Croxton）的終點站，位於哈德遜河西邊約三哩處。由於火車平均時速不超過二十五英里，整個行程需要幾天。抵達終點後，車廂會被再度分類，也許進一步加冰。需要立即送貨的東西，會迅速送到河邊。

火車一抵達，曼哈頓的收貨人會決定是否出售貨物、接受送貨或暫時存放在鐵路調車場。經由電報再度交換相關訊息後，再以調車機車將一些車廂拉到哈德遜河畔。然後相關車廂被推上一座浮橋，再推上有軌的駁船。拖船將載著車廂的駁船拖到河對岸，通常拖到指定的碼頭。第一批駁船通常在晚上七時抵達。成群工人已在碼頭等候，駁船一到就開始用手推車卸貨，將空車廂留在駁船上。所有卸貨工作於上午七時完成，此時水果即可拍賣。買主用馬車和貨車運走他們標下的貨物，運到紐約市的食品市場。

除了最後一程用馬車，整個運輸程序中，沒有一步有可能在十九世紀前半段發生。它也跟璜・卡米羅從小用慣的供應鏈非常不同——璜・卡米羅只是用驢子把玉米載回家，而他家離玉米田不到半哩路。

第二次綠色革命在過去十年，才傳到璜・卡米羅的家鄉。今天，如果你去拜訪璜・卡米羅，你肚子餓了，等不及他們做更多的藍玉米餅，他們會從冰箱裡拿出一包麵條，加點水放在爐子上煮熱給你吃。麵條是從伊葛拉市（Iguala）的一間商店買來的，伊葛拉是離璜的村子最近的城市。麵條不如藍玉米餅好吃，但它代表一個新世界，在此世界中，這家人永遠不會挨餓，即使天不下雨，穀物歉收。晚至一九七〇年代，極度飢餓仍是這個村子的常態。如今，年輕人長得更高更快，但老人仍然矮小。女人有更多的閒暇時間，部分因為她們不必從早到晚做藍玉米餅，但玉米餅仍然供應無缺。

一位不介意把手弄髒的科學家

另一個綠色革命，與「綠色革命」一詞的正式名稱有關，是諾曼・布若格（Norman Borlaug）發起的，他是最先抵達墨西哥中部的先驅，我稱之為第三次綠色革命。

布若格是美國科學家，挪威移民後裔，著迷於極大化農作物產量。他加入洛克斐勒基金會的一項計畫，在墨西哥中部進行提高農業產量的工作。自一九四〇年代中期起，布若格陸續開創了幾項重大突破，包括可抗鏽病的小麥作物、加速作物品種改良的「穿梭育種」技術，以及更強壯和更高產量的小麥品種。布若格不將這個知識據為己有，反而盡量散播給更多的墨西哥農民。布若格也不像一些墨西哥的農場經理，他樂於親自下田「弄髒他的手」，而不只是坐在辦公室草擬計畫。

布若格的綠色革命始於一九四〇年代，但那不是孤零零一個天才在沒有外援下，獨自一人在田裡苦幹的成果。布若格確實是天才，但他的努力有其時代背景——當時基於想培育出更強壯及更耐環境作物的理念，農作物的產量已歷經數十年的不斷改良。雖然美國農業生產力已持續上升了很長時間，但農業生產力的加速提升直到一九四〇年代才出現大躍進。從一八八〇年到一九四〇年，這個國家的農業生產力以相當溫和的速率每年增長約一%。二次大戰後，增長率趨勢突然躍升至每年二．八%，原因可以追溯到一九三〇年代中期開始的進步。

這個進步，是一個更廣大趨勢的一部分，趨向使用更多和更好的肥料、更多機械化運載工具、更好的作物和雜交品種、更大的農場，以及運用大規模類似企業經營的手法來生長糧食。布若格的綠色革命，在經由雜交育種來操縱基因物質方面獲致了一些特定的進步，但更廣泛來看，那是美國科技持續改進的長期發展，應用在世界上一些更貧窮國家所達到的高潮。

一九六〇年代初期，布若格開始與其他國家的農業科學家合作，最著名的是印度和巴基斯坦。一九六九至一九七〇年，五五%的巴基斯坦麥田種的是來自墨西哥或從墨西哥衍生出來的小麥品種；印度則有三五%。當地農民迅速成為更多產的新作物的擁護者，印度和巴基斯坦的政治領袖於是允許改革繼續進行。

到了一九七〇年，很多國家的穀物產量顯著增加，包括阿富汗、錫蘭（今天的斯里蘭卡）、印尼、伊朗、肯亞、摩洛哥、馬來西亞、泰國、突尼西亞和土耳其。一九七〇年代後期，布若格鼓勵中國改種產量更高的雜交稻米品種，迅速提高該國的農業生產力。

這些創新的結果，拯救了幾百萬條生命，讓幾百萬名兒童免於飢餓。自一九五〇年至今，全球人口增加一五〇%以上，同一時期糧食的實質價格下跌約七五%。晚至一九七〇年代，在布若格的綠色革命廣為人知之前，對於世界前景的標準預言仍是世界將面臨大規模的饑饉。雖然挨餓的人還是有，但現在這個世界餵飽的人，多過於以往任何時期。

在中國，一九五九至一九六一年的饑荒導致三千多萬人枉死，或據研究那段時期的歷史學家馮客（Frank Dikötter）的估計，實際死亡人數甚至超過四千五百萬人。今天，在中國幾乎人人吃得飽。當然，這不只是科技的功勞，中國人也擺脫了草菅人命的專制獨裁，有了更好的農業產權制度。不同於毛澤東時代，今天在中國，你可以靠經營更好的農場賺很多錢。

這個進步，代表著土地負荷減輕的幅度，遠大於表面所見。在美國，耕地比例在二十世紀維持大致不變，甚至降了幾個百分點。若非科技進步，我們必須開墾更多土地，相當於美國密西西比河以東的面積，才能滿足不斷增加的糧食需求。從全球角度來看，自一九五〇年以來全球財富增加了六・九九倍，全球耕地同時期卻只增加一・三二倍，全球平均每人使用耕地面積，在一九三〇年達到高峰，也意味著現在的我們可以用更少土地，養活更多人。

這項發展的背後，有一個簡單的機制：農企業——極其迫切和貪婪地——想要節省成本。成本有兩種：一種是公司負擔的成本，另一種是廣大社會負擔的成本，比如污染。有時候，當企業追求利潤，的確會讓社會負擔高成本，比如排放太多污染物。但更常發生的是：當企業想要節省私人成本時，也同時意味著他們會降低社會成本。這個現象在土地利用上最為明顯：買土地需要花很多錢，因此農企業企圖使用最少的土地來達到最高產量，這一來的最終結果，是減輕了土地與環境的負擔。今天在美國，很多土地已重新造林，農企業的足跡正在縮小，而非擴大。

當代很多批評，針對的是商業化的大型農業，以及基因改造生物一類的新科技。在這一切激烈辯論中，持平的觀點太常遭到漠視。歷史告訴我們：科技進步和農業商業化，為幾十億人的生活帶來重大和長久的改善。現代世界的糧食基礎架構——我稱之為農企業**平台**——縱使有種種問題，也只能算是一個有待加強和改進，而非該被拋棄的平台。

說我胖？那是你們有錢人的觀點

首先，我們不可能靠回到一八九〇年的食物世界，來解決肥胖問題。這樣說也許過於簡化，但我們的確需要的是更多自制。

我所謂的自制，是一種來自消費者自己的創新。美國社會肥胖問題最少的族群，是高收入階層——我們這個食物多樣化又豐盛的新世界的中堅分子。他們最可能旅遊、嘗試新的食物、閱讀有關食物的書，以及試圖吃更好的食物。亞洲人和亞裔美國人，尤其可能是強烈喜愛甚至迷戀上館子、烹飪和追求美食的族群。再者，即使他們的體重在移民美國後逐代上升，他們卻是最不容易過胖的族群。

肥胖問題是自制能力不足、又遇上現代食物世界的結果，外加很多行銷手法和味道改良，讓很多人不僅吃過量，也吃錯了東西。沒錯，美國的日常飲食環境是鼓勵人們拚命吃，但有效防止肥胖的辦法確實存在。防止肥胖與享用美食，能否魚與熊掌兼得？當然能！

問題在於：我們如何讓自己展現克制力——這，恐怕不是立法強制或課稅辦得到的。曾有三位經濟學家研究向所有被視為「不健康的食物」課一〇〇％的稅，但預期結果卻是：「ＢＭＩ（身體質量指數）值減少不到〇．二，不到平均ＢＭＩ的一％，僅占一九八二至一九九六年增加的BMI值的一三%。」換言之，對減重目標而言，課稅的效果非常有限。改變必須來自我們自己，而且較可能出自我們對好食物——而不是壞食物——更強烈的喜愛。

我當然明白，肥胖問題不易解決，而且我們應該避免病急亂投醫。我們應向前看，邁向更強大和更美好的消費者創新時代，而不是向後看，退回食物更昂貴的時代。

我在長城超市買菜的實驗，也促使我重新思考肥胖問題。因為我發現，除了少數拉美裔和美食家外，幾乎沒有任何非華人在那裡買菜。但我相信，如果只到長城買所有食物，幾年下來，能讓大多數非華人甩掉很多肥肉，最起碼，他們會有一個減肥的好機會（記得我對鹹蝦片不感興趣嗎？）。可惜，沒人嘗試這個方法。

因此我心想：很多美國人體重增加，是完全出自個人的抉擇，只要能吃到更多某種食物，他們心甘情願增加體重。

在古代（證據顯然來自十七和十八世紀的許多畫像），有錢人會以他們有能力多長幾磅肉為榮。今天，我們的文化是受過良好教育的有錢人，老在批評窮人不知好歹或不夠美觀，這當然是用富人的標準來衡量的。

我確實認為，很多肥胖症是個重要的社會和健康照護問題，但對肥胖的大驚小怪，也很可能是一種社會和食物的勢利眼。我們未必認同某個人決定讓自己多長好幾磅肉，但如果肥胖真的是個人抉擇（在很多例子我相信它是），我們不可能對抗和戰勝它。

真正的飢餓危機，藏在我們鞭長莫及的地方

不幸的是，吃不飽（而非過胖）至今仍是全球最刻不容緩的食物問題。即使不是餓死，嚴重的飢餓仍普遍存在世界的某些地方。據說，全世界有超過十億人吃不飽，另外有將近十億人營養不良。雖然我認為這些數字只是粗略估計，有誇大之嫌，但即使規模減半，仍是一個非常嚴重的問題。

這些飢餓問題是什麼造成的？原因通常可以歸納為沒有錢、缺乏基礎建設、錯誤的政府政策，以及缺乏民主。一直以來，會發生饑荒的國家，通常是那些缺乏一個運作良好的大型農業平台，因此沒能建立糧食制度的國家。

人口過剩被高估，是造成飢餓問題的原因之一。最嚴重的饑荒通常發生在鄉村，而非城市。非洲是全世界最貧窮的地區，以全球標準來衡量，人口也不是非常稠密。人口集中使窮人比較容易找到某種工作，比較容易乞討，慈善工作比較容易運作，而且人口越密集的地方越容易被外界接觸到，政治上越難漠視，因為有更多媒體和更多旁觀者看著。

很多飢餓，是發生在外人難以觸及的地區，發生在戰爭或其他災變之中。因為順暢的道路，加上貨物與人的移動自由，有助於將人與食物供應連結起來，使食物更容易進入，或使人更容易離開去覓食。很多時候，造成飢餓問題的基礎建設障礙，是政治性而非經濟性的。例如，運送糧食可能需要花錢買通地方軍閥，這種情形在阿富汗和索馬利亞的內戰時期屢見不鮮。

十八世紀時，世界上大部分飢餓的移民，是從擁擠的城市，往新大陸或澳洲和紐西蘭的空地遷徙。空地在當時很重要，部分原因是很多城市已變成傳染病的溫床。今天，富裕國家的傳染病差不多都消失了，城市的經濟基礎建設更完善，因此，大部分飢餓的移民，反而是移往人口更密集的地區——包括從中國西部往中國東部城市的大規模移動。

民主，有助於避免遍地餓殍的饑荒，因為民選政府較可能緊急援助災區，諾貝爾經濟學獎得主沈恩（Amartya Sen），就以提出這個論點聞名。否則奄奄一息的嬰兒會帶來惡劣的媒體形象，讓執政者輸掉選舉。這是我們支持民主的好理由——如果我們還需要多一個理由的話。

然而談到飢餓（不是那種哀鴻遍野的饑荒），民主本身並不像你想像中那麼有效。今天，印度的飢民可能比全世界任何國家都要來得多，而印度自一九四〇年代末以來就實施民主了。只有民主制度結合資本主義、財富，以及農業上的基礎設施和科技進步時，才能有效解決飢餓問題。印度在這些領域正在進步中，但仍有漫漫長路要走。光靠民主，不足以成事。

畢竟，民主政府也常會做出錯誤的政策決定。當饑荒來臨，政府通常會實施價格管制、取締囤積居奇，以及懲罰糧食運銷網絡。在饑荒時節，高糧價也許看起來不公平，也確實不公平，但合法控制的糧價更糟，施行管制政策的結果，往往是讓糧食從市場完全消失。在人類歷史上，用價格管控來解決饑荒的策略，從來沒有成功過。一九六〇年代初的中國饑荒、近期的北韓饑荒，專制的共產政權乾脆不准食品市場運作。

一場真正的危機正在成形……

最後，糧食問題的更長期根源，則是相對較低的農業增產率。從一九七〇到一九九〇年，糧食供給增加的速度比世界人口成長的速度快得多，部分要歸功於布若格的綠色革命。但自此之後，農業增產率逐漸放緩。特別是，農業生產力並未以綠色革命期間同樣的散布速率蔓延到非洲。自一九九〇年以來，糧食生產增加的速度低於人口成長。在印度，糧食增產率同樣顯著減緩。

但不只印度和非洲有問題。就連美國農業生產力的增加速度，現在都大不如前。二十世紀後半段司空見慣的農作物產量飆升現象，如今不復存在，而且看不出何時會重現。

例如，一九四九至一九九〇年期間，新的科技創新（不同於僅僅派更多機器或更多勞工去耕耘土地）提高農業生產率達平均每年二・〇二%。一九九〇至二〇〇二年期間，農業生產率的增幅跌到平均每年〇・九七%，不及過去的一半。農業研發投資自一九八〇年代起不斷下滑，進一步分析顯示，研發金額減少比你想像的還問題重重；據估計三五%至七〇%的農業研發是用於「收支平衡」——防止各種農作物病蟲害，而不是追求和獲致新的成長。不穩定的氣候，從暴風雨到乾旱到熱浪和寒流，使這些基本問題更加惡化。

明尼蘇達大學糧食與環境研究學者喬納森・佛里（Jonathan A. Foley）說得好：「過去在歷史上，我們曾數度倍增世界的糧食產量，現在，我們必須再做一次才行。這一次的倍增最難，有可能辦到，但不容易。」

生產率減緩，是當前世界最重要的食物問題，但你幾乎從來沒聽過美食家談起。我們這些美食家，太常過度關切我們自己的食物消耗模式，卻見樹不見林。表面上是利他主義，骨子裡也許是一種自戀。我們關心的是怎樣吃得更聰明（譬如要吃空運來的蘆筍），卻不花時間擔心真正值得關心的危機：科技進步減緩。當然，談什麼「農業增長率下降」太乏味，也不優雅，但這個話題應該存在美食家們的腦海中，因為，這才是當今世界的重大問題。

生產率減緩的結果，使得糧食市場出現了一些特殊問題——食物價格攀新高，並引發政治動亂，例如在埃及。政治動亂未必是壞事（埃及政府是該換人做做看了），但高糧價當然是壞消息。

經濟學家羅伯・薩繆森（Robert J. Samuelson）把這個問題稱為「大糧荒」（the great food crunch）。當代第一次大糧荒，發生在二〇〇七至二〇〇八年，第二次在二〇一〇至二〇一一年間。舉例來說，很多國家（如中東）一半以上的小麥靠進口，穀價在二〇一〇至二〇一一年的八個月內漲了一倍以上。典型的貧窮家庭，得花大部分收入在食物上，而很多國家的貧戶以麵包為主食，因此小麥漲價對他們是重大負擔。二〇〇七至二〇〇八年，米價也竄升，在我撰寫此書的二〇一一年夏季，這個模式看來有機會在第二次大糧荒中重演。

近年的糧食危機之所以爆發，有一些特殊理由。

我們可以把食物的供給和需求，視為兩個數值之間的競賽。供給的一端，是人類有效地以先進科技來生產食物，產能一直不斷增加，雖然近期增速減緩。而需求這一端，是多少人需要食物，以及要花多少收入在食物上。對窮人而言，是吃更多的米、扁豆和麵包；富人則是吃更多肉（其實也間接吃更多穀物——因為穀物是重要的飼料）。

當供給端的新科技快速進展，食物價格就會下跌，導致更容易生產更多食物，市場會因供給增加而出現價格下跌。若是需求端快速進展時，食物價格會因為需求增加而提高。而當糧價上升，一個可能性是需求上升的趨勢快過於供給，這正是目前世界發生的情形：小麥、米、玉米、黃豆，還有肉類的需求，上升得比供給快。

今天，很多國家在從事所謂的「追趕式成長」（catch-up growth）。過去種稻的中國農民，現在在上海工廠做工，賺更多錢，吃更多肉。他在追趕的，是富國的生活水準。

但過去三十年，當中國以平均每年約一〇%的成長率變得更富有時，它並未以每年一〇%的增長率生產糧食。中國的製造業生產力，比它的農業生產力增長得快。換言之，中國的需求推高了糧價，卻未產生可與諾曼．布若格的成就相提並論的新綠色革命。而且基本上，農業生產力的改進至少自一九九〇年代起，就已經放緩，呈現出另一種「大停滯」。

拿玉米當燃料？真是夠了

雪上加霜的是，由於使用生化燃料，尤其是玉米提煉的車用酒精，美國正在增加它的糧食需求。為了將酒精摻入汽油中，政府必須要求民間業者購買更多玉米，將之轉化成汽車燃料。這個政策在玉米之鄉愛荷華州深得人心，因此獲得很多政治人物支持，但經濟學家和環保人士卻一致撻伐。因為如果我們將政府補貼計算在內，酒精汽油的成本，其實比傳統汽油貴很多。

悲哀的是，這種能源甚至不能讓環境更乾淨。別忘了，花在種植和加工玉米上的能源，也是一筆環境成本，例如，促進玉米生長的氮肥，就是主要污染源之一。不管從哪個角度來看，除了玉米農和一些政客，尤其是那些在乎愛荷華初選的政客，酒精補貼都是一個雙輸政策。

最大的輸家，當然是目前面對更高糧價的窮國百姓。對千千萬萬的他們來說，這真的是一件攸關生死的事，我們卻繼續提煉無謂的酒精。這是美國政治機能失調的徵兆。二〇一〇年下半年，美國玉米價格上漲七三％，大部分是生化燃料造成的；目前約四成的美國玉米作物變成生化燃料。它已使世界各地無數人們再度陷入食物匱乏的深淵之中。中國明智地在二〇〇七年禁止穀物提煉的生化燃料，不過現在中國人則開始動樹薯的腦筋了。

在不景氣和較貧窮的地區，糧食供給問題更顯得嚴重。拿埃及來說吧，一九六〇年人口還不到二千六百萬，現已超過八千萬。但和中國不同的是，埃及並沒有比幾十年前富裕多少。當全球糧價上漲，大多數的埃及人只能勒緊腰帶。這些國家遭受的是無妄之災：他們成長得不夠快，追不上快速成長國家（如中國）的需求所造成的更高糧價。

在某些國家——再度以埃及為例——糧食問題比過去還急迫。但要據此推論世界糧食問題全面惡化，也是不對的，因為那不是事實。埃及會發生問題，恰恰因為整體食物情況好轉。埃及的困窘，是中國的繁榮及全球肉類的需求升高，加上自己國家生產技術相對停滯所造成的。

一個解決辦法，是埃及推動改革，開始更快速地發展經濟。他們已經踏上此途了。但如果埃及真的成功改善了經濟，將會更有能力負擔更高的穀價，接下來，就得改革其他經濟成長落後的國家了。

除此之外還能做什麼？當你讀到這一章時，第二次「大糧荒」也許已經結束，但它隨時可能捲土重來。原因之一，是美國和歐洲尚未找出新的農業大突破，二來是很多國家如非洲、印度和中東，未能改進他們的農業生產力，因此，我們仍處於岌岌可危的境況。

在埃及種香蕉，在葉門種阿拉伯茶？別鬧了

許多貧窮國家的農業市場，摻雜太多政治因素，以及太多錯誤的政策。例如對國內糧食的補貼，對水的補貼，對能源的補貼，經常亂七八糟地攪和在一起，造成食物市場失靈的惡性循環，並破壞當地環境。農業政策，可說是全世界最糟糕和最考慮不周的政策了。

為什麼要在缺水的地方種植需要大量灌溉的作物，例如在埃及種香蕉，在葉門種阿拉伯茶？埃及要種香蕉，部分原因是為了幫助本土農民，部分因為他們不信任其他國家在戰爭或危機時會送來糧食，但你怎麼可能在沙漠種這麼多香蕉？

還有葉門，怎麼可能種這麼多阿拉伯茶（葉子有提神作用，大多數葉門人喜歡嚼），耗掉他們一〇％的ＧＤＰ？政府還補貼灌溉，以維持這些作物生長。一旦水過度使用，地下水位會不斷

下降，尤其在葉門，估計不出十年，就會抽光經濟上可利用的水源——正好在它石油蘊藏量枯竭之時。抽水需要很多能源，因此葉門也補貼能源，做為補貼水的手段。總之，許多開發中國家都過度補貼國內農業、水的使用和能源的使用，結果危害經濟又破壞環境。

從一九八〇到一九九二年，沙烏地阿拉伯提高小麥產量至二九倍，使該國成為世界第六大小麥輸出國。將水和其他補貼全部計算在內，該國的小麥生產成本約五百美元一噸。同一時期，國際小麥市場價格平均為一二〇美元一噸。沙烏地阿拉伯這項計畫的總成本至少八五〇億美元，而且為了達到這個愚蠢的目的，政府還浪費了三千億立方公尺的水，相當於尼羅河流入埃及的六年流量——這些用掉的水，大部分是不能再生的。

最好的改革，應該是減少補貼和增加跨國貿易。理想的情況是，水資源相對豐富的中東國家，如敘利亞、黎巴嫩和土耳其，應該賣水給同地區的其他國家，只是政治因素使這個辦法至今遙不可及。

另一個重要的改革，是將現代的農企業擴散至世界更多地方。儘管印度崛起為經濟大國的論調甚囂塵上，但該國農業大部分仍是小規模的手工業。印度農業生產率低，正是因為農業雇用一半以上的印度人口，卻只占印度貨物與服務產出的一五％。印度經濟每年成長八％或九％，但印度農業每年只成長約三％。

在印度，現代化的大規模農企業很少獲准成立，問題主要出在印度政府及其錯綜複雜的法律規章制度。印度有運輸、儲存和銷售農產品的層層限制，有大型農業公司規模的上限，有外國人在境內投資的上限，有高效率外國零售商的法定界限，還有施加於食品等加工產品的高稅率。在印度，你很難看到機械化的大型農場，能在大規模的基礎上運作，生產盡可能最便宜的食物。印度法律使大公司很難直接耕作與持有大片土地，一個農場通常最多擁有十五到二十公頃的土地。所有這些限制的結果，就是農業仍然是最落後的部門。

農業的低度發展，顯現在貧窮指標上：印度五歲以下的兒童，有將近一半營養不良。問題不只是現在這些兒童受苦而已，長期下來，營養不良將使他們長大後較不健康、較不聰明，也較不能幹。換句話說，即使食物明天到來，這些問題的後遺症將困擾印度幾十年。兒童挨餓是當今世界的頭號糧食悲劇，為了解決問題，我們需要更多和更好的農企業。二〇一一年，糧價正在攀升，而印度上漲的速度超過世界上幾乎任何國家。

你越仔細觀察印度，越能正確評價農企業。一九九一年以前，來自外商的直接投資，幾乎完全被印度政府禁止，即使一九九一年改革後，也幾乎沒有任何外資流入農業。外商公司擁有更優越和更有效能的技術，但印度市場實在不值得進入。直到最近，農產品的零售交易及大多數的農產形式，仍禁止外商直接投資。

二〇〇九年，沃爾瑪連鎖店在印度開張了。二〇一一年四月一日，印度開放外商可百分之百直接投資於種籽、農場、園藝和植物栽培。但是，別期待外資會大批湧入。談到做生意的整體容易度，根據世界銀行調查，印度在全球一百八十三個國家中排名一三四；談到執行合約的容易度，印度的排名是一八二。

印度的土地租賃，也是一團亂。很多印度省分完全禁止土地租賃，包括比哈（Bihar）、古吉拉特（Gujarat）、卡納塔克（Karnataka）、喀拉拉（Kerala）、曼尼普爾（Manipur）、奧里薩（Orissa）、拉賈斯坦（Rajasthan）、查謨及喀什米爾（Jammu & Kashmir）及北方邦（Utter Pradesh），這些地區通常沒有法律釐定的土地所有權狀，即使允許了租賃，但法律通常會置地主於風險之中。一旦土地租給佃戶，若干年後地主即喪失部分所有權給佃戶。

印度也有一些全世界最差的道路和最差的基礎建設，任何曾在這些道路坐車或開車的人都可以作證。即使最好的道路，往往也車速緩慢，動物和非機動車輛到處趴趴走，而且極端危險，尤其碰到慢速引發的盲目超車。這是去印度旅行最恐怖的經驗，因此如果可能，請搭火車。

路況惡劣，是印度很多農糧收成在運往市場途中腐爛的原因之一。根據《經濟學人》（*The Economist*）的估計，超過四分之一的農產品被白白浪費掉了。而據印度政府首席經濟顧問巴蘇（Kaushik Basu）的估計，有三分之二的小麥收成在運往市場途中腐爛。這麼多農產品被蹧蹋掉的另一個原因，是從農場到銷售終端，沿途很少或毫無冷卻系統——想想在一九二九年海登的《如何餵飽大城市》一書中，冷卻扮演著多麼重要的角色。

當你總結以上所有問題，就會得到一個結論：允許更多農企業在印度發展，可以拯救生命和填飽肚子，長期下來還能改善生活。印度進行一場綠色革命的時候到了，而且這一回必須從立法和司法著手，鋪上綠色地毯迎接大企業，包括外國大企業。

農業進步，就是一種對自然的干預

在結束這一章之前，我想討論一個話題，這個話題已成了一種政治妖魔，飽受來自四面八方的砲火攻擊，但是，它有拯救千萬生命的潛能。

下一場綠色革命，可能來自所謂的基因改造生物（Genetically Modified Organism, GMO）。我不喜歡這個名稱，因為它暗示著其他食物不是基因改造的（還記得璜・卡米羅的玉米嗎？），但似乎改不了了。

這三個關鍵詞——基因、改造、生物，個個聽起來陰森恐怖，擺在一起更令人毛骨悚然，彷彿你多複製了一個頭，安在你新生兒的脖子上。

但是，農業上的進步，向來靠的都是人為干預自然。天地不仁，殘酷的是大自然，不是工程師或基因剪接術，或孟山都公司*。

就定義而言，基因改造生物是指利用現代生物科技——通常是DNA重組技術——改變生物的基因物質之後，所創造出來的新物種。

今天，GMO已經帶來巨大的改變。一九九五年GMO被引進市場，到了二〇一〇年，已有一千五百多萬的農人、在二十九個國家使用它們，絕大多數的GMO作物則是生長在美國、巴西和阿根廷。目前它們占美國黃豆作物的九四%，玉米作物的八八%。最主要的原因，是它們更容易生長、植株更健壯，能夠以更便宜的成本為人類帶來更多糧食。事實上，自一九九〇年代中葉以來，三億美國人及千千萬萬造訪這個國家的人都吃過基因改造作物，沒有重要證據顯示它們有害健康，或對環境帶來嚴重負面影響。

在世界上其他國家，GMO的普及程度遠低於美國。GMO在歐洲面臨嚴重的法律限制，也間接限制了那些外銷農產品到歐洲的國家使用GMO，包括大部分的非洲國家和部分亞洲國家。這些歐洲法規在真正需要農業進步的國家，阻礙了進步。

GMO可以使農作物更營養，比如在菲律賓研發的黃金米，這個技術是將維生素A放進稻米中，可以矯正無數人的維生素缺乏症，目前卻卡在政府主導的試驗中不見天日。有些品種的高粱和馬鈴薯，是設計來產生更高的微量營養素，不難想像這個趨勢會散布開來。假以時日，基因改造工程可望延伸到玉米、黃豆、棉花和稻米之外。甜菜根、油菜籽和木瓜已經被GMO技術改良了。下一步可能是耐旱的樹薯、抗蟲的豇豆、抗菌的香蕉、抗濾過性病毒的地瓜和高產量的珍珠粟米。

在糧食豐沛的國家反GMO，卻害慘了飢餓中的非洲

GMO被貶為「科學怪食」（Frankenfood），但是它對環境的極大好處卻很少被報導。在美國，基因工程已增加玉米、棉花和黃豆的產量，消除對土地的壓力，降低農藥和殺蟲劑的必要性。例如，過去棉花很容易遭到蟲害，通常需要使用高劑量的殺蟲劑，但基因改造的棉花，使農人可能減少殺蟲劑用量，至少在GMO普及的地方。

另外，科學家也正在研究新品種的玉米，使之不需要太多氮，可以減少施肥，從而減少肥料

＊Monsanto，全球最大的農業生技公司，目前在六十一個國家設有子公司或研發中心。

滲入地下水，以及減少二氧化碳排放到大氣中。

GMO可能經由其他方面的進步，協助抑制全球暖化。吃草的牛會排放甲烷（即放屁）到環境中，使氣候變遷的問題惡化。牠們吃的草含木質素，木質素刺激牛的消化系統分泌酵素，酵素會產生甲烷。最近澳洲生技公司Gramina開發出一種基因改造的新品種草，木質素含量較少。農業生技界的龍頭先正達（Syngenta）及其他公司，正在生產能夠吸收更多氮的GMO作物，以降低氮肥對環境的負面影響。加拿大在研究基因改造的豬（有個不優雅名稱：環保豬），減少排泄物中的含磷量，以限制豬糞外溢的環境成本。

美國國家科學研究委員會最近發表一篇厚得像書的GMO研究報告，叫做《基因改造作物對美國農業可持續性的影響》（*The Impact of Genetically Engineered Crops on Farm Sustainability in the United States*）。報告結論是：GMO可以協助養活人類，並減輕農業加諸自然環境的負荷。

如果GMO這麼棒，為什麼我們沒有更多的基因改造生物？答案很明顯：它與民意有關，特別是歐洲的民意。

一九九八年以前，歐洲人並不特別反對GMO概念，在「狂牛症」恐慌爆發後，輿論才開始轉向。歐洲人認為，GMO是一種他們不能理解或控制的怪異科技。這情形很像日本大地震後，在民眾印象中輻射造成的死亡，遠比海嘯造成的死亡高得多，儘管事實上後者死亡人數遠超過前者。在歐洲各地，GMO已被妖魔化，因而阻礙了世界更貧窮地區的農業發展。歐洲大部分地方嚴格禁止和管制GMO，過去幾年態度有所軟化，但大體上歐洲仍不是一個對GMO友善的商業環境。

富國不需要GMO，但窮國需要。這些限制的最大輸家是非洲農民，也就是最需要新綠色革命的族群。根據一項生產指數，一九七〇年非洲農民的人均產值，甚至比二〇〇五年還高。非洲務農的人數約占總人口的七成，因此農業生產力的提升是大多數非洲經濟體的重要課題。

然而，非洲人怕失去歐洲市場，因此通常不敢種GMO作物。安哥拉、蘇丹、馬拉威、莫桑比克、納米比亞、奈及利亞和辛巴威，均曾拒絕含基因改造成分的糧食援助，因為害怕「污染」他們的作物，並因此失去歐洲市場。迦納、貝南和尚比亞，禁止基因改造的食物和作物，除了布吉納法索支持基因改造的棉花之外，在非洲只有南非全力投入這項科技。

大部分的非洲國家，實在負擔不起歐式法規強加於他們的安全、標示和管控條件。實際上，歐洲的做法不啻是綁架了一整個大陸，要這個經常爆發大腸桿菌、肝炎、霍亂和沙門氏桿菌（經食物傳染）致死或導致疫情的地方，採取富國極端的GMO安全標準。這好比我們規定每一個非洲人都要買SUV休旅車，不准他們買較小和較不安全的汽車一樣——這等於是在製造災難，目前非洲需要的是更多和更便宜的糧食，其次才是更好的食品衛生。GMO應該是他們最不需要擔心的問題之一。

有一個族群似乎不擔心GMO，那就是阿米緒人（Amish）。與普遍印象相反，阿米緒人並不反對科技，他們只是不願讓現代科技威脅他們的生活方式。阿米緒人看到GMO的好處，於是熱情採用GMO並獲得商業成功。

解決問題，需要的是「改良」，不是「拒於門外」

GMO並不是完全沒問題。就像大部分其他大規模生長的作物，GMO同樣會引起一些環境、經濟和其他方面的問題。例如，GMO會孳生抗除草劑的野草，但最理想的解決方法，是改良GMO，而不是將GMO拒於門外——何況，非GMO作物同樣也會引起相似的問題。

極端的專利保護，是另一個問題。也許一家公司不應該擁有某種亞馬遜作物的基因專利權，並向已經種植該作物好幾百年的當地農人收取使用該基因的費用。不論這是否與GMO有關，我們的智慧財產政策限制過了頭。我們應該改變那些政策，但在此同時，讓我們歸罪於正確的禍首。依我之見，亞馬遜網路書店的「單擊購物」功能，居然能享有專利保護實在愚蠢極了，但我們不會因此譴責上網買書的概念。

有鑒於此，你可能納悶：GMO批評者究竟如何合理化他們的反對立場？泰西亞提夫婦（Laura and Robin Ticciati）寫了一本書批判GMO，我發現從書中一段文字可以看出端倪：

主張vs事實

主張：基因工程可以餵飽全世界。

事實：世界已經可以生長足夠的糧食來餵飽每一個人……大部分的飢餓不是因為缺乏糧食，而是無力購買糧食造成的。

泰西亞提夫婦不懂經濟學，也不懂技術停滯不前會注定某些人飢餓或餓死的命運。沒錯，給窮人更多錢可以幫助他們購買食物，但是，不論我們喜歡與否，世人沒那麼樂善好施，也看不出突然改變的可能性。然而，降低糧食價格可以幫助窮人取得更多食物，GMO就能增加糧食供應，從而降低糧價及餵飽窮人，如同綠色革命過去所為。不理解這個簡單的機制，是一種可悲的經濟文盲——這在GMO評論中太常見了。

GMO最大的問題，也許出在它們的績效不如最初所說的那麼好。新的科技突破有時不易產生，因此繼續發展GMO，未來是否能有重大進展仍是未知數，特別是在生產力減緩的農業方面。但願我們至少有機會看見投資於GMO之後，能拯救百萬生命。世界人口即將突破九十億大關，我們需要新的方法來養活這麼多人。我們需要向前看，而不是向後看。

第 8 章

你挺綠嗎？

那就菜多買一點，車少開一點

食物既不是主要的環境殺手，
也不是最大的能源消耗來源。
我們才是。

誰是世界上活得最綠的人？是著名演員及環保行動主義者艾德．貝格雷（Ed Begley）嗎？艾德盡可能不搭飛機，非搭不可時，會買五．九五美元的碳補償（carbon offset）來抵銷他搭機旅行的排碳效果*。自一九九〇年起，艾德將他的室內腳踏車運動器連接到一個電池，用蓄電來烤麵包。他也宣稱要把自己每週的垃圾量，減少到可以塞進汽車儀表板上的雜物箱。他的房子裝了一台風力發電機，他主持一個綠色生活節目，叫做《與艾德同住》（*Living with Ed*），在綠地球（Planet Green）電視頻道播出。

有一個「地球上最綠人」獎，二〇〇八年的得主是德國人馬蒂奧斯．吉爾伯（Matthias Gelber）。馬蒂奧斯旅居馬來西亞，推廣綠水泥概念。他聲稱傳統形態的水泥占全球二氧化碳排放量六～七％，占中國排放量一〇%以上。由於水泥技術幾乎幾百年未改，也許為環保升級的時候到了。

有些資料宣稱全世界最綠的人是麥克・杜克（Mike Duke），沃爾瑪公司的執行長。沃爾瑪自二〇〇五年起實施全面節能計畫，涵蓋貨運、冷藏、能源、照明及其他賣場營運。他們年復一年少用了四十八億個塑膠袋，他們的卡車多運了七千七百萬箱貨物，卻少開一億哩路。沃爾瑪也要求旗下供應商尋找類似的節能方法，並寄出詳細問卷，評量其每一項產品的能源可持續性。所有這一切都是以公司利潤之名進行。

我要提名的，是住在中非洲的俾格米人（Pygmy）。俾格米人的人均所得不詳，但很多俾格米人仍然以狩獵採集維生。大多數的俾格米人，至少那些留在俾格米部落者，除了能扛在背上的東西，身上一無長物。在獵捕大象時，著重的是高超的技巧。俾格米人平均身高不滿五呎，他們給自然環境的壓力非常少，而且也不是大象數目逐漸減少的主要原因。俾格米人平均壽命在十六至二十四歲之間，很多俾格米族旁支似乎瀕臨絕種。

以上這些人，誰的路線正確？這是我從開始思考食物與環境關係以來，一直在問自己的問題。坊間關於「綠色飲食」或「綠色生活」的建議很多，但這些評論太常受到更大的政治動機驅使，不是誤解食物市場如何運作，就是只想「感覺良好」而非追求真正有效的答案。看看最近討論食物的賣座影片，如《麥胖報告》（*Super Size Me*）、《美味代價》（*Food, Inc.*）和《食物的未來》（*The Future of Food*），它們有一個共同特點：對其他人類在市場上做的選擇——特別是他們對食物的選擇——採取冷嘲熱諷和多少有點自以為是的態度。然而，不論我們的食物市場有多少優點，有些地方確實需要修正。

一個環保袋，至少要用一七一次

很多的政策或選擇，能讓我們自我感覺良好，我們常會傾向選擇這些政策，即使它們不能證明有效。

人類本能上需要與睿智、慷慨、仁慈、正直的人結盟。有愛心的人希望挺身而出，對抗殘暴、無情、貪婪的人。當我們與有良心的人站在同一陣線，或與看似道德的特質連結時，我們**感覺**更好，但那未必是達到我們想要的實際目標的有效手段。

---

*碳補償是一種新的環保措施，可以根據日常活動如搭飛機的哩程數及廢氣排放，計算你要捐獻多少錢給環保團體，推動減碳活動。碳補償的方法有許多種，例如植樹。

如果我們拋開陳腔濫調，看看正式的實驗研究，會看到一些驚人（但也許不意外）的結果。例如，如果能夠選擇的話，很多人寧可實際浪費也不願做某件**感覺**浪費的事情。在實驗情境中，人們不喜歡那種「原來我買得比別人貴」的感覺，所以他們會投入某種浪費的行為，例如毫無效率的貨比三家，以避免當冤大頭。這種不惜代價「避免後悔」或「輸人」的感覺，是我們的普遍傾向——也是我們天生擁有合理化能力的證據。

多倫多大學教授妮娜．梅薩（Nina Mazar）與鐘晨波研究消費者心理，發現消費「綠色產品」並不會讓我們變成更好的人。真要說的話，買綠色產品似乎反而鼓勵一個人更不道德。在一系列實驗中，那些獲准在「綠色商店」買東西的組群，在後續遊戲中有更高的作弊率和說謊率。也就是說，他們一旦以某種綠色行為求得良心平安，反而會在其他環境中變得更貪婪和自私。

當然，在實驗室發現這個結果，不能證明在真實世界一定為真，不過我們都熟悉這樣的心理機制：一旦我們做了某件好事，我們常放寬自己的標準，允許自己做點不大好的事情。我們可以把這項研究當作一種提醒：其實我們對於做好事、做好事的動機及最終結果，所知有限。

還有很多時候，我們會沉浸在罪惡感和自我懷疑中，以減輕自己的良心責備，然後繼續做對環境非常不友善的行為。罪惡感，能讓大家感覺比較好。

安妮娜．羅斯特（Annina Rüst）是瑞士發明家和電腦藝術家，目前在紐約州雪城大學教書，她對這種人性缺點有敏銳的觀察力。二〇〇八年她發明了一個新儀器，儀器包含一個半透明的腿環，可以監測戴環者的耗電量。如果腿環偵測到使用者消耗太多電，一個無線設備會將六根不鏽鋼刺輕輕戳進使用者的腿。羅斯特稱之為「環保罪惡感治療法」，並在她的網站提出以下口號：「鍛鍊環保忠貞，一次一針！」這個發明要讓我們理解的是：人們常會做出被針刺的決定，而不願選擇能實際改善環境的做法。

很多人不喜歡買塑膠品，不願跟塑膠沾上關係。塑膠是人造的，而且通常不是「本地」的。製造塑膠需要用到石油，是過度消費主義和現代生活違反自然的象徵。我們把「塑膠」當形容詞來用，批評某人的外表或性格或態度不真實、不自然。

但塑膠通常比紙或瓦楞紙環保。它不會在堆肥中腐爛或分解，成為溫室氣體排放的重要來源。相反的，製造紙和瓦楞紙需要很多能源；玻璃，你用的杯子瓶子，在生產和運輸過程中會消耗很多能源。塑膠只是一直默默在那裡，提醒著我們現代商業社會有多麼過度浪費。這種話不中聽，但整體而言，相較於其他相關選擇，環保人士應該更樂於使用塑膠才對。他們錯在太擔心與塑膠概念沾上邊，太擔心自己成了什麼塑膠俱樂部的一員。

根據估計，製造一個紙袋所需要的能源，是製造一個塑膠袋的四倍，而回收再利用一磅塑膠所需的能源，比回收再利用一磅紙少了九八％。我不希望你太計較這些數字，但塑膠對環境的危害，真的遠低於紙。塑膠袋通常比紙袋耐用，但如果你實在不能忍受塑膠，改進之道是學德國人，帶你自己的布製環保袋去購物，不要改用紙袋。但你最好持之以恆，我看過一篇研究，環保袋必須重複使用一七一次，才能跟塑膠袋的環境危害「打成平手」。

這個不願與塑膠為伍的想法，還誤導了我們什麼？

多吃蘿蔔，少買進口花！

土食族，也就是那些主張為了避免運輸過程所造成的污染，應該吃在地食物的人，追求的也是一種自我感覺良好，而不是認真追究是否有比較環保。

其實在絕大多數情況下，我們根本不需要太擔心食物來自何方。運輸只占食物全部能源成本的一小部分，根據美國政府的估計，不會超過一四％。根據里奇・皮拉克（Rich Pirog，首創食物里程概念的學者）的算法，運輸只占食物全部能源成本的一一％。就能源消耗而言，海運尤其便宜，因為會浮的東西比較容易移動。這方面最詳盡的研究，來自卡內基美隆大學的克里斯朵夫・韋伯（Christopher L. Weber）與史考特・麥修斯（H. Scott Matthews）兩人，發表於二〇〇八年。結論很清楚：食物對環境的衝擊，來自生產，而非運輸。

這裡的元凶，是空運的食物，因為飛行是一種對環境特別不友善的活動。但有問題的也只有空運，走水路遠道而來的食物不該被污名化。

換言之，吃蘿蔔，別吃蘆筍，因為蘆筍通常搭飛機。**走粗獷風**，因為粗獷耐寒的作物可以種植在很多不同氣候下，多半不是空運的。好的根菜類是大頭菜、紅蘿蔔、歐防風和蒜苗。當我買到一本優秀的根菜類烹飪書時，如安德莉亞・雀斯曼（Andrea Chesman）的《來自根莖地窖的食譜》（*Recipes from the Root Cellar: 270 Fresh Way to Enjoy Winter Vegetables*），我吃粗獷作物的食欲立即升高。

花，也搭很多飛機，通常來自非洲或南美洲，往往繞道荷蘭，因此如果你真想環保，不要買進口花，這是另一個不支持空運的做法。

另一個解決之道，是少吃肉。前述韋伯和麥修斯在卡內基美隆大學所做的研究發現，一週有一天不吃紅肉，對環境的幫助遠超過餐餐吃在地食物。

向當地農夫採買，可能意味他要多開兩小時的貨車補貨，對環境的傷害可能超過買一串船運的香蕉。這主要是因為，本地農夫一次能夠運輸的貨品單位數通常比較小，因此他供應的單位能源成本可能相當高，向他買少量東西，會促使他多跑幾趟車的機會也更大。

換言之，談到保護環境，在地飲食不但沒有更好，往往反而更糟，而且有時根本做不到。如果你住在美國西南部，被大片沙漠包圍，要怎樣只吃在地食物？就算有辦法在一個地方生產出好幾百萬人所需的食物，也會給已經負荷過重的水資源添加巨大壓力。

向本地農夫採買，雖然能讓人感覺比較綠，勝過光顧一家大型的跨國公司（該公司搞不好還有見不得人的醜聞）。但老實說，本地農夫不見得特別有道德。例如有時候，本地生產的蘋果會在採收後，放進冷藏庫好幾個月才拿出來賣；冷藏當然會消耗能源，與其如此，還不如買從更遠的海外坐船來的更新鮮蘋果。

好邪惡的孟山都？

許多提倡綠生活的人，採取杯葛策略。愛波・戴維拉（April Dávila）是南加州的年輕作家，她看了電影《美味代價》後，決定杯葛孟山都公司整整一個月；畢竟，該片將孟山都描繪成農企業罪惡的主要源頭，她想除去她生活中的基因改造生物。她讀了一篇學術論文，顯示ＧＭＯ在老鼠身上產生致癌因子；我也讀了同一篇論文，但我看到的是研究員認為伴隨ＧＭＯ而來的殺蟲劑，才是最可能的元凶，並非ＧＭＯ本身。毫無疑問，我們必須對ＧＭＯ更謹慎，但可以就這樣不分青紅皂白地杯葛ＧＭＯ作物嗎？

總之，愛波發現她的計畫執行不易。孟山都生產美國五五%的萵苣、很多糖，甚至還有一些有機作物。她還發現，自己穿的衣服不能來自使用孟山都種籽種成的棉花，她吃的肉不能來自用孟山都玉米飼養的動物。

她喝很多有機綠茶，買一些女童軍推銷的餅乾，還喝威士忌及椰奶。一個月期限到了之後，她進入一段狂吃狂喝孟山都的時期——杯葛計畫窒礙難行。以下是她的計算結果：

孟山都這筆帳：早餐乾淨，但整頓午餐很可疑。鱷梨和黃瓜是有機的，但不表示不是孟山都，玉米烙餅和鷹嘴豆泥沾醬是個大問號。米是Lundberg牌子，因此我知道具有一些冇山都〔Nonsanto，原文照引〕的貢獻，甜菜也是有機的，但同樣的，不確定它的種籽來源，因此也可能是孟山都。

讀到這裡，孟山都似乎不怎麼邪惡了。孟山都之所以避不掉，也許因為它的大部分產品沒有任何危害世界的紀錄。連愛波自己都承認，孟山都產品可能餵飽千千萬萬飢餓的人，需要的除草劑較少，還有，也許在氣候變遷的條件下更容易生長。她說，這是支持GMO「他X的好理由」。那，幹嘛杯葛？

我對大多數的杯葛行為，都抱持懷疑態度。杯葛是一種道德上孚眾望的做法，但往往沒有效果，只是一種自我感覺良好的手段。相反的，最有效的杯葛，通常是我們比較不可能杯葛的時候。

分析顯示，只有當被杯葛的生產者不大賺錢時，杯葛才最有效；反之，假如生產者賺很多錢，杯葛最沒有效果。這麼說吧：除非杯葛能排除萬難，動員全世界大部分或全部的消費者，否則，有利可圖的生產者即使遭到杯葛，仍會繼續銷售其產品。

舉例來說，美國和阿拉伯世界是紐西蘭羊肉的兩大出口市場，現在假如有一群消費者，基於運送羊肉到世界各地會消耗很多能源的理由，要杯葛紐西蘭羊肉，那麼如果美國有數量夠多的消費者停止吃紐西蘭羊肉，照理說會導致羊肉價格下跌。這會對阿拉伯世界的羊肉採購造成什麼影響？答案是：採購量會增加。也就是說，光靠美國杯葛紐西蘭羊肉，可能成不了多少好事，未必會對羊肉的消費或紐西蘭的羊肉生產或長途運輸造成多大阻力。

當一家供應商無論如何都要銷售其產品——或者說，無論如何都有利可圖時，通常杯葛的效果最差。因為如果有一群購買者離開市場，銷售者就會降低價格或擴大促銷，設法讓其他購買者來補足差額。用專業術語來說，當供應者擁有經濟學家口中的「高邊際報酬」時，杯葛最不可能成功。

為什麼美國國會不敢用金屬刀叉？

西北大學的布萊登．金（Brayden King）研究這個議題，發現最可能成功的杯葛，是針對那種商譽好、但正在衰退中的公司。這些公司擔心進一步業務損失，因此會做出回應，在某個程度上消除杯葛者的疑慮。

這種「找一家衰退公司來杯葛」的想法，符合我指出的「無利可圖」或「不大賺錢」的重要性。相反的，假如你杯葛對象是一家商譽本來就很爛的公司，這種公司通常會對你相應不理，因為它反正已經名聲掃地了。

這樣的主張——特別是要去杯葛那些已經很慘的公司的建議——違反我們的道德直覺。很多人，出於那種自命清高的感覺，最傾向於杯葛那種賺很多錢、商譽又差的公司。這樣做，感覺自己很正義——畢竟，那些公司不就是惡棍嗎？本來就是靠著剝削別人來圖利自己，同時又破壞環境啊！

或許是。當然，很多人都不想跟賺錢又貪婪的公司同一陣線，但硬道理仍然不變：如果公司真的賺錢，很可能不管有沒有杯葛，它都會繼續賣它的產品，除非全世界都加入杯葛。而全世界跟同一家公司作對的情形，幾乎永遠不會發生。一家公司惡名在外，本身就已隱含一個為什麼杯葛不會成功的理由。

當抗議者杯葛一家非常賺錢的公司，跟這家公司劃清界線，除了讓他們自我感覺更好之外，實際上使世界更美好的機會不大。

我聽過最奇特的劃清界線故事，來自美國政府。我無意在這裡替任何政黨說話，我也不是任何政黨的黨員，但這個故事相當清晰地代表一些重要議題。

當民主黨掌握眾議院多數席次，在二〇一〇年選舉之前及二〇〇七～二〇〇八年期間，他們做出一項重大改革：在議會餐廳引進玉米做的新刀叉——部分原因是這些刀叉可以輕易變成堆肥。問題是，這個點子很有爭議：新刀叉花費更多，估計一年四十七萬五千美元，而且碰到湯之類的熱食會扭曲變形。我們不清楚到底是誰從中獲得巨大利益，事實上眾議院內部報告顯示，由於需要用卡車運走這些用一次即丟的垃圾，結果很可能反而更污染環境。然而，「使用可變成堆肥的刀叉」聽起來卻比較環保。

當共和黨又贏回眾議院多數席次時，他們也做出一項改變：新餐具改採最合乎成本效益的聚苯乙烯——一種用石油和天然氣做的塑膠製品。保麗龍回到眾議院了，但在民主黨控制的參議院餐廳，叉子仍然可以做堆肥。

你可能納悶：為什麼不用金屬刀叉呢？悲哀的事實是，這個選項曾被研究過，但遭到否決，因為太多國會人員——那些為了改善美國努力打拚的人——會不小心帶走餐具，然後從此忘了歸還。

你真的清楚自己的碳足跡？別傻了啦

我想起《金融時報》（*Financial Times*）曾經有一篇泰勒．布魯樂（Tyler Brûlé）的專訪。布魯樂是穿著考究、品味一流的型男，搭飛機全世界趴趴走一族，旅遊和高檔消費品的專家，是豪華國際雜誌《*Monocle*》的總編輯，也是《金融時報》的固定專欄作家。這是他對「挺綠」的看法：

記者：你會對自己的碳足跡感到羞愧嗎？

布魯樂：總的來說，我不認為我的碳足跡特別大。我確實搭很多飛機，但我沒有汽車，我在倫敦走路去大部分地方，而且只要可能（在歐洲和日本），我選擇坐火車而非搭飛機。

我相信對很多讀者——特別是那些熟悉布魯樂公共形象的人——來說，這個答案實在沒什麼說服力。這位有名的有錢人，怎麼可能沒有大碳足跡？

布魯樂也許對，也許不對（順便一提，我應該從實招來，我曾替《*Monocle*》寫過一篇文章，賺了一點稿費）。但這裡要探討的一個更宏觀角度是：我們不能信任自己的直覺。一般的個人消費者，很難知道自己哪種行為會對環境造成最大的負面影響，很難「看到」自己所造成的真正環境成本。還記得香蕉、船和杯葛的無濟於事嗎？就算一個人全盤知道自己所有活動的相關環境事實，那樣的知識也會隨著時間及不同選擇的成本效益變化而過時。大多數人，即使是知識淵博之士，都不清楚開一下午的賓士車、買一紮空運的蘆筍、吃一塊牛排代替一片雞胸肉，到底對氣候變遷影響了多少。

你可能認為，在產品上標示碳足跡是解決之道。這麼做沒什麼不好，但不是令人滿意的答案。消費者會忽視這類標籤，供應者會盡可能粉飾太平。更根本的問題是，在評估互相競爭的資源用途上，標籤不像價格系統那樣，能傳達涵蓋整個經濟體的資訊。舉一個簡單的例子來說，生長在都市附近的食物，由於運輸成本低，可能獲得有利的標籤。但假如農牧地都在都市近郊，就會把通勤者趕到更遠的地方，對環境反而不好。

消費行為有一個明顯的特點是：我們對自己消費抉擇的某些面向（例如產品的品質）知之甚詳，卻對其他面向（特別是生產者的成本）茫然無知。除了看價格，消費者其實不清楚本身購買決定的**非**環境成本，遑論環境成本。這是為什麼他們向企業買東西——企業能想出最省錢的方法，去生產有價值的貨品或服務。透過市場競爭程序，企業出示價格，然後消費者根據價格去判斷東西太貴或不貴。我從來不會傷腦筋去想，到底裁縫替我做一套西裝要怎麼做成本最低，我只需要去比較西裝的價格及它的最終品質，並據此做決定。鈕釦成本、運輸費用為這套西裝增加了多少成本，我完全不在乎。

談到製衣業，最有效的模型是讓企業去操心如何用盡可能最便宜的方法做衣服——我們只需要看最後的價格。這是分工的一種方式，企業也依賴價格來獲取他們需要的大部分資訊，他們不追溯也不試圖解決所有前期生產階段的計算問題。一般來說，裁縫師不知道最好或最便宜的織布方法，但他會比較布料的品質與價格，然後據此做決定，就像消費者會根據西裝價格做抉擇一樣。妙的是，當人人這樣做時，市場傾向於將每個人所需承擔的生產成本降至最低。

這些都是經濟常識，代表的是行之數百年甚至數千年的做法。價格之所以重要，主要因為我們大多數人無法看到價格背後很遠的地方，去估算真正的生產成本或想出最便宜的生產要素組合。我們單憑價格，去節約資源的使用和成本。

回到環境議題。緩和氣候變遷有兩個方法，第一個，老實說，是讓每個人都去記住香蕉和船的環境成本分析，並隨時更新資料。第二個方法，是依賴價格系統（確切而言是修正價格），使之反映與環境損益有關的**更多資訊**。這是循經濟途徑處理氣候變遷的聰明辦法。第一個方法好比揮舞一把射豌豆的玩具槍，第二個方法好比反坦克的火箭筒；唯有第二個方法才有機會成功。第二個方法透過價格系統運作，那是帶給我們現代文明，也帶給我們充裕食物的奇蹟。

談到評估環境破壞，現行價格系統多少有點失靈。賓士車有社會和環境成本，但並未反映在它的競爭性市場價格上，尤其是污染及其對氣候變遷的長期影響。市場經濟節省了賓士汽車公司直接承擔的成本，但並未節省製造過程產生的更廣大社會成本，包括氣候變遷。

在此脈絡中，依賴價格意味著課徵石化燃料稅，也意味著提高肉品稅，因為我們吃的動物會排放甲烷（例如牛屁），加重氣候變遷問題。

這種稅，使消費者更容易遵守「綠生活」。如果一種食品的生產和運輸使用更多石化燃料，稅會自動提高該食品的價格。消費者會因此少買，不論他們是否擅長計算什麼東西最能幫助環境。這是價格的威力：價格，比給予重視綠色的消費者一堆指示效力更為強大。此外，這種稅也減輕消費者承擔的積極性責任。一旦稅制建立，消費者不必太關心環境，或完全不用操心。商品被課稅後的更高價格會誘導消費者少買一點，表現得有如他們關心環境一般，不論他們是否關心。

反正要加稅，就加得綠一點吧

稅，確實涉及政府的資訊負擔，政府必須決定哪種東西要課稅以及如何定出各種碳排放的稅率。例如，政府必須定出污煤需要承擔比油井高的碳稅。理想上，碳稅應該與其他主要污染國同步實施，尤其是中國——這個目前全球頭號碳污染的國家。即使實施單邊碳稅，也好過什麼都不做，何況當我們這麼做，搞不好能讓中國覺得羞愧而跟進也說不定。

或者從這個角度來看：美國正在快速老化中，因此聯邦醫療保險（Medicare）及社會醫療救助（Medicaid）的支出將以驚人幅度全面上升；這個趨勢已經開始了，即使我們限制平均每人的聯邦醫療保險支出，老人數目增加和平均壽命延長仍會使聯邦醫療保險計畫更加昂貴。結果很可能是：稅賦必須增加，就算你和我一樣，認為政府支出也需要大幅削減。

面對這個預算前景，我們應該課什麼稅？答案很簡單：我們應該向那些造成負面環境後果的物品課稅。即使課稅未必證明有效（也許中國會繼續高度污染），多繳稅總是痛苦的，但至少稅能提供一些改善世界的機會。

在我寫作此書的二〇一一年，美國仍活在否認我們需要長期預算平衡的鴕鳥心態中，而且否認氣候變遷正在發生（至少在選舉舞台上）。這個國家需要兩記當頭棒喝，事實上，相當幸運的，這兩記棒喝可採碳稅形式同時落下。

鼓吹（而且真心相信）財政撙節的人，是環境最好的朋友，只是他們自己可能不知道。他們是替碳稅鋪路的人，一旦人民覺悟到，有些稅無論如何非加不可，碳稅的實施就會感覺比較不痛苦。

未來，即使有新的綠色能源誕生，但光靠綠能也不能解決氣候變遷問題。如果中美兩國走綠色路線，很多石油和污煤會變得非常便宜，因為世界最大的兩個經濟體的需求大為減少。這當然是好消息，但那些石化燃料照樣會被賣掉和用掉——用在越南、印尼、非洲、拉丁美洲或世界其他地方，總之，總會有人用掉所有剩餘的寶貴石油。這個情形很像上述杯葛所遭遇到的困難，照這個邏輯看來，炸掉和摧毀一些油井會比課稅有效，但那應該不會發生。

比較好的情況是，夠好和夠便宜的綠能可以夠快地擴張，以阻止其他國家的需求不顧一切用光所有骯髒能源。同時也希望，即使石油全部用罄，我們仍可讓最大的環境殺手——骯髒的煤，變成一個不經濟、不受歡迎的能源，也許有朝一日可以透過美國和中國領導的國際協定來達成。我們離此前景仍遠，但它是這場競賽的另一個火箭筒。

好消息是——如果我能稱之為好消息的話——碳稅限制碳排放的效力，很可能與時俱進。例如，隨著全球經濟體吸取和使用更多的石化燃料，最賺錢（最先被使用）的供應來源會趨於枯竭。換言之，就石油來說，我們很早就使用現成的、「用吸管一吸就有」的德州石油和沙烏地阿拉伯石油，而用瀝青砂提煉的石油會拖到後面才用上（那是一種昂貴得多的技術）。今天，我們已經轉移到更高難度的生產方法了。這表示，世界上只剩下利潤微薄的石化燃料生產者，因此也更容易誘導業者們投資新科技。相反的，在沙烏地阿拉伯，直到這個國家吸光容易吸的石油之前，不管我們實施哪種能源稅，都不會讓他們放棄吸油競賽。

把防止虐待動物法，應用到農企業上

最後，就動物福祉而言，課肉品生產稅，可以減少以非人道方式飼養的動物數目。不是所有動物都是在不可接受的條件下飼養，所以我們應該考慮選擇性的課稅。

並不是所有稅收，都必須以增加國庫收入為目的。一種「課」肉稅的方法，是規定動物必須在更人道的條件下飼養和屠宰。我的初步想法是，將目前適用於家庭寵物的防止虐待動物法，應用到農企業上。

這麼做的話，結果會怎樣呢？更高的肉價、更少的甲烷排放，以及無數的農場動物獲得更好的待遇。我們必須付出的代價，則是少吃幾餐肉，但總的來說，這是一筆划算的交易。如果我們用蔬菜而非垃圾食物來取代肉，甚至對我們的腰圍還能有幫助。

有綠色意識的經濟學家和環保人士正在構思其他政策改革，以達到綠色能源和更綠食物的目的，這些改革包括：

・加強支持海外綠林及其他碳匯*。

‧降低郊區開發案配置最低限度停車位的規定——這個規定鼓勵了汽車的使用和蔓延。

‧放寬都會區高密度建築的分區限制。都市居民比較不可能擁有汽車或開長途車，因此他們「比較綠」。

‧取消對大型農企業的一切補貼。我支持資本家，但我認為農企業應該自食其力。除此之外，補貼玉米和黃豆粉主要是補貼那些把玉米和黃豆粉當飼料的牧場主人。我們應該課牛屁稅，不是補貼牛屁。

‧逐步取消對水的補貼，補貼水是鼓勵無效率的農業和過度使用水資源。

這些改變，全都能促成自動的市場調整，不需要消費者去搞懂各種貨品與服務的能源成本，一旦通過，它們會由利己行為來貫徹執行，不必依賴持續不斷的利他精神和極端的環保意識。

結論是：我寧可替這些改革做宣傳，也不願花時間去計算我盤中蘆筍的能源里程。（我現在真的比較少吃蘆筍了，希望這能讓你感覺舒服點。）

沙丁魚、最頂級鵝肝醬，以及洗碗機

此外，我還有一些屬於個人層次的建議：

1讓道德行為更有趣

我已成功培養出愛吃沙丁魚的胃口。沙丁魚不像其他很多魚類，沒有滅絕的危險，而且處於食物鏈的尾端。牠們直接從罐頭拿出來，就很好吃了，隨時可充當一餐。罐頭可以保存很久，體積又小，因此我不至於扔掉太多沒吃完的食物。沙丁魚也提供很多蛋白質，是很好的肉類替代品。你可以將其他處於食物鏈尾端的魚列入你的選擇，包括鯖魚、胡瓜魚、鯷魚和鯡魚。大部分小魚都符合這個條件，孔雀貝和牡蠣也是。

2培養對有害環境食物的昂貴品味

除了讓合乎道德的食物更容易享用和更便宜外，我也試圖讓很多危害環境的食物變得更難享用和更昂貴。如果我愛吃某種對環境有害的食物，又自私到不肯放棄，通常我會刻意培養對那種食物的昂貴版本的品味。結果是我養成了更刁的口味，因此很難滿足於品質較差的產品。同時，最好的產品不是太貴就是太難遇到，所以我也沒法經常吃。

＊指的是從空氣中清除二氧化碳的過程與機制。

一九九〇年代中當我造訪巴西南部時，我特地去吃當時我認為是全世界最好的牛排（後來我才知道神戶牛排足以與之抗衡），結果卻讓我現在幾乎不吃牛排了。去年我去布魯克林的 Peter Luger 牛排館（有時被視為紐約、甚至全美最好的牛排館），食評家對它讚不絕口。的確很好，我可以理解為什麼有些人喜歡它，但整體而言我是失望的，尤其對價格。我毫無批評該餐廳之意，它實踐了它對消費者的承諾——服務生有紐約式的健談風格，牛排也很美味。

只是，我不再覺得這家餐廳的承諾很有價值，對我而言，它已不再是全世界最好的牛排（而且不便宜，午餐約七十美元，附蔬菜和炸薯條），因為我有了新的評量標準。那次經驗，幫我戒掉我的牛排癮，下回我再想吃一大塊牛排，會是很久以後的事。我認為自己解放了，就此而言，當時花的那七十元真是一筆好投資。

如果你想培養昂貴的品味，有很多昂貴餐廳和美食書可以幫你達到目的。比方說，很多人都認為鵝肝醬的製作對動物太殘忍。如果你同意，卻無法完全放棄鵝肝醬的美味，不妨讓自己嘗嘗某種非常頂級的鵝肝醬，頂級到讓市面上別的鵝肝醬相形見絀。也許，將來那些「普通好」的鵝肝醬，會讓你覺得——就像 Peter Luger 牛排現在給我的感覺——不過是一種吃不吃都無所謂的昂貴東西罷了。當然，這個建議對超級有錢人可能不管用，他們儘管去買最好的鵝肝醬，愛買多少買多少，不過，對大多數人來說，這仍是一個克服口欲的好方法。

3 盡可能不吃精製糖

糖的提煉與加工，是另一個主要的能源殺手。一個降低環境成本的方法，是少吃或完全不吃垃圾食物。你不但省了錢，幫了環境，而且過得更健康，還有胃口吃可口的食物。每一次你用罐頭沙丁魚代替垃圾食物時，幾乎人人都可受益——尤其是你自己，而且你再度證明：每一餐都重要。

4 多用手洗碗

少開洗碗機。人多的時候，用塑膠刀叉和紙盤。一兩個盤子或杯子，每次用完隨手洗乾淨，先用大鍋子浸泡。

但這不麻煩嗎？是的，但為了少用洗碗機，有時我會用自己的弱點來對付自己：我不喜歡把上次開洗碗機洗好的碗盤拿出來一一歸位。那是懶惰無誤，但可以轉換成美德。當我不願意取出洗碗機裡的餐具時，我必須動手洗那一堆洗滌槽裡泡著洗碗精和熱水的餐具。我培養這個「缺點」，並試圖向我太太解釋它的優點。

根據美國農業部調查，家庭烹飪和食物儲存是食品部門單一最大的能源流量類別，約占總流量的二九％。節約能源不只和我們吃什麼有關，也跟我們如何吃、如何烹調及吃完後如何洗滌有關。

5少浪費食物

很多食物我們都習慣了不吃完，最明顯的例子是麵包。市售土司麵包通常很大一條，而且對很多美食家而言，麵包出爐一天或甚至幾小時後就不好吃了，然後就會被我們扔掉。很多人買回草莓，都會趕快吃光，因為草莓的保鮮期也很短。讓很多食物在堆肥中腐爛，會釋放甲烷到大氣中，顯著加重氣候變遷問題。我目前的食物計畫是計算自己究竟浪費多少，以便以後少買一些。我從不浪費冷凍水餃或袋裝扁豆，也許我應該多買一些。

6盡量減少開車次數

現在我去超市買菜，一次買的量更多，以減少我開車的次數。通常這表示下班回家途中順便採買，或將採買工作與其他某個我反正必須開車出去的行程合併在一起。

根據美國農業部估計，就能源和污染而言，開車比吃飯嚴重。餐飲服務業（包括餐廳和超市）產生的總能源流量，是平均每人每年十六加侖汽油。因此，如果一個人能做到每年少加五十至七十美元的汽油，省下的能源大致可抵銷一個典型美國人一年為了購買食物所產生的能源衝擊。如果你是日常美食家，決心繼續吃你喜愛的餐食，即使你吃的東西對環境有點不友善，這是一個仍然可以大幅節能減碳的選項。只要稍微改變一下開車習慣，也就是少開幾趟車，我們可以做得比土食族還環保。

我們不可能做到零環境衝擊，或甚至和俾格米人一樣小的環境衝擊，因此我們必須聰明地選擇戰場。食物，既不是主要的環境殺手，也不是最大的能源消耗來源。**我們**才是。

第 9 章

邊境上的料理東西軍

哪裡的墨西哥菜比較好吃

墨西哥消費者會冒險，而不是被別人的想法所束縛。
最物美價廉的墨西哥料理在墨西哥，比美國好上十倍。

讀到這裡，你可能覺得要吃出更綠的地球，太沉重。

別太擔心，享受美食本來就是以嘗試新味道、新經驗為樂。旅行，是一個好辦法，逼自己走出枯燥的壞習慣，我說的不只是換個高速公路交流道下去而已。接下來兩章，我要談一談異國飲食。喜歡旅行、也喜歡享用美食的人都會發現，一個國家的富裕程度和治理方式如何影響食物。我特別好奇的是：為什麼在美國的異國料理，跟它們在祖國的味道如此不同？

我的美食雙城記

我最百吃不厭的食物，就是墨西哥料理。我去墨西哥的次數多到數不清了，那也是我冒了很多食物風險（例如感染食物寄生蟲）的國家。我對食物的看法，大都來自探險和發現，而冒險進入陌生之地，有許多出乎意料的好處。

如果你只是隨便逛逛，你會在墨西哥吃到一些不入流的東西。你會遇上很多墨西哥速食、不重品質的墨西哥連鎖餐廳、肉老筋多的墨西哥雞肉，或充其量只能說，平凡的墨西哥家庭料理。美國的連鎖墨西哥速食店Taco Bell——不論它有什麼缺點——勝過你在墨西哥吃的很多館子。如果你真的受不了Taco Bell，唉，墨西哥也有分店，只不過墨西哥人似乎視之為古怪滑稽的美國怪癖。

但是我在墨西哥也吃到一些我生平吃過最好的餐點，花費不到五美元，有時還不到兩美元。在墨西哥的經驗，是我滿懷希望踏上我在本書開頭提到的尼加拉瓜美食之旅的主要原因之一。

那麼，墨西哥料理和美墨料理（我用「美墨」一詞涵蓋你在美國找到的各式各樣半墨西哥料理）究竟有何不同？為什麼兩者差別**這麼大**？即使是德州艾爾帕索市（El Paso，位於美墨邊境，七成居民是西裔）的墨西哥式料理，也和邊界另一邊的華雷斯城（Ciudad Juárez）大相逕庭。

最後，為什麼墨西哥料理和美墨料理在它們各自國境內的差別如此懸殊？為什麼曼哈頓的墨西哥美食餐廳走的路線，跟休士頓的塔可店或郊區德墨餐廳不同？芝加哥或洛杉磯墨西哥社區的食物，為什麼和艾爾帕索不同？在墨西哥，露天餐廳供應的菜式，與墨西哥市的高雅餐廳有什麼不同？南方的瓦哈卡市（Oaxaca）與更新、更工業化的北方城市，又有什麼不一樣？

雖有種種區域差異，墨西哥社會並無專為少數客群服務的美國觀念，這可能是美國的日常美食家在墨西哥最先注意到的幾件事之一。大多數墨西哥人認為，吃素很奇怪，甚至荒唐。我曾聽到美國遊客告訴服務生，他們吃素，服務生反問他們：那是要吃雞，或豬肉或魚？墨西哥人會問素食者，是否有某種健康問題。簡言之，除了一些潮男潮女圈，素食者是可笑的，那還是在素食概念被了解的前提之下。墨西哥的猶太人和回教徒也比美國少，飲食禁忌可能出現在四旬齋期間，但除此之外忌食觀念在墨西哥社會並不顯著。

我做了一個實驗，我將之構想為「雙城記」。我認為，只要到了邊界，就可以更加了解墨西哥料理與美墨料理的異同。我想找到美墨兩國最趨於一致的地點，地理上和族裔上最接近的地方。意思是：我要去德州。

相隔一道邊界，牛肉的滋味截然不同……

艾爾帕索和華雷斯城是姊妹市，分別位於一條共同邊界的兩邊。兩個城市有一樣的氣候、一樣的地理位置、共同的早期歷史，並發展成越來越相似的民族熔爐。大約七成的艾爾帕索人口被統計為「西裔」*；根據一份調查，四成艾爾帕索的居民自稱出生在墨西哥。如果我們將非法移民和少報漏報的情形考慮在內，墨西哥血統在艾爾帕索市的濃度恐怕比公布的數字還高。

兩個城市原為一體，一八四八年美墨戰爭後才分裂。北邊的屯墾區維持艾爾帕索的舊名，南邊取了華雷斯城的新名。一直到一九一七年，美方對來自墨西哥的移民很少設限。邊境巡邏隊直到一九二四年才設立，即使設立後，隨便穿過邊界的情形仍頻繁延續了幾十年。直到今天，仍有很多人住在華雷斯，但在艾爾帕索工作，持特別工作證每日通關。

儘管如此，兩地仍有兩個顯著差異。首先，兩個城市分別在不同的法規下運作，包括食品衛生管理法。其次，艾爾帕索遠比華雷斯富裕。因此兩者提供了一個（粗糙的）田野實驗，供我們研究**法律**與**財富**對食物的重要性。

二〇〇六年當我造訪時，艾爾帕索出乎我的意料。那裡的「墨西哥料理」，用我的鼻子或味蕾來判斷，實在不怎麼像墨西哥食物，儘管城裡有很多墨西哥人和墨裔美國顧客。我尤其驚訝我在艾爾帕索能找到的墨西哥食材如此之少。如果你在美國吃美墨料理，可能只有辣椒或也許冬天的番茄來自墨西哥，幾乎其他一切嘗起來都跟墨西哥不同。艾爾帕索也不例外。

強烈的肉味，是墨西哥料理與美墨料理最明顯的差異。兩相比較，美國產品淡而無味。

墨西哥的牛吃草，因此牠們的肉產生更強烈、更腥羶的味道。眾所周知吃草的牛，肉質比較堅韌，拿來做整塊牛排往往嚼不動。但只要切、剁、斬或紮成較小和較易處理的小塊，韌不是大問題。因此墨西哥的牛肉塔可或牛肉鐵板燒（fajitas），如果烹調適當，會比你在美國吃到的好，墨西哥算是絞肉王國。

至於大片、整塊的牛排，美國產品有顯著優勢，你會看到很多墨西哥牛排館標榜他們使用的是美國牛肉。美國牛隻吃商業生產的飼料，導致肉味較淡但肉質也比較嫩。德州牛排更容易切和咀嚼，尤其當你面對盤中一大塊牛排時。平淡的味道可以用莎莎醬或辛辣的阿根廷炸春捲（chimichanga）掩蓋過去，兩者在墨西哥牛排館都是重要配料。

飼料的差異，出自一些基本經濟考量。美國牧場占地較廣，可以用更低的成本飼養任何牛隻，牛犢通常放牧在田野吃草，但長大後被移入室內，圈養在調控的牛欄。一方面，美國畜牧業在既定土地上飼養更多動物，另方面動物必須餵食商業生產、以玉米為主的飼料，因為牠們不常在外面吃草。加上美國政府大幅補貼玉米，因此鼓勵牧場使用玉米飼料。墨西哥農民較窮，很多農場都是家庭農場，依賴本地牧草養牛。墨西哥的地價較低，意味較少壓力去合併農場以節省空

*居住在美國，但在西班牙出生，或在講西班牙語或文化淵源於西班牙的拉美國家出生的人，主要有墨西哥人、古巴人、波多黎各人、哥倫比亞人等。

間。此外，很多墨西哥農民無法取得維他命、抗生素及排泄物處理技術等令美國的工廠式農場能夠獲利的因素。

當吊掛戶外的肉變成十分可怕的顏色……

除了燒烤，墨西哥人也用乾式熟成（dry aging）和戶外風乾的技術處理牛肉。事實上，有時他們將牛肉熟成到幾乎變成綠色的地步。冷藏在墨西哥比較負擔不起，直到近年這個國家還有不少地方根本沒有冰箱，因此他們只能用更古老的方法。風乾熟成技術，仰賴的是隨時監控和廉價勞工。肉用鉤子吊掛或以其他方式擺在戶外。當部分肉變成十分可怕的顏色時，有人必須用刀子把那部分刮掉和扔掉。無可避免的，有些肉會腐壞，引來太多蒼蠅，或遭遇其他戶外風險。乾式熟成也使得牛肉失去更多體積，說白了就是脫水和縮小。

我想讀到這裡你已經猜到了，對很多美食家來說，乾式熟成牛肉的味道更香濃渾厚。

相反的，美國牛肉供應商依賴冷藏。他們採用真空包裝的「濕式」熟成技術。這個方法保證結果符合預期，而且更容易達到衛生與安全標準。假如你要處理大量牛肉，用濕式熟成技術更便利。雖說如此，有些美國頂級牛肉餐廳還是採用乾式熟成技術的安全版，因此也是昂貴版。Wegmans 超市供應一些乾式熟成牛肉，儘管價格貴很多，有時你也能在 Whole Foods 超市和特殊肉品販賣店找到。你平常去的 Giant 和 Safeway 超市不賣這種牛肉。墨西哥的牛肉熟成方法，僅在墨西哥便宜。在美國牛排館訂購乾式熟成牛肉，每磅可能必須多付四美元。

所有類別的墨西哥肉品，都是在比較寬鬆的衛生安全標準下生產的。供應商數目太多；墨西哥官僚太無能和腐敗。在墨西哥，大部分的家庭農場未受嚴格檢驗。進口墨西哥牛肉到美國之所以困難，不在於關稅（記得北美自由貿易協定嗎？），而在於聯邦食品藥物管理局、美國農業部及州與地方政府種種令人頭昏腦脹無所適從的規定。此外，產品責任法也阻止食品供應商提供可能危害健康的產品。

墨西哥人偏愛比較肥的肉，如同他們普遍喜歡或容忍他們吃的食物有較高的含脂量。帶肥的肉好吃，也是攝取蛋白質的簡單途徑。傳統形式的鐵板燒使用「橫膈膜肉」（skirt steak，取自牛的胸腹部之間），是牛身上比較肥的部位。如今鐵板燒的概念已經擴大。鐵板燒最初是德州牧場工人的食物，是將屠宰的動物整隻吃掉，不浪費任何部位的烹調手段。墨西哥的鐵板燒通常維持橫膈膜肉的傳統，但美國的鐵板燒已改用後腿肉、肩胛肉、牛腩，或甚至雞肉、蝦和魚。在美國，鐵板燒的概念，已變成用來表示使用更多配料來燒肉。美國人已不再吃較肥的橫膈膜肉，儘管那些肉更有滋味。

在墨西哥鄉下，看到豬睡在主人屋子裡

此外，墨西哥的餐廳也沒有提供低脂選擇的壓力。健康意識才剛剛進入墨西哥美食界，墨西哥也是一個遠比美國不健康的國家，有全世界最高的糖尿病盛行率之一。由於健康問題在較貧窮國家如此普遍，一般人不認為良好的飲食習慣能救命或延年益壽。所以，幹嘛不吃肥肉？

豬肉不是北墨西哥的日常食物，但就全國而言是墨西哥人最常吃的肉食。這裡，我們再度看到邊界兩邊的巨大差異。墨西哥的豬較可能自由放養，吃玉米長大，跟牛一樣養在家庭農場或一間依附農舍的簡陋豬圈；相反的，美國的「工廠豬」吃磨碎的動物內臟和魚粉，主要因為那是大規模養豬最便宜的方法。

墨西哥豬肉有更天然的味道，並提供更多種不同的風味，雖然未必跟美國豬肉一樣柔軟或嫩。美食作家彼得·克明斯基（Peter Kaminsky）寫道：「豬不是反芻動物，牠們沒有第二個胃去消化牠們吃下的脂肪。因此豬的肥肉蘊含更多豬吃下的橡實、黃豆、花生和玉米的隱約風味。如果肥肉好吃，瘦肉也會好吃。」

比較窮的國家通常吃豬肉多於牛肉，因為豬比較容易在小規模的基礎上飼養。豬比較會自己覓食，能靠垃圾維生，反之，牛卻需要飼料或更大片的牧草地。在墨西哥鄉下，看到豬睡在主人

屋子裡一點也不稀奇，這是為什麼墨西哥人可以輕易燒出這麼多美味豬肉菜餚的原因之一。

很多國家是在變富有之後，才從吃豬肉改吃牛肉，美國也一樣。十九世紀時，美國人就是吃豬肉多於牛肉。豬肉更容易鹽醃、防腐和儲藏。醃製防腐的火腿至今在南方飲食占有重要地位，但大多數顧客喜歡吃新鮮的肉，而新鮮牛肉又勝過很多形態的豬肉。美國牛肉僅在冷藏車廂出現後才取得重大進展，如第二章所述，冷藏車廂讓企業家可以將中西部的牛肉用火車運往全國各地，無需冒多少腐敗的風險。一次大戰時，美國牛肉消耗量仍與豬肉消耗量不相上下。到了一九五〇年代，牛肉地位已確定比豬肉重要。

北墨西哥部分地區——包括華雷斯城附近——是一個例外。不同於大部分的墨西哥，那裡的牛肉比豬肉重要。在北方，土地是開放的，牛可以消化草中的纖維素，但豬不能。這是為什麼美墨料理繼續從墨西哥北方料理汲取大量靈感，而不引進偏重蔬菜、偏重豬肉的南方瓦哈卡料理的原因。

和牛肉的情形一樣，墨西哥人不大在乎他們愛吃的肥豬肉對健康有何影響。美國豬肉含脂量越來越低；根據一項估計，現在美國豬里脊肉的平均含脂量比一九八〇年代初期少了四二％。這是怕胖的美國消費者的勝利，卻使豬肉喪失大部分滋味和口感。

墨西哥人較可能用煎炸方式烹調肉食，包括豬肉。去華雷斯城的食品市場走一圈，會看到各式各樣美味的 chicharrón，那是一種炸豬皮，類似豬油渣。不過，華雷斯市場的 chicharrón 不限於豬肉。你可以找到炸火雞、炸豬皮、炸豬肉、炸牛肉、壓豬肉、壓條、壓塊——天曉得都是些什麼玩意？在艾爾帕索及更廣大的美國，沒有這麼多五花八門的油炸物，儘管全美各地的拉美食品市場都賣基本款的炸豬皮。

墨西哥人偏愛油炸食品，有其歷史根源。在墨西哥農村，瓦斯和電力烤爐僅在近幾十年才普及起來。許多村莊至今仍有很多家庭沒有烤爐，排除了烘焙和炙烤的烹飪方法。湯、燉菜和莫雷醬（molé），都可以放進鍋裡在火上熬煮。除此之外，熱火油炸仍是準備一頓熱食的簡易方法。墨西哥人甚至會為了更濃郁的味道，而把麵食先下鍋油炸。同樣的，墨西哥人常用油煎他們的玉米捲餅（enchilada），而美國人則是用烤的。

墨西哥的雞，通常肉老筋多

墨西哥的雞多半是放山雞，不餵添加劑、荷爾蒙，也不像美國雞有經過基因改造。儘管如此，墨西哥的雞肉，一般來說不及墨西哥豬肉的水準。雞肉含脂量本來就比較少，因此自由放養增加不了多少風味。

談到墨西哥的雞，通常肉老筋多，肉量也嫌少。生長激素的使用，確實增加雞胸及其他重要部位的嫩肉。此外，墨西哥鄉下農人殺雞不採出其不意、攻其不備的方法，以致雞的身體對殺戮行為產生化學反應，使肉質變硬。

墨西哥有很多美味的雞肉菜餚，尤其是瓦哈卡市，在那裡，雞肉是沒有競爭對手的家庭肉食。但大部分的功勞要歸於佐料和調味，而不是雞肉本身。這個地區小而美的雞可以十分美味。但如果要比較北墨西哥與德州的雞肉，我會選美國為贏家，儘管最美味的雞肉菜餚在墨西哥。

至於墨西哥的海鮮，質與量都高度視地點而定，甚至比美國還顯著。華雷斯城緊鄰德州，不能代表整個墨西哥，它的海鮮選擇也遜於美國。

最好的墨西哥海鮮直接來自海洋或淡水湖，幾乎現撈現吃。種類可能不多，取決於一個地區的自然條件。沿海地區有傑出的海鮮。很多墨西哥內地人一輩子只嘗過一種魚，也許是當地品種的銀鱸科魚，有點像鱒魚。但品質高，因為捕到魚幾小時內就吃下肚。

墨西哥沿海社區享受的海鮮——就個別海鮮而論——比自然條件相似的美國沿海社區好得多。蒂華納市（Tijuana）的海鮮遠勝過毗鄰的聖地牙哥市，也許昂貴的頂級市場除外。原因很簡單：不同的供應鏈長度，還有租金。蒂華納的小吃店會在海邊賣（或燒）魚肉塔可，一客約美金兩元。魚從停泊在店旁邊水中的船直接送來，通常迅速賣掉和吃掉。經營小吃店的人（或其家人）負責燒魚。店裡裝潢簡陋，全部設施不過是幾張凳子和桌子。不消說，這地方大概通不過美國食品衛生檢驗。

類似安排，不可能出現在聖地牙哥。該城的更高租金意味濱海地段被更高營運量、更高開支的活動占據。濱海餐廳需要高翻桌率，這通常表示必須有酒吧，必須花大錢裝潢，必須營造優雅的氣氛。這一來，營運量必須相應提高，這表示他們會向規模更大且組織更好的供應商進貨。

這裡的魚經過加工、儲藏，也許冷凍或再冷凍的程度遠高於蒂華納的小吃店。烹調和準備功夫，通常由一群受過（不完美）訓練的工人負責，匆促中處理大量工作。他們可能是過去常在蒂華納海灘上，吃魚肉塔可的同一批墨西哥人。聖地牙哥的餐廳也許很好，但它缺乏蒂華納魚肉塔可以現撈現吃的極度鮮美。

雖說如此，更長的供應鏈帶給聖地牙哥更多不同類的海鮮。聖地牙哥可以賣來自世界各地的海鮮，但蒂華納及更廣大的墨西哥比較擅長處理純本地產品。

美墨兩國也都透過超市及沃爾瑪之類的大賣場，提供冷凍海產。在這個範疇，美國通常更勝一籌，再度是因為美國在處理長供應鏈方面的專長。一般而言美國的魚比墨西哥好，但談到特定種類的鮮魚，在墨西哥任何能取得新鮮貨的地方都比美國好得多且便宜得多。

肥乳酪與門諾派教徒

就像肉類可以使墨西哥料理比美墨料理更豐腴可口，乳酪更強化了這個基本差異。墨西哥乳酪比美國用的乳酪更黏稠、更美味、更厚實。

美墨料理使用的是蒙特里杰克乳酪（Monterey Jack）、淡味切達乳酪（cheddar），或甚至美式加工乳酪，而不是更濃更香的墨西哥阿薩戴洛（asadero）和瓦哈卡乳酪。奇瓦瓦（Chihuahua）乳酪——通常是墨西哥門諾派教徒（Mennonite）製作的——在墨西哥北部特別流行。為什麼最好的墨西哥主菜這般好吃，一大原因就是這些乳酪。

較無味道的美國乳酪和肉品，也影響了餐食的呈現方式。美墨餐廳較可能求助於濃稠的醬汁，以便遮掩食物的平淡無味和乳酪的疲軟無力。

在華雷斯城街頭，手工製作的未殺菌乳酪隨處可得。同樣的乳酪不可能在艾爾帕索找到，除了偶爾非法進口的走私貨之外，一般都擺在拉丁區的小食品市場。但未殺菌的乳酪更豐腴更可口，風味也更婉約。這種乳酪更受大多數美食家喜愛，但大多數美國的日常美食家吃不到。然而，在法國，未殺菌乳酪是最耀眼的地方特產。

美國聯邦政府禁止未殺菌乳酪，除非已熟成六十天以上。實際上，這等於對大部分的未殺菌乳酪下達封殺令，包括來自墨西哥的主要未殺菌乳酪，比如名聞遐邇的北墨西哥乳酪。簡言之，最好的墨西哥乳酪不准進入美國。

即使這些法規廢止了，美國的侵權法仍會有效阻止很多最好的墨西哥乳酪進口和廣泛銷售。未殺菌乳酪的確會讓某些人吃壞肚子，並可能感染李斯特菌或結核菌。不論這個風險是否比週末晚上開車的危險性高，大部分財力雄厚的主流食品零售商因為怕吃官司，都不願賣這種乳酪。

不過，殺菌並非主要議題，因為包括在墨西哥境內，最好的未殺菌墨西哥乳酪已具備殺菌型式。今天大多數的墨西哥人都已經在吃這種已殺菌的乳酪，而同樣的美國產品仍然瞠乎其後。

關鍵在於，墨西哥乳酪的手工生產本質提高了品質。同時，這些乳酪很難大量生產，也很難維持固定、可預料的品質。很多手工乳酪必須迅速送到市場，並在幾日內吃掉。這個特性可與本地產銷網絡配合無間，卻不適合全國性的品牌和長途運輸。美國乳酪經過更高度的加工，較可能添加化學物質和防腐劑。它們可以在超市或冰箱裡保存更長時間，但防腐劑使乳酪走味。美國乳酪不是設計來在完全新鮮的狀態下出售和食用的。

墨西哥的乳酪生產方法源自更古老的時代。舉例來說，大約在十九、二十世紀之交，數千名門諾派教徒移居墨西哥北部，他們大部分來自加拿大西部，但在此之前已經歷從荷蘭、普魯士和俄國到加拿大的長途遷徙。門諾派教徒一路尋找自由、孤立和拒絕上公立學校的能力。墨西哥大部分的門諾派教徒安頓在庫奧特莫克市（Guauhtémoc）附近一塊面積六十五萬英畝的地方，位於艾爾帕索南方約兩百五十英里。門諾派教徒從他們的歐洲背景帶來農耕和乳酪製作技術，並在墨西哥新家發展出一種白色乳酪，以州名奇瓦瓦命名，成為北墨西哥的日常食品。

這樣一個科技落後的社群可以主宰整個區域的乳酪生產至今，很有象徵意義。不是所有的墨西哥乳酪都出自門諾派教徒（這是北墨西哥特有的現象），但手工乳酪製作從未被大量生產取代。在美國，手工乳酪已東山再起，在特產專賣店和老饕餐廳大受歡迎，但絕非我們的超市或我們餐桌上的主要食品。

即使手工乳酪不是選項，墨西哥乳酪也傾向於更濃郁和更多脂。華雷斯城的沃爾瑪有一個大乳酪櫃，裡面擺滿了主要是商業製造、非手工版的著名墨西哥乳酪。阿薩戴洛、奇瓦瓦、科蒂哈（Cotija）和瓦哈卡乳酪是主打商品。它們形狀不一，有長條，有圓形，有繩結狀。那裡也賣美國乳酪，但遭到冷落。

反之，在艾爾帕索的沃爾瑪，儘管顧客大部分是拉美裔，卻不賣墨西哥製造的乳酪。這裡的乳酪區主打切達和蒙特里杰克乳酪（歐洲乳酪在艾爾帕索不流行）。和墨西哥不同，這裡的乳酪通常是手撕或刨成細絲，用來少量撒在食物上，而不是大塊加在食物裡頭。這裡也找得到墨西哥的阿薩戴洛和凱薩蒂亞乳酪（queso quesadilla），但只有刨絲形式，跟切達和蒙特里杰克乳酪混在一起，裝在卡夫牌塑膠袋中。德州版的科蒂哈乳酪可以在熟食區找到，但除此之外華雷斯城沃爾瑪出售的墨西哥乳酪，艾爾帕索的沃爾瑪不賣。

美國廠商從未在大規模銷售墨西哥乳酪上獲得多少成功。卡夫食品公司試驗過一個墨西哥乳酪產品線，但後來放棄了，原因是特製化生產成本太高，難以獲利。有些較小的特產公司在推廣墨西哥乳酪上獲得一些進展，但未能改變廣大美國民眾吃乳酪的習慣。大多數的美國人寧可選擇比較淡的口味，部分原因是不願吃大量高熱量的乳酪產品。

好吃的墨西哥菜，要靠新鮮的豬油

比較美墨兩國的豆子，我認為最好吃的豆子在墨西哥，但不是因為豆子本身。豆子可以運輸，不致損失多少價值。差別來自烹調用油：頂尖的墨西哥烹飪術，使用的是新鮮豬油。墨西哥人不用罐頭豬油，而是用高品質的肥豬肉來熬油。豬油增加回鍋豆泥（refried beans）的滋味和油潤感、玉米肉粽的爽口，以及許多烘焙食品的香氣。北墨西哥部分地區用牛油代替豬油，效果大抵相同。牛油被揉進麵粉，以增加烙餅的香味。

美墨料理使用的，是比較沒味道的植物油或固體植物油。美國也生產豬油，但經過加工，因此比較不新鮮，很多優秀的廚師都不用。它會使你的食物感覺油膩，味道平淡，並帶有一種果仁味。幾乎任何東西用墨西哥豬油來烹調都一樣好吃，也讓墨西哥豆子和玉米粽子達到更高境界。最具聲望的英文墨西哥烹飪書（如 Diana Kenney、Rick Bayless、Patricia Quintana 等人的作品）都建議使用新鮮豬油，或偶爾用煎培根熬出來的油勉強代替。

不新鮮的美國豬油因為加了防腐劑，能夠久藏，不會分解或變質發出油餿味。適合大量生產、全國銷售，並符合衛生與安全規定。墨西哥豬油是手工做的，隨個人口味任意用於烹調，墨西哥廚師通常寧可選擇風味，也不願粗製濫造。

美國的頂級墨西哥餐廳，通常用新鮮豬油燒菜。如同在墨西哥，他們的豬油是用肥豬肉熬的，一次熬一大鍋可以冷藏幾個月。也許美國的新鮮豬油不如墨西哥的好吃，因為墨西哥有更好的豬肉。但這種豬油的風味，仍比植物油香濃和道地，使這些頂級餐廳的菜餚更接近一點正宗墨西哥料理。更普遍的問題是，用墨西哥式的豬油燒菜不適合大量生產。

有些更具體的問題限制美國餐廳使用新鮮豬油。豬油是豬的脂肪，素食者、回教徒和恪守猶太教規的猶太人都不能接受。用豬油燒菜的餐廳，必須放棄這些人的生意。即使這些族群在一個地區人數很少，他們的存在仍發揮商業影響力。基於法律和公關理由，用豬油燒菜的餐廳必須告知大眾（記得從前麥當勞用馬油炸薯條，所以薯條超好吃；結果遭到素食者的抗議而終結了這個做法，令許多日常美食家大為惋惜）。很多美國消費者不喜歡在知情下吃下很多豬油，美墨餐館有時甚至宣稱自己不用豬油。

豬油對墨西哥烹飪法的重要性，有很長的歷史淵源。早年西班牙人企圖在墨西哥種橄欖樹，但發現太難（秘魯的氣候比較適合，橄欖油遂成為秘魯料理的重要成分）。因此殖民地的廚師必須用其他油來燒菜，豬油就成了很自然的選擇。豬油甚至重要到一五六二年教宗還頒布一紙特許狀，宣布吃豬油不違反禁食肉類的齋戒規定。起初，墨西哥原住民對豬油的反應是噁心，但他們很快就發現，豬油使玉米粽子及其他菜餚更可口也更營養。

從烹飪書中也可看出美墨料理在豬油方面的演變。一八九八年出版的《艾爾帕索食經》（*The El Paso Cookbook*），咸信是艾爾帕索出版的第一本烹飪書，或至少是我能找到任何蛛絲馬跡的第一本。書上很多食譜源自英美或歐陸料理，但其中一章（含五十九道食譜）專門談墨西哥菜餚，書上通常建議：要用大量豬油燒這些菜。

在美國，植物油取代豬油及其他動物脂肪始於二十世紀初期。一九一〇年，寶僑公司（Procter & Gamble）將植物油變成一種可取得專利的商品。幾年內，一場全國性的廣告戰開打。如果我們讀一九二九年用英文寫的第一本墨西哥烹飪書，還可看到一些使用豬油燒菜的痕跡，但那時植物油已變得更普遍了。此後，植物油聲勢一路看漲，豬油式微。

後來美國人對健康的顧慮，強化了這個趨勢，時間約開始於一九七〇年代。有些饒富趣味的研究，是關於墨西哥移民經過連續幾代美國文化的同化後，在飲食習慣上的改變。到了第二代，大多數墨西哥裔美國人都知道膽固醇議題，他們承認，吃豬油與健康之間的負面關係，或至少他們相信這個相關性是存在的。隨著墨裔美國人在美國居住的時間更久，豬油、奶油、醃豬肉和香腸（及其他高含脂量的肉類）的消耗量明顯一致下降。同化的負面後果是，吃下更多的包裝食品、零食和甜點，讓玉米烙餅一類的碳水化合物被更大的糖消耗量所取代了。

藏在墨西哥烙餅裡的學問

美國烙餅一般都是是麵粉做的，而墨西哥烙餅普遍是玉米做的。在美國銷售的烙餅六成是麵粉烙餅。

墨西哥人比較可能結合玉米與手工勞動，他們用手磨玉米，再用手把磨好的玉米拍成餅。在墨西哥農村，新鮮的手工烙餅與大部分餐食一起上桌。

麵粉烙餅可以在墨西哥北部找到，例如索諾拉（Sonora）、奇瓦瓦、科阿韋拉（Coahuila）、新萊昂（Nuevo León）等州，但除此之外，傳統墨西哥食譜較可能用玉米烙餅。麵粉烙餅是墨西哥無國界料理的先驅；發明麵粉烙餅的人將本土的烙餅概念與歐洲的小麥作物結合在一起。但麵粉烙餅只在遙遠的北方（包括華雷斯城）流行，那裡本土傳統薄弱，西班牙的影響相對較強。在墨西哥其他地區，小麥被用來做麵包和「托塔」（torta）三明治，這種三明治已變成城市的國民食物。

小麥（麵粉）烙餅無法普及墨西哥全國。種小麥比種玉米需要更高的前期投資，例如小麥作物必須配備更多頭昂貴的犁田動物。十二月栽種期和三月成熟期都需要灌溉；在墨西哥試種的小麥品種往往收穫量低，又容易染病；小麥收成後，將穀粒磨成麵粉需要歐洲式的磨坊。此外，大部分的墨西哥鄉下人排斥麵粉烙餅，堅持吃他們心愛的玉米烙餅，因為口味、文化，也因為經濟理由——亦即價格或在家製作的便利性。

玉米烙餅，仍是民族自尊的象徵。西班牙占領之前，玉米可能占墨西哥原住民卡路里攝取量的八成。整個十九世紀，墨西哥菁英階層基於飲食、教養、經濟發展、甚至道德等理由，鼓吹玉米和烙餅不如小麥和麵包的概念。這場論戰在墨西哥曾是歐化與本土兩派民族認同理念之爭的一部分，但到了一九四〇年代，反對派凋零，玉米烙餅（更廣泛而言是玉米）被公認為墨西哥料理的主食。

近年麵粉烙餅逐漸擴散至墨西哥各地，越來越受歡迎。部分原因是，供應美國觀光客餐食的同時，也影響了墨西哥的食物。很多墨西哥人試吃過麵粉烙餅後，就喜歡上了。隨著更多的墨西哥人移居都市，他們認同的是墨西哥這個國家，而不是他們出身的農村社會；他們是以「烙餅」而非「玉米烙餅」為榮。口味較淡的麵粉烙餅，更容易搭配同樣味道平淡的美國化墨西哥食物，這種食物在墨西哥日漸普遍，部分是連鎖餐廳擴張所致。農業逐漸機械化，加上北美自由貿易區，改變了小麥和玉米的相對獲利率。更基本的原因是，一旦進口麵粉變容易了（而且大部分的烙餅，無論哪一種，都是工廠機器做的），麵粉烙餅即享有超越玉米烙餅的成本優勢。例如德州人就在一九三〇年代在烙餅工廠林立後不久，改吃麵粉烙餅。

美國人最常吃的玉米烙餅（如果還能叫這個名字的話）是炸玉米片。西班牙字 fritos（油炸麵糊），變成美國品牌 Fritos 的註冊商標。一九三二年 Frito 公司創辦人艾默・杜林（Elmer Doolin）在聖安東尼奧吃了一些炸玉米片，斷定這個產品有商機。他花了一百美元向一位墨西哥廚師買下食譜和一些設備。隨著時間推移，這個基本產品添加了越來越多的化學物質。

不過，美國人現在也吃更多傳統形式的玉米烙餅。許多新移民，如薩爾瓦多人、宏都拉斯人和瓜地馬拉人，主要來自傳統玉米烙餅之鄉。過去十五年移居美國的墨西哥人越來越多來自農村，他們也偏愛玉米烙餅。因此美墨兩國的烙餅消費習慣在某個程度上趨於一致了。

撇開原料玉米與小麥的差異不談，邊界兩邊的烙餅仍然不同。美國的麵粉烙餅是用漂白麵粉做的，顏色更淡更白。墨西哥的麵粉烙餅較為粗礪和不純淨。機械化更高的美國農業，導致了更規律的產品。

至於玉米烙餅，美國玉米作物的品種和風味都比較少，味道也更淡。這個差異可以追溯到一九二〇年代，當時為了便於機器操作、產量、成熟時間、穀粒一致性、抗病性等特質，開始培育可供商業販售的雜交玉米。墨西哥的玉米品種比美國多得多，因此每一個地區或有時每個村莊的玉米烙餅味道都不同。此外，同一個村子有數種玉米可做烙餅，雖然其中有些玉米主要是用來餵豬。

富裕之後，反而想學窮人吃東西

在墨西哥農村，玉米烙餅更可能是手工製作，而非工廠生產。如果一位母親或祖母成天在家做烙餅，她放棄的外面收入並不算多。如果她花同樣的時間外出工作，賺到的錢可能不夠買同樣數量的食物。

儘管如此，烙餅製作程序仍然費時費力。首先，玉米粒必須剝下（這是男人的工作），然後浸泡在石灰水中，通常泡一夜；石灰水產生氫氧化鈣，增加烙餅的營養價值，補充缺乏鈣質的傳統飲食（西方科學直到近年才了解這個玉米鹼化程序具有防壞血病的作用，這是早期墨西哥文明對科學的一大貢獻）。第二天早上，泡好的玉米必須磨成麵糊。從前磨玉米靠人力，使用石頭做的臼；現在通常由家用磨穀機代勞。將玉米粒注入轉動的機器需要技巧，技術不好很容易切斷手指頭。磨好的麵糊繼而被拍成餅狀。據說一張餅需要拍不多不少三十三下。

拍好的餅攤在平鍋上，在悶火上烙熟。火必須維持適當溫度，但沒有機器協助。無論烙好的餅或拍好的麵團都不能久放（不新鮮的烙餅通常被當作「勺子」來舀東西），因此烙餅必須現做，起碼一天一次。做烙餅是墨西哥農村婦女一生最繁重的家務工作，但換來風味和新鮮度上的巨大報酬。那是我生平吃過最好的烙餅。

這裡，我們再度看到食物世界的權衡取捨。如果你願意投入大量的時間精力，確實能做到經常吃高品質的新鮮食物。但我們大多數人，甚至大多數的美食家，都不認為值得天天這麼辛苦。我們寧可吃省時省事的食物；而在一些比較貧窮的社會，制度和科技現實，使得很多人無從選擇快速和簡便的食物。所以，我們會在貧窮的環境發現特別美味的食物。但這些地區一旦富裕起來，就會傾向於選擇更大的便利性。於是我們看到兩種人吃最新鮮和最美味的食物：一種人相對貧窮，他們別無選擇；另一種人相對富裕，他們花很多錢，企圖重建窮人運用了幾百年的食物供應網。

烙餅工廠不採用手工製作技術。最重要的是，工廠用預先包裝的、多少有點脫水的生麵團來做烙餅，而非用玉米現磨。生麵團在一九四九年引進墨西哥。新鮮的玉米烙餅應含大約四〇%的水分；在冷凍和任何距離的運輸過程中不可能保持這種濕度。此外，已做成餅狀的生麵團是用滾筒和翻面機壓出來的，不是用人手拍的。咸信手拍的方法能產生正確的厚度和質地，並按原料的任何特性做出調整。

在墨西哥，手工烙餅通常比較厚、比較不規則，而且味道更香濃。美國烙餅幾乎完全用機器製作，雖然省時省事，卻犧牲了這些優點。從好處來看，較乾較薄的美國烙餅比較容易煎，因此更適合做土司塔塔*以及相關菜餚。

另一個美墨兩地烙餅趨同的跡象是，墨西哥從二十世紀初開始邁向烙餅工廠化。墨西哥最早的自動烙餅工廠在十九世紀末就建立了，不過運作效能差，直到二十世紀才改良設計。這個邁向機器生產的趨勢在墨西哥政府補貼烙餅價格後加速前進，直到一九九九年才停止。補貼使許多鄰里小型烙餅工廠能夠維持營業，讓它們得以與墨西哥食品業巨擘 Maseca 牌脫水烙餅粉競爭。就像手工烙餅比機器烙餅好吃一樣，本地的機器烙餅也比全國性牌子好吃和新鮮。烙餅容易腐壞和發黴，因此全國性牌子的味道較淡也更乾燥。但更多的墨西哥餐廳改用工廠生產的烙餅，只因為更便利，成本也更低。

美國的烙餅生產也趨向更統一。美國最早的小型烙餅工廠於一九二〇年代在聖安東尼奧市開始營運，更大的工廠則於一九六〇年代晚期進入這個產業，供應烙餅給 El Chico 連鎖餐廳。今天美國仍有數百家烙餅廠商，大部分是小型、家庭經營的工廠，位於德州或加州。

有些美國境內的拉美小市場，為了服務它們的移民顧客，正重新賣起手工烙餅。這些烙餅雖然需要冷藏使之很快變乾，但味道更濃。上等餐廳供應老饕的是手工烙餅，但價格不菲。例如在聖塔菲或紐約市的「西南」美食餐廳，就可能吃到手工烙餅。新墨西哥州的烙餅廠商目前正在試驗巧克力、藍莓、香蒜等不同口味的麵粉烙餅。

簡言之，烙餅世界變得更多元化。美墨兩國的趨勢都是：賣的大部分是機器製造的烙餅，不過手工烙餅的供應也變得更有彈性。

墨西哥的水果很好吃，當地人卻負擔不起

番茄具體而微的說明了水果和蔬菜在美墨界兩邊的大致狀況。美國供應鏈必須使用冷藏設

＊土司塔塔（tostada），餅上堆著蔬菜和肉做的各種餡料，有點像披薩。

備，破壞了很多食物的味道，尤其是番茄。

兩邊辣椒差別不大，但墨西哥有更多種類的辣椒，而在美國可以找到夠多品種的辣椒來複製很多墨西哥菜餚。你可以在家烘烤辣椒，然後加水搗成泥，製成相當接近真正墨西哥產品的辣椒醬。

可預料性對於供應的重要性，有助於解釋為什麼墨西哥辣椒能打入美國市場。辣椒很容易儲藏數星期或更久，而不致喪失味道或價值。餐飲業者和食品供應商可以定期購買，一次買一大批。萬一送貨延誤或貨品不符要求，仍有存貨可用。

觀光客常會對墨西哥的水果印象深刻，遊客到了坎昆市（Cancún），常驚訝新鮮鳳梨的品質。在華雷斯城較好的餐廳，可以喝到你在美墨餐廳喝不到的更多更好的果汁。但這些水果，很多是大多數墨西哥人負擔不起的。許多墨西哥人只吃本地生產的水果，如西瓜、橘子、番石榴、桃子、木瓜、芒果、鳳梨，還有仙人掌果、野櫻桃（capulines）、南奇斯果（nanchis）、曼蜜果（mamey）、酸棗或湯匙果（nance）等等，依地區而定。這些水果品質好又新鮮，但通常是季節性的，而且只在該國部分地區買得到。超市賣的優質水果，又貴又稀少。

夏天到艾爾帕索和華雷斯雙城的沃爾瑪逛一逛，會發現墨西哥店缺少美國店的黃櫻桃、紅櫻桃、西瓜、梨、葡萄柚、杏、桃、蜜桃和油桃。雖然墨西哥店的李子標榜來自美國，但美國店的李子更大也更好（較少傷痕和不新鮮）。墨西哥的沃爾瑪店有更好的木瓜選擇（美國店的木瓜數量少且有傷痕），但除此之外艾爾帕索在水果競賽上大幅領先。卓越的墨西哥地區性水果，不適合擺在沃爾瑪大賣場出售。

華雷斯城不是墨西哥最好的水果產地，因此上述比較有失公允。這個情形跟海鮮的故事如出一轍。外地來的水果通常需要大量運輸、冷藏和倉儲，由於華雷斯和艾爾帕索都不在熱帶地區，兩個城市都要仰賴水果運輸，而美國供應網運作得更好。有些墨西哥水果極其優秀，勝過你在美國超市能買到的任何水果，雖然未必贏過美國小農場的水果。大體上，墨西哥的食品市場不是一年四季都能提供種類繁多的水果。

比較美墨兩國的蔬菜，可以得到大致相同的結果。墨西哥有各式各樣出色的南瓜和食用仙人掌，但美國人一年到頭能吃到更多不同種類的蔬菜。美國蔬菜的品質也較整齊劃一，這是應用更多農業科技可預期的結果。墨西哥蔬菜在較不規則的方式下生長，不但容易碰傷，還可能在買回家後腐爛。

即使墨西哥的蔬果令人滿意，但因為尺寸和品質上的差別太懸殊，不符合美國市場的要求。餐廳不喜歡看到一個顧客盤中的配菜，比另一個顧客盤中的大。他們也不喜歡收到貨後，還要做很多揀選分類工作。美國食品長長的控制網，在耐久性、規律性和可靠性上占盡優勢。

墨西哥的供應鏈也比較不規律和難預料。運送蔬果必須跨越不同的州，而運輸工具通常很差，貨品也要面臨定期的防疫稽查。稽查人員的貪腐增加了成本，並可能延誤或終止運輸。向治理更好的智利購買蔬果，通常比依賴跨很多墨西哥州界的運輸容易，儘管智利的距離要遠得多。

銷美國的番茄貴三倍，但最好的，還是留在墨西哥

「番茄」的英文 tomato 源自墨西哥納瓦特爾語的 tomatl。和其他一些從納瓦特爾語衍生的字，如 ocelot（豹貓）、chocolate（巧克力）一樣，字尾的 tl 音不見了，變成西班牙文的 tomate，再變成英文的 tomato。番茄有很長一段時間不是美國人普遍吃的食物，但番茄種植在十九世紀初變得更流行，從此成為美國人的主要食品。

墨西哥番茄的大規模外銷始於一八八〇年代，但一九二〇年代是一個分水嶺。當時墨西哥番茄生產者開始使用標準的運輸技術，例如將番茄裝箱，使之容易運輸。墨西哥的番茄生產走出手工領域，遇見現代資本主義。到了一九九〇年代中期，番茄占墨西哥蔬果產量的二二%以上。和美國不同的是，墨西哥可以一年四季生產番茄，純粹因為境內有更溫暖的氣候。從十二月到二月，在美國賣的番茄最可能來自佛羅里達州或墨西哥。

墨西哥的番茄運銷網，原本是設計來將最好的番茄運到美國，但實際上很多最好的番茄（從

美食家的觀點來看）卻留在了墨西哥。批發商收到裝箱的番茄後，會開箱取出番茄，並按等級分類。農業工人，通常是年輕的墨西哥女孩，用手挑出最好（最大、最堅實）的番茄。這些番茄不但吸引美國顧客，而且能在最少損傷的情況下包裝及運輸。揀選的人員也會尋找沒有擦傷、瑕疵和疤痕的番茄。最適合外銷的番茄，應該有賞心悅目的形狀。

一顆墨西哥番茄一旦被選中外銷美國，身價立刻翻三倍。但那顆番茄會經過進一步處理。最重要的是，它必須在不高於華氏五十度的溫度下冷藏。部分是要防止番茄在長途運輸過程中腐爛，部分是因為法律如此規定。美國農業部會派員在邊界墨西哥那一邊抽驗卡車運載的番茄，倘若有任何番茄被驗出高於華氏五十度會被拒絕入境，一顆番茄溫度過高會使整車的番茄連帶受到懷疑。因此番茄必須冷藏。但低溫會破壞番茄的風味和新鮮度。此外，最大顆的番茄含有最多水分，這也會使它的風味變淡。

通過檢驗的番茄被送進美國那一邊的倉庫。然後可能再花幾天時間才抵達超級市場，這段期間番茄一直保持低溫。如果你願意做個簡單實驗，不妨把一顆好番茄放進冰箱冷藏兩天，然後再嘗嘗它的味道如何。

當外銷美國的產品坐在冷氣間時，「次等」和通常比較小的墨西哥番茄早就被吃下肚了。內銷的墨西哥番茄在水果市場出售，如你在瓜達拉哈拉市或墨西哥市看到的。番茄會被迅速運往市場，儘管有瑕疵，但味道更接近自家種的番茄。最差的番茄，則被拿去做動物飼料。

不論在美國或墨西哥，這都不是唯一的番茄供應網。兩國都有自家種植的，或是農夫市集出售的番茄。但談到標準的餐館供應，消費者在墨西哥能買到的番茄會更醜、更美味。

真正原因是，墨西哥消費者可以大著膽子冒險，不會被他人所認定的好東西標準給束縛。最物美價廉的墨西哥料理在墨西哥，比美國好上十倍。出色的墨西哥料理很難烹調，你只要試試在巴黎尋找好的墨西哥料理就知道了。幾乎不可能找到。

為什麼墨西哥料理在墨西哥那邊，可以比在美國這邊好這麼多，真正原因是什麼？我認為墨西哥是一個橫跨兩個食物世界，同時享有兩邊優勢的國家。墨西哥有足夠的科技和足夠的現代化，去管理現代食物供應網，去經營良好的餐廳，並提供相當多的多樣性給日常美食家。在此同時，墨西哥仍然與更具手工性質的食物生產方法保持密切接觸。這個國家有大型的農企業，但並非**只有**農企業而已。最好的墨西哥食物汲取新舊兩個食物世界的精華，構成無與倫比的組合。趁你還能吃到，盡情享用吧。

第10章

吃，是旅途的一部分

一個省錢吃飯達人的故事

旅行時的用餐不只是填飽肚子，也是探索。
它是創造一場探險、一個回憶、一次與當地文化連結的機會。

茱蒂．艾登伯格（Jodi Ettenberg）吃遍天下，一次一國，她說。她的方法是：挑遊客少至的地方，住非常便宜的旅館，結交當地街頭食物商販，拍盡美景，嘗盡美食。她最棒的照片，不是風景就是食物，包括傳統市場、小吃攤、大排檔和路邊小館子。

這種生活，並非得來全不費功夫。她以前是律師，加拿大蒙特婁市人，在紐約市兩間律師事務所工作了五年，但自始至終腦子都在盤算著如何存夠錢旅行。她對旅遊的迷戀始於中學時代，那時她在學校看了一部橫貫西伯利亞鐵路的公視紀錄片。二〇〇八年，二十八歲那年，她終於辭了工作，除了一個背包——裡面是壓得密密實實的衣服——和一個銀行帳戶，什麼都不帶就上路了。

自此之後，她去過的國家包括南非、蒙古、中國、俄羅斯、多明尼加共和國、菲律賓、馬來西亞、印尼、泰國、緬甸和寮國，更不必說一趟穿越南美洲的旋風之旅。她渾身散發好奇，她的目標是「像海綿一樣吸收一切」。她說，「密集的意志力」使她繼續走下去。斯里蘭卡、印度和尼泊爾，是她預定未來要去的地方，但她承認，自己沒有長期計畫。同時，這些旅行不是度假，而是她的人生。她在信上告訴我，她強烈相信，旅行可以幫助我們保持人人都是「大千世界一分子」的觀點。

不只是填飽肚子，也是一場探索

茱蒂寫部落格（www.legalnomads.com）闡述她的理念，暢談諸如「我在緬甸最糟的五趟巴士之旅」、「曼谷軍事鎮壓」、「如何在停泊島不殺一隻毒蜘蛛的三堂課」等話題，附帶照片。

她成了一位省錢吃飯達人。一來，她希望當律師存的錢，能撐得更久；二來，在旅途中，茱蒂發現：最便宜的餐食，往往最好吃，尤其在亞洲。還有一個原因是——這也是她要強調的重點：學習和吸收當地資訊，使我們更文化相通，更緊密與他人連結。茱蒂這樣說：「我越在亞洲旅行，越明白我的日子多麼圍繞著食物來計畫。」事實上，很多亞洲社會本來就是圍繞著食物而組織起來的，因此她與亞洲似乎很速配。

她的部落格文章中我最喜歡的，是談寮國的食物，一個不以美食著稱的國家。但她在那裡待了三星期（不夠長，依她之見），幾乎天天發現珍饈。她描述寮國的湯，例如一道「清淡的魚湯，湯裡有粉絲、香蕉花心絲和豆芽，湯上飄著薄荷葉和芫荽」；另一道是「濃湯底加上一堆現煮的豬肉、新鮮香草、炸蒜頭和彈牙的粗米粉」；還有一道是椰奶和豬肉絲。「在緬甸任何時間都是喝湯時間。」她寫道。這一切都有精美的照片為證，如同她拍的烤茄子醬（jaew mak khua）——她的最愛。這些湯的平均價格，不到五美分。全部手工製作，用新鮮的食材從頭做起。

寮國烤肉，成了她的另一項專長，法式棍子麵包也是。最後，茱蒂在她的部落格寫道：「寮國料理遠超過我在這裡寫的——我甚至還沒談到它的特色菜，例如涼拌肉末或複雜的肉凍，緊緊包在香蕉葉中，還有各式各樣的燉菜或我過去從未見過的鮮甜水果。」

茱蒂幾乎在每一個她造訪的國家，都發現好吃又便宜的食物。如果有任何人稱得上創新的食物消費者，非茱蒂莫屬。即使在俄羅斯，一個不以傑出食物聞名的國家，她都愛上那裡的肉末煎餅、鮮紅番茄和火腿麵包，這一切，都是她在橫貫西伯利亞快車靠站時買來的。

「基本上，」她建議：「我覺得最美味的食物，是我們短暫停留時在火車旁邊叫賣的，或莫斯科或葉卡捷琳堡（Yakaterinburg）的計程車司機吃飯的自助餐廳。溝通的確有困難，但一旦我找到人幫我翻譯，那必然是我在城裡吃過最好的食物。」我的經驗也是如此，不論你在哪裡，最好的餐飲建議，往往來自當地交通工具的駕駛和營運者。

茱蒂了解，當你旅行時，外出用餐不只是填飽肚子，也是一場探索。它是創造一次探險、一段回憶、一個與當地文化連結的機會；也是界定你的旅行，甚至你的人生意義的機會。旅行，可以激發**飲食是一種創意藝術**的領悟。

由於身材嬌小，身高僅五呎，又是女性，茱蒂也隨身攜帶一只防身哨子，她曾在緬甸吹哨子，嚇退一群流竄掠食的猴子，並隨時準備用於其他的潛在危險。

我的旅行習慣不像茱蒂那麼極端，但任何旅行者或觀光客，都要面對許多相同的課題，也就是：如何在路途上、在一個陌生地方，吃到一頓佳餚。

我攜帶從網路抓下來的資料，查詢我的 iPhone，或多或少事前知道去哪裡用餐。但當我們為工作或娛樂旅行時，我們常需要隨機應變，當下馬上尋找好食物。不過，上網未必能提供我答案，有時是因為我不識當地文字，有時是我想靠實地觀察來檢視網路上的資訊。無論如何，不靠網路協助的探索，是最有趣和最可能讓你回味無窮的經驗。更長期而言，當你需要諮詢網路時，實地經驗是解讀網路資訊的最佳基礎。

我認為，茱蒂的經驗反映了一些基本原則，包括：無論人在哪裡，你幾乎總能找到一頓很棒的美食；身為消費者，創新很重要；你所找到的美食，可以相當便宜。

支配食物的基本經濟原理，在任何國家都一樣，只是應用方法各異其趣，就像我們在墨西哥看到的。在這一章，我想帶你遊覽部分世界，示範我如何應用我在第一章提到的基本原則——**食物是經濟供應與需求的產物，因此設法找出供應品新鮮、供應者富創意、需求者消息靈通的地方**，找到便宜又好吃的美食。

東京：四大層次，你最愛哪一種？

不論在食物或其他方面，東京也許是我去過最令人著迷的地方。我去過兩次，每次從東京回國，都感覺像從另一個星球回來。東京擁有先進資本主義社會的一切便利，幾乎任何事物的運作方式都和美國不同。當一個陌生人會歸還你遺失的皮夾、當廁所會對你講話、當你這個講日語的外國人不被信任，我該如何理解這樣一個社會？當然，東京也有許多需要破解的食物「密碼」。

人口的高密度形塑了這個城市的商業結構，包括餐飲業。在距離市中心幾小時的範圍內，有幾千萬名潛在顧客撐起空前密集和種類繁多的商業活動。由於公共交通工具快速又可靠，東京居民通常願意通勤和搭長途火車或地鐵（光是一個新宿車站每天就有超過三百萬人進出），這些人，大部分是東京大都會區的潛在顧客。人們居住的空間通常很小，因此習慣外出娛樂，包括用餐。

就實質購買力而論，東京區為食物市場帶來的人潮、金錢和智慧，超出世界上其他任何地方、任何時代。

日本經濟的供給面，包括餐飲在內，都扎根於專業化。如果你是一家異國餐廳的主廚，精通這種料理是你的責任。你應該苦學多年，應該去該料理的祖國學習正確的烹飪方法。你應該知道該料理的一切，並用最高標準來評斷它。當然相對的，日本不是一個你能一夕間從「墨西哥料理大廚」變成「汽車業務員」的國家，反之亦然。從食客的角度來看，這是完美的境界。我在六本木一家一流的新加坡餐廳吃飯，主廚自豪地宣稱，他為了學習烹飪去過新加坡三十多次。

東京餐飲業分幾個不同**層次**，不過，我不敢說自己已發現了全部。

第一層：日本料理——走進去就對了！

美國人習慣一家日本餐廳就能供應所有日本料理的概念，從天婦羅、壽司、拉麵到炸豬排等等無所不包。但是在這裡，有一個好用的經驗法則是：找一家只賣一類食物的餐廳，然後進去吃。我發現，你通常不必費勁去研判餐廳好壞，東京大部分的日本料理餐廳都非常好，主要正是因為挑剔的日本顧客堅持高水準的飲食。

跟大家的想像相反，日本並不是一個好食物非常貴的國家。在日本，不難找到價錢在十至二十美元之間的美食。如果你愛吃麵，你可能花不到五美元，就能吃一盤一流的炒麵。他們的美食超市的確有一百元一顆的哈密瓜，或一千元一客的壽司晚餐，但大體上這個國家的食物價格非常合理。

話說回來，很多日本餐廳很難找。即使在東京，會說流利英語的人並不多；日本話很難學；門牌地址不遵循任何連貫順序；很多餐廳設在購物中心、高樓或地下室裡；大體上，當你在東京找路時，你會發現這個城市毫無章法地四處蔓延。旅遊指南告訴你，該在「新宿地鐵站」下車？說得容易，但新宿站有六十多個不同出口。每個出口都會把你帶到地上世界的不同部分，而且不是每個出口都容易找到。學會問路，是你必須跨出的第一步。

我認為，在日本找餐廳有幾個方式可參考，尤其在東京：

- 到一個好玩的街區，到處走走，東張西望，直到你看到一家好餐廳。
- 在正確的地鐵站下車，從正確的出口出來，就算要問路無數次。大多數的日本人懂一點英語，能幫一些忙，尤其如果你手上有日文地址的話。即使餐廳只在幾條街外，你可能仍需「問」路五次以上才到得了。別洩氣，也別忘了很多餐廳在地下室或肉眼看不到的地方。
- 取得正確地址，印在卡片上，搭計程車去。車資很貴，而且運將也常迷路，但花錢讓你可以氣定神閒坐在車上，看著他焦頭爛額找路。

第二層：異國料理——一絲不苟地複製

在東京及其他日本大城市，你能找到幾乎所有種類的異國料理。我去過大約七十五個國家，其中日本最可能完全（一絲不苟地）複製一道菜在其母國的烹調方式。換言之，你能在東京找到很棒的墨西哥莫雷醬。

中國菜是例外，因為日本已經有了它自己版本的中華料理。中國移民社區在日本存在已久，中華料理不再只是模仿母國。相反的，已出現明顯的日本味。和風中華料理，更強調麵條；點心尤其受日本鍋貼影響；許多中國區域特色和創新消失了；豆腐、日本茄子和火鍋，出現的機會特別頻繁。儘管如此，這些菜餚採用高品質食材，通常做工講究。日本的中華料理自成一格，整體而言遠勝過美國的中國菜，主要因為它更清淡、更優雅，而且更注重食材的品質。

第三層：精緻餐飲——避開，除非你很有錢

有時候，有些東西會讓你驚豔到永遠在你心中排名第一。我認為我這輩子吃過最精緻的一餐是在東京——Pierre Gagnaire（一家巴黎的米其林三星餐廳）東京分店，位於表參道商圈（後來搬到城中另一個地點重新開幕）。就味道、原創性和服務品質而論，我認為這家店勝過我在歐洲吃過的任何昂貴餐食。它不便宜——兩百美元——但在巴黎一頓類似餐食可能要三百元。滑稽的是，它甚至不被視為東京最好的餐廳，很多人不會把它列入前五名，當時米其林只給它兩顆星。我在不到二十四小時前打電話預訂第二天的午餐，抵達時發現餐廳一半是空的。他們也派給我一名我專用的服務生，能說不錯的英語，盡一切努力讓我感覺賓至如歸。

換言之，如果你想吃最好的法國菜，跑一趟東京，不失為一個省錢又不嘔氣的辦法。

你也能找到很多日本餐廳，以非常昂貴的價格，供應壽司、懷石料理及其他特殊和風料理，一頓晚餐可能花掉你一千美元以上。至於晚餐的菜色，我只能假定是絕美的壽司或其他日本特產。很多這類餐廳是用來談生意或建立商業人脈，我傾向於建議你避開這些地方，除非你很有錢。

這個建議聽起來也許奇怪，但如果你打算花大錢在東京吃飯，我不認為你應該花在日本料理上。我認為你應該花在法國菜、義大利菜，或者中國菜上。也許我花得不夠多，因為我在東京只試過一百五十元版本的美味壽司午餐，如果我吃過一千元的壽司餐，可能我也會推薦，但它是否比在築地魚市場的優質壽司餐廳，或一般小壽司店隨便叫一客三十五元的壽司餐好**很多**？我不確定。

「非常非常好的日本料理」的問題，在於它必須跟「非常好的日本料理」競爭，而後者也「非常非常好」。如果你喜歡揮霍金錢在食物上，日本是一個美妙的地方，但小心，你多花的那些錢是花在哪了？事實上，通常你不必大失血，就能吃得很好。我們經濟學強調的，是比較總利益與總成本之後所做出的最佳選擇，在東京，你真的不必花很多錢，就能吃得非常非常好。

順便一提，茱蒂．艾登伯格在給我的電子郵件中，提供她自己的日本餐飲建議：居酒屋。撇開燒酒不談，她描述這些地方是「神奇的經驗，有不可思議的氣氛和熱鬧好玩的酒吧輕食，如五花肉炒高麗菜、迷你烏龍火鍋和各式串燒，甚至是現烤的。價格通常比其他餐廳公道，而且你可以隨心所欲挑選你要的餐食」。

第四層：低價位洋食——去美食街逛逛吧

這是日本餐飲一個耐人尋味的地點。在東京，標準西餐可以有非常高品質的，也有很古怪和極端的。

先從好的講起。有回我太太和我在東京主要購物區表參道附近逛街，逛到下午兩點半，雖然我們看到很多餐廳，但大部分已結束供應午餐，不再接受新客人。我們越來越餓，越來越急切的找地方吃飯。

最後，我們決定犯一個似乎不可饒恕的錯誤：在一條主要購物街上，我們挑了一家全天不打烊的義大利餐廳，爬一層樓梯上去，座上客幾乎全是尖叫中的十八歲日本女生。我們餓昏了，還能說什麼呢？

我點了簡單的義大利麵，沒想到它令我滿意的程度，不輸我在義大利中北部（比如帕馬或波隆納）吃過的許多義大利麵。結帳時，我付了大約十美元。

我不是說，每次誤打誤撞都有好結果，但有時這檔好事會發生在日本。有時候，你會吃到義大利麵拌瓶裝番茄醬，而非新鮮番茄做的醬，這是在東京吃西餐有趣的地方。當然，他們用品質很好的瓶裝番茄醬，不是劣質番茄醬。

我建議你去任何一家日本大百貨公司，逛逛它們的美食街。你會發現，有琳瑯滿目的攤位奉獻給法國和義大利美食，尤其是糕餅點心，嘗嘗看。日本人熱中於義大利和法國風格，且成果斐然。巴黎有一所烹飪學校，完全用日文教學，訓練有潛力的日本大廚法國烹飪術。我認為，搞不好當今世界最好的法國料理，就是在日本。

總之，去日本旅行絕對錯不了。在日本都會中心，經濟活動——尤其零售業——已臻人類歷史上的新高，包括食物。

新加坡：小吃的天堂

新加坡是我最喜歡的吃飯去處之一，主要因為他們有很棒的小吃。這個城市普遍富裕，居民經常外食，而且土地使用政策確保攤販不會被上漲的租金趕跑。中峇魯市場是我去過最好的一個，你可以買一本介紹小吃及當地拿手菜的旅遊指南，書店都有賣。

這裡的小吃攤集中區，叫做「小販中心」或熟食中心，遍布各處，但你可能已經猜到，最好的通常不在市中心。但大部分地區的攤販都會賣一盤美味佳餚——分量夠你吃個八分飽——只收兩、三塊美元。以新加坡的人均所得跟法國差不多來看，這樣的價格便宜得驚人，而且以我的口味來判斷，那是我生平吃過最好的食物之一。

很多小販中心設在商業區外，通常在一個大鐵皮屋頂底下。攤位有數十個，供應中式、馬來和印度料理。中式料理尤其是標準的新加坡風格，摻雜印度和馬來概念，強調海鮮和麵條。例如魚頭咖哩就是新加坡的原創，咖哩醬來自南印度，但魚頭是中國概念，印度人還會用魚肉來做這道菜。辣椒炒螃蟹，是新加坡的經典菜色之一，融合中國（豆瓣醬）、馬來（辣椒）、印度（濃汁）和西洋（番茄醬）風味。

大部分的小吃攤專攻少數幾樣菜餚，常以一道菜打響名號，或一道菜的幾種近似版本。例如蛋炒飯、粥、印度漢堡（roti john，一種淋上咖哩醬的長麵包）、煎魔鬼魚等各式選擇，但通常要到不同的攤子去點餐。

小吃攤也展現了新加坡的文化融合。包括中式料理，都是幾種非常不同中國菜系的混合體——燒臘、點心和湯麵的點子，來自廣東菜；福建人偏好文火慢燉的湯和燉菜，特別適合小吃攤製作與銷售；潮州菜強調清蒸、清湯和海鮮，像是魚丸、魚餅和粥這三大新加坡人日常食品，就是來自潮州菜。新加坡人吃辣椒，除了與馬來菜有關，也與四川及其他中國「內地」菜系有關。在新加坡，「辣椒」通常不是單一物品，而是一整個由廚師調配出來的辣椒混合物，不論是塗醬、沾醬或佐料都一樣。

海鮮，是新加坡的主要小吃。這個國家三面環海，有便利的海港和機場，進口海鮮很容易。而且，吃海鮮也不冒犯該國最大的兩個族群——回教徒（不吃豬肉）和印度人（不吃牛肉）的飲食禁忌。無論就氣候或可利用的土地而言，新加坡都不適合種很多蔬菜。

最好的廚師通常花多年功夫自學，先將他們的拿手菜練得盡善盡美，再拿到小販中心去公諸於世。老闆通常在現場，親自下廚或至少在旁監督。由於很多不同類別的攤販就在附近，一個攤子只要專攻兩、三款主要菜色即可。消費者通常會在一攤買蚵仔煎，然後到另一攤買叻沙（一種椰奶咖哩湯麵）。這種專業分工，加上嚴格的品質監控，就是新加坡食物如此美味的另一個原因。新加坡的小販中心，集合了幾乎所有我期待優質食物會有的核心特質於一身。新加坡體制不同於東京，但兩地的食物網都發揮了極度專業化的長處。

最大的問題，是等候。這種攤販不易隨著需求升高而擴大供應規模，因此早點去，否則要排隊半小時以上。

幸運的是，新加坡政府在很多地區都保留土地給這類小販中心，所以儘管地價大幅上漲，在法規限制下，都不能輕易將原址改建成大型購物中心。這種制度，不啻給我們這種愛吃的人大筆補貼。我還聽過一個說法，說新加坡政府之所以保留小販中心，是因為他們認為廉價、現成的餐飲可讓大家有更多時間工作，從而促進國家經濟成長。

小販中心非常乾淨。新加坡政府會派食品稽查員四處巡察，評定每個攤子的衛生等級。新加坡人人都知道，在攤子吃飯是安全衛生的，客人可以親眼看到廚房和烹調過程。這裡大多數的攤子都會被稽查員評為B級，坊間一個流傳很久的笑話是，A級代表花太多精神在清潔、花太少時間在真正重要的事情上——也就是食物；同理可證，C級或更低等級的攤子，賣的東西最好吃。

如果你不相信，我只能這樣說：我從來沒有在小販中心吃出病來。我這輩子只有兩次真正吃壞肚子，頭一次發生在我一九八〇年代中期第一次去墨西哥時，那回我只在「老字號」餐廳吃飯，但還是吃出病來。第二次是幾年前，我住在蘇黎世的喜來登飯店——沒錯，**瑞士**的蘇黎世，我犯了一個錯誤，吃旅館自助早餐的（生）煙燻鮭魚，結果慘到無以名狀。

所以，吃街頭食物吃出病來，並不是我的最大顧慮。那些我從不碰的垃圾食物，比路邊攤危險多了。街頭食物有個特點：你可以看到食物的製作過程，在大庭廣眾前上演。而且，這些食物通常以當地食客為銷售對象，而當地人知道哪個攤子供應的東西好——在食物市場上，我們不可能找到比這更好的監控系統了。我不是說，你絕對不會從街頭食物吃出病來（但非街頭食物有時也會讓人吃壞肚子）。我要說的是，如果你想嘗街頭食物，最理想的地點，是整潔有序的新加坡。

印度：最好的食物在……旅館

外包到印度，是目前的全球趨勢，但比較不為人知的是，印度的主要承包商必須建立自己的基礎設施。你可以在印度大城市，看到這些自給自足的企業「孤島」，有自己的發電機和供水系統。從企業經營的角度來看，這不是理想的安排，卻能有效運作，而且有其必要性，因為印度政府供應的基礎設施對很多大廠商來說不夠可靠。

我就是循著這樣的理解，去尋找印度美食。印度，有令人驚嘆的飲食文化，尤其對有錢人來說。但它對你的健康而言，有很多不可靠和危險地帶。綜合一切因素後，我認為對大多數訪客（包括獻身美食的老饕）而言，最好的印度食物在印度旅館（別笑）。

印度有很多全世界最奢華的頂級旅館，這些富麗堂皇的建築，為住客創造一個完整的世界，包括自己發電、自來水處理和食物基礎設施。由於商譽對旅館太重要了，這些旅館連供水系統都要自己負責。

任何大城市的前五名高級旅館，都會有幾間品質卓越的餐廳，供應道地、賣相佳的當地料理。我通常不推薦自助餐，但如果你在一家優秀的印度旅館看到印度式自助餐（印度料理通常是燉菜，特別適合自助餐形式），多半美味且極度新鮮。優秀的印度旅館也擺「攤」，通常在餐廳內，由手藝高超的廚師坐鎮，模仿真正的路邊攤，應客人要求複製優質的地區性街頭食物。換句話說，你可以品嘗本地的街頭美食，就在你的眼前烹調，不必擔心會吃出病來。

這些旅館餐廳，比外面大部分的食物貴很多，但以歐美標準來衡量仍然負擔得起。如果你熟悉印度街道，你可以用絕對便宜的價錢吃得非常好，但在印度我特別不信任很多食物，或許因為我讀了太多關於印度城市供水政策的資料。印度的家庭料理一般很好，因為很多人家裡有優秀的傭人，包括廚師。我建議你設法吃一些；如果你在印度有朋友，這應該不難，他們家有傭人的機率很高。

印度也很可能是全世界吃素食最理想的國家，就算你不是素食者也值得一試，我發現印度旅館餐廳很多一流的菜色都是素菜。至於中國菜，印度主要城市最好的兩、三家中國餐廳，可能是世界級的；除此之外，非出自印度或其鄰近地區（如尼泊爾）的料理，都是能避則避。因為近年來印度才對世界開放，烹飪非印度料理的經驗大都不足，除了中國菜。我也推薦甜品店，尤其在加爾各答。

法國：巴黎是最不理想的用餐城市

在歐洲，比較不容易吃到便宜食物，因為歐洲的消費本來就不便宜，尤其近年來歐元對美元匯率屢創新高。歐元也許會續升，也許不會，但歐洲餐飲有一些基本架構，我們可以來分析和了解。在這一節，我無法保證你能吃到像亞洲這麼便宜的美食，但我能幫助你不在歐洲當冤大頭。

先談法國。這個最經典的美食之鄉，有一些世界經濟上最成熟的食物供應網。但不同於東京，你找不到便宜的拉麵店；不同於尼加拉瓜，你不能隔著馬路偷窺鄰居的小養雞場，或在街頭巷尾尋找玉米粽子。你面對的，是高薪、富裕的顧客，以及許多關於工時和福利的政府規定。

有人說，法國擁有全世界最好的食物，也有人說，法國美食帝國搖搖欲墜。兩種說法，都不是空穴來風。一方面，法國有才華橫溢的大廚，為品味高雅的全球愛好者重新發明古老的概念，同時端出鵝肝醬和推出乳酪車。另一方面，法國是一個陳舊、腐敗、過度管制、創新不足的科層系統，把領先地位讓給了西班牙和英國，同時導致她的頂尖廚師因摘不到被過度吹捧的米其林之星而自殺。麥可．史登伯格（Michael Sternberger）甚至寫了一本充分論證的書，談法國料理的衰落：《法國美食末日危機》（*Au Revoir to All That: Food, Wine and the Decline of France*）。

為什麼有識之士對這麼容易檢驗的菜餚和餐廳，有這麼歧異的看法？這真的只是個人口味問題嗎？

我的看法是：兩派觀點都正確，因為他們各自摸到大象的不同部位。換言之，法國料理既欣欣向榮，也搖搖欲墜。今天，法國料理存在明顯的矛盾：巴黎的高檔餐廳越來越多，但廉價食物的品質每下愈況。

稍微簡化一點來說，支持優質料理有兩種不同的方法。第一種，依賴緊密連結的本地優質食物供應者網絡，並靠這些供應者拋出足夠的好概念和好食材，形成生氣勃勃的烹飪傳統。例如，餐館可與屠宰場、漁船和睿智的老奶奶密切聯繫，汲取基本食材和食譜靈感。巴黎有個區叫做拉維萊特（La Villette），是昔日屠宰場和牲口市場所在地，從前好餐館林立，供應肉類和內臟。如今它只是城中另一區，還不是特別有趣的一區，除了它的科博館。

第二種支持優質料理的方法，是依賴手工生產，只是通常得付較高的代價——這好比雇畢卡索來幫你畫肖像。這是好辦法，但你必須付天價。在餐飲業，這些更高級的美食，往往占據昂貴的房地產（鄰近主要博物館和昂貴旅館），而且通常靠觀光客的需求維生。總而言之，舊街區已泰半消失。食材偶爾來自當地，但通常是用昂貴的運輸和管理方法從外地匆匆運來。烹飪知識在更大程度上是買賣的商品，更少「存在於空氣中」。法國大廚飛往世界各地，督導數家餐廳；全球取代在地，靈感來自追隨名廚見習，而非向當地的老奶奶或週日家庭聚餐取經。

隨著巴黎地價上升，今天每一吋商業用地都按嚴格的標準使用，這表示：大部分食物供應網，都被擠出市中心。轉捩點，出現在一九六八年。那一年，巴黎的傳統食物市場「中央市場」（Les Halles）吹熄燈號，象徵著優質食物生產模式的轉變。

過去，中央市場離右岸主要觀光景點，只有一小段徒步距離。這個中央市場舊址，曾經幾乎連續運作了八百年，只中斷過幾次，被法國大文豪左拉稱為「巴黎之胃」。但這個舊市場太擁擠，周遭又無可擴充的餘地。現在，新的中央市場坐落在翰吉斯（Rungis），鄰近歐里機場，在巴黎環城公路之外，占地廣，一開張就包括四十個大倉庫、二萬五千個停車位、現代冷藏設施，還附帶數目龐大的辦公大樓和餐廳。翰吉斯號稱全世界最大的生鮮食品市場，很可能也是最好的一個。

過去，舊的中央市場是在小規模和人對人的基礎上運作，冷藏設備極少，機械化運輸工具在市場內很難或不可能派上用場。主要的銷售方法，是運來相對少量的新鮮貨品，立即賣給市場。周圍街區以小飯館、咖啡館和餐廳聞名。如今，中央市場舊址被一個俗不可耐的購物中心占據，是市中心最沒吸引力的地方之一，變成了破落戶。

這些變化中，有多少是中央市場關閉造成的，又有多少只是時代變遷大勢所趨？我傾向於認為是後者，它是時代變遷的表徵，但對我而言不重要。無論如何，巴黎的食物生產已遠離過去的街區模式。巴黎最好的食物，現在以日本觀光客、中國生意人和美國軟體創業家為目標。在本地食物市場被擠到更遙遠地點的同時，富裕的觀光客成群降臨，他們的購買力使巴黎成為世界美食之都，巡迴美食家趨之若鶩。於是，高檔餐廳市場變得更昂貴，更商業化，更重視全球宣傳。

在法國，勞動市場遭到壓抑和過度管制，如今很難用低廉的成本雇工人。工時是管制的，昂貴的福利是法定的，而且不適任的工人很難開除。這不只是食品業的現象；法國勞動市場大部分如此運行（也可以說是窒礙難行）。這使得物美價廉的食物，非常、非常難生產。由於工人工資高，又是「鐵飯碗」，餐廳及其他企業傾向於雇用靠得住的工人。這解決了可靠性問題，但不利於創新，也不利於價格。勞動成本居高不下，意味大部分食物相當昂貴。

還有房地產。在巴黎市中心很難蓋房子，或修改舊建築，基本上因為很多老房子是古蹟。這有助於維持市容，但不利於食物。法國人不會想在奧賽美術館旁，建一座充斥廉價異國料理的路邊商場。我不是說，這些法規應該修改（它們確實有美學上的好處），只是為大家解釋另一個巴黎食物市場何以在某些方面如此蕭條的原因。

但這裡有一個很微妙的發展——用經濟學術語來說，叫做**品質的邊際成本升高**。意思是：最好的食物比過去貴，但品質中等的食物，卻反而越來越便宜。

一般而言，較富裕的人會堅持購買優質食物，較貧窮的人則放棄了美味，只吃便宜東西。這個現象，可以看作一種「仕紳化效應」（gentrification effect）。今天，當越來越多人愛去吃巴黎的米其林星級餐廳，我們除非真正很在乎那些星星，否則不必付更多錢吃更好的東西。對我們來說，好消息就是：巴黎食物變得更美妙了；但要吃這些美食，你必須花更多的錢。

對普通食客來說，現在巴黎有更多種類的異國風味料理，雖然通常不在主要市中心，而是開在比較不漂亮的街區。他們供應從阿爾及利亞到德墨到印度到法屬留尼旺島的料理。高效率的現代供應設施（一如翰吉斯食品市場所象徵的），帶來豐富的選擇。更便宜的食品加工，意味更多的食品種類，好壞都有，其中包括更多垃圾食物和更多廉價、次等食物。

這個多樣性，也包括一個高效率的供應網，不論是當地超市或小食品店。如果我在法國，尤其是在巴黎，超市仍是很好的美食選擇，一些賣乳酪、麵包和水果的小店甚至更佳。這些地方通常沒有觀光客，品質水準高。

至於在法國吃得起的餐廳，我推薦地價比巴黎便宜很多的其他地方。同樣四十美元的餐食，在尼斯或史特拉斯堡，甚至市中心，會比巴黎右岸或聖母院旁邊好很多。

所以，我有一個關於法國飲食的簡單原則是：**除非你願意花很多錢，否則巴黎是全法國最不理想的吃飯地方。**

找無星級餐廳就對了！

對於暢遊法國各地的人，我有另一個建議：**買一本米其林餐廳指南，但只參考它推薦的最便宜餐廳**。你要找的，是那種被評為一支或兩支叉子且無星的餐廳。沒錯，無星的！星星是代表烹飪成就的最高境界沒錯，對照之下，叉子表示餐廳提供某個值得注意的特質，在指南書中用「舒適自在」一詞，來定義兩根叉子的餐廳（我稱之為「雙叉店」）。定義雖然含糊，但可說是相當精確。

無星級餐廳不但更便宜，也更容易訂位，而且更可能供應傳統的法國菜。米其林的星星，通常頒給烹飪創新和主廚。創新很好，但身為觀光客，法國食物對我來說大部分是新的，或至少優質的烹調手法對我來說大都是新的。我不需要額外創新，相反的，我還企圖**避免**創新。我要的，是完美的法式燉牛肉，是燒得好的傳統菜餚。

所以，我是米其林指南的信徒，我認為它對傳播法國及各地美食的貢獻良多。只不過我使用指南的方式，跟許多死忠支持者不同罷了。我去過法國很多次（應該超過二十次了），有些只是短暫停留，所以這輩子待在法國的時間加起來不到六個月。雖然這已經比大多數遊客多了，但對我來說法國料理仍有很多東西是新的，我不需要尋找最新的東西。

選擇評價較低但依然很棒的館子，可以讓你避免米其林指南及星級制度的背後，所可能牽扯的賄賂和欺騙風險。別忘了，米其林指南本身的財務狀況：指南本身賠錢（據估計，一年虧損二千一百萬美元），但它的名字和形象，倒是替擁有指南的米其林輪胎公司賺了不少錢。

在巴黎用餐，還有一個問題（至少對觀光客而言，尤其是午餐）：如果你只是信步而行想找個好地方吃飯，很難抓對時間。我發現，大部分好館子在中午十二點半一開門就會客滿。因此，我第一個建議是：一定要提前預訂。第二個建議是：如果你真的沒空預訂，而正好在十二點三十四分看到一家看起來還不錯的館子有位子，趕快進去。多逛十五分鐘去找更好的地方，很可能讓你得不償失。如果你沒法在去巴黎前預先研究和預訂餐廳，我建議你，乾脆去賣乳酪、麵包和水果的小店，解決你的吃飯問題。

倫敦：一個報公帳吃飯的美妙地方

倫敦有種類繁多的美食，但幾乎都很貴，即使在金融危機讓英鎊貶值之後。除非你願意忍痛掏錢，否則還是別去吃。如果你愛吃炸魚和薯條，紐西蘭是上乘之選，英國不是。包括英國酒館的食物，現在都變成了一種昂貴的精緻料理。倫敦是報公帳吃飯的美妙地方，自掏腰包的人很難在那裡吃得痛快。

如此給一個主要城市和觀光重鎮下結論，似乎太快了點，但你沒有多少選擇，除非你去有點遠的倫敦東區，試試巴基斯坦、孟加拉和印度美食。如果你去比較好的印度、葡萄牙、中國料理等異國餐廳，可能花不到五十美元就能吃到一頓非常可口的美食。倫敦是在歐洲吃米其林星級泰國、印度和中國餐廳最好的城市。這些館子不便宜，但比法國的同級餐廳便宜多了。

就整個英國而言，我傾心北方的巴基斯坦、孟加拉和印度餐廳。通常一個城市越衰敗殘破，來自印度一帶的料理就越好。破敗的布拉福德市（Bradford），曾是十九世紀的製造和紡織中心，但今天它像剛打完仗，而我在那裡吃到生平最好的巴基斯坦料理；大街上的餐廳絕對安全，可以放心造訪。

德國：一個懷才不遇的美食帝國

德國菜被低估了。說到德國菜，你可能想到一盤油膩的肉，配馬鈴薯，由一位粗壯的巴伐利亞女侍端上來。也許，你只想到慕尼黑啤酒節和啤酒。

但更深入觀察，你將會發現一些更豐富的內涵。德國緊鄰法國，並且與歐洲大部分國家簽訂自由貿易區，使她能夠取得一些最好的新鮮食材。德國是一個富裕的國家，德國人有擅長精密製造的悠久文化歷史，所以他們怎麼可能統統是糟糕的廚師？他們當然不是。

此外，歐盟的自由遷徙條款，使德國很容易從其他國家輸入廚師。再加上，德國已脫離「歐洲僵化症」的宿命，成了一個充滿活力和動能的經濟體，吸引來自世界各地的移民。儘管以全球標準來衡量，西歐很少便宜的地方，但以區域標準來衡量，你絕對可以在德國找到許多經濟實惠的美食。

德國的新鮮食材可以媲美法國，且常勝過法國，但她沒有消息同樣靈通或同樣在乎飲食的顧客。這表示專注的美食家可以找到好產品，但必須花更多搜尋功夫。這也表示，當你找到好東西時，餐廳比較不擁擠，價格也比較便宜。

德國有傑出的米其林星級餐廳，雖然比不上法國那些最頂級的，但跟法國一般典型的米其林星級餐廳一樣好。根據二〇一一年統計，德國有超過兩百家米其林星級餐廳，其中九家是三星級，在歐洲排名第二，僅次於法國。這些餐廳能取得很多跟法國同業相同的食材，而且主廚通常來自法國。但他們的價格可能只有法國同級餐廳的一半或更少，也更容易在沒有預訂的情形下走進去。就算是頂級德國餐廳，往往可以在一天前或甚至一小時前打電話訂位。

為什麼德國餐廳既比法國便宜又更容易進去？遺憾的，德國消費者重視飲食文化的程度比不上法國消費者，因此平均水準較低。很多德國人真的如刻板印象所言，只要有肉和碳水化合物可吃就滿足了。幸運的是，遊客不必遷就平均水準。德國有無數藏在角落鮮為人知的餐廳，這些館子很多都非常優秀。頂級德國餐廳較少在眾所矚目下運作，這可能意味著壓力更少、創意更多。

德國的米其林餐廳有卓越的服務水準，鮮少傲慢自大，因為那樣的態度會得罪德國客人。客人們的穿著打扮，也通常不像去法國米其林星級餐廳的那麼隆重，因此身為美國人的我，在德國的米其林星級餐廳通常感覺更自在。基於這一切理由，造訪德國是一個實現你吃米其林星級餐廳願望的好辦法。

比米其林星級略低一些的德國餐廳和小飯館，也常有很棒的蔬菜、蘑菇和魚。

我在德國吃過最好的美食，很多是在西南部比較便宜的館子，尤其黑森林區（Black Forest）的鄉村餐館。光是花一星期從一個村子晃到另一個，就構成一次美好的老饕假期。當地食物有法國風味，畢竟從法國的科瑪（Colmar）和史特拉斯堡到德國西南部的大部分地方還不到一小時車程。野味、莓果醬及野菜沙拉通常十分出色，那些野菜是從附近田野用手拔的。

總之，德國是一個懷才不遇的美食國家。此外，在德國超市買麵包、乳酪和（尤其是）香腸，幾乎保證不會失望。

德國街頭上的異國美味

德國最好的異國料理，通常來自不曾大批移民美國的族群。不久前我花了大半個暑假，在柏林居住和教書，我在當地吃過最好的異國料理來自喬治亞（是一個國家，不是美國的一州）和斯里蘭卡。前者吸引大量的喬治亞人，後者卻有更多德國顧客。斯里蘭卡餐廳之所以棒，部分因為他們毫無希望「跨界」進入主流，因此乾脆推銷他們道地和辛辣的菜餚給見多識廣的德國顧客。我也找到好幾家墨西哥人經營的墨西哥餐廳，供應正宗的墨西哥料理，比我在維吉尼亞州北部和洛杉磯大部分地方吃過的任何墨西哥料理都要來得好。要小心的是中國菜，大部分德國的中國餐廳受到很多德國菜淡而無味和重澱粉的太大影響。

德國的土耳其料理被高估了，原則上你應該尋找有很多競爭的異國料理，但對土耳其料理來說只有部分適用。德國有很多土耳其餐廳，部分原因是土耳其人是德國最大的少數民族，是數十年外勞計畫所帶來的結果。有些土耳其餐廳相當好，但我不建議隨機選擇，你要事前打聽好該去哪一家。

根本問題之一，與德國速食業的成效不彰有關。麥當勞從未在德國建立和美國一樣的穩固基礎，一來是因為德國人對這種食物的品質存疑，二來是很多德國人視之為美國化的象徵，再加上相較於美國，德國家庭用餐較少以兒童為中心。

結果，德國人就必須發展自己的速食。很多德國人會在街頭買香腸吃，但香腸不足以滿足速食需求，這個缺口大部分被土耳其食物，特別是旋轉烤肉（doner kebab）填滿。在德國，土耳其料理通常是速食，通常水準已下降。太多德國的土耳其料理，是用品質不佳的肉塞在麵包裡，再淋上黏糊糊沒味道的優格醬。

順便一提，旋轉烤肉通常被視為土耳其料理，但其實這是一位住在柏林的土耳其人發明的，從一開始就針對德國市場。我不是說這種食物一定不好，只是必須小心。當你在德國吃土耳其料理時，確定你實際上吃的不是德國速食。

最後，柏林值得多談一點。以規模和政治重要性而言，也許除了莫斯科之外，柏林可說是歐洲高級餐飲業發展最落後的城市。這個城市沒有多少商務階層，起初因為納粹，後來因為東德共產黨。柏林曾是德國的商業中心，但那是二十世紀初期的事，距今久遠。昂貴的餐廳通常靠企業家和金融家支撐，但今天德國的金融中心在法蘭克福，不在柏林。柏林不像日內瓦、布魯塞爾或華盛頓，沒有荷包充裕的國際組織來支撐它的高級餐飲業。

柏林擁有的，是非常便宜的租金。因為這個城市的商業氣氛稀薄，工作機會不多。有很高比例的人口若非在政府機構任職，就是在領取政府發放的生活津貼；否則就是住在那裡，嘗試在藝術、設計、音樂等領域闖出名堂的年輕人。這樣的人口結構，支持了文化的蓬勃發展，城市本身卻缺乏經濟活力，也促成很多非常好和非常多元的異國料理前來落腳。

瑞士：印度薰香味，是便宜食物的訊號

一般討論瑞士料理的習慣，是將它分成不同的語言區，但我覺得這個方法會誤導大家。撇開食物，我從兩個非常基本的觀點談起：

1. 瑞士所有東西都好。
2. 瑞士所有東西都貴。

食物也不例外。我去過瑞士聯邦的每一州——很多州還不只一次——個個令我印象深刻。價格與品質在這個國家成正比，一分錢一分貨，和倫敦一樣，因此很難找到經濟實惠的東西。瑞士幣值幾乎永遠被高估，恰恰因為它非常穩定，有非常多的投資客視之為「避風港」。很多人希望存些錢在那裡，以致將匯率推往不利於觀光客的方向。做為金融避難所，對廉價食物沒好處。

不過，我仍有幾個訣竅可建議：

・較大的瑞士城市有一些素食、另類並與印度相關的另類餐廳，通常與修行和佛教有關。這

些餐館通常又好又便宜。如果店裡有一股薰香味，別擔心，那是幫忙維持低價的部分原因。

・瑞士食品店是買乳酪、麵包和冷盤肉的好地方。這些東西也不便宜，但在瑞士吃一餐DIY野餐不但非常美味，還可以就著美麗的風景下飯。

・瑞士的烹調太常使用奶油醬了。他們有一些全世界最好的奶油醬，但我一趟旅行吃一次就夠了。如果我不慎吃到一道有點乏味的菜，問題通常出在瑞士奶油醬。貨物出門概不退換，買者小心。

・瑞士接納很多斯里蘭卡移民，因此斯里蘭卡餐廳相當好，口味相當辛辣，價格也比大部分其他餐廳便宜很多。這些館子開在較大城市的近郊。

義大利：想吃得又便宜又好？盡可能遠離大城市

大多數美國觀光客較可能去羅馬、佛羅倫斯和威尼斯，不幸的是，這三個城市正好是義大利食物最差的城市，正因為吸引了太多觀光客。這些城市並無食物不良的歷史紀錄——問題真的出在觀光客、旅行團和大團體。對餐廳來說，才不管遊客吃了滿不滿意，即使是消息靈通的遊客，反正他們多半不會再來。觀光業和高租金，聯手拉低這些地方的食物品質。如果你在其中任何一個城市的市中心，隨便走進一家樣子普通的義大利餐廳，有很大的機會你會吃到既平庸又相當貴的餐食。

我這個標準建議對你會很有幫助：盡可能遠離市中心，唯有避開觀光客和高租金兩者，才能吃到一些傑出食物。在佛羅倫斯非觀光景點的街區，托斯卡尼料理非常非常好，只是越來越難找到。如果你決心好好吃一頓，搭一段短程火車或計程車出城。你花的代價一定值得。

如果你還是去了威尼斯，有一系列傑出的當地美食，你可以在《*Time Out*》城市指南，或也許可在米其林評為「雙叉店」的名單上找到，供應本地和各式地方菜，主要吸引當地食客（加上一些獨具慧眼的法國人，這也是好兆頭），雖不便宜，但相較於大部分的其他餐飲選擇並不貴。這些地方的共同點是不好找，至少就徒步和認路而言。我的意思是，它們**非常**難找。在威尼斯，任何地方照理說都不會太遠，但找這些館子猶如穿越迷宮。不過，很值得，因為他們端出來的食物可能比當地米其林星級餐廳的一些菜餚還美味，價錢更便宜。總之，在威尼斯，凡是容易去的地方都不會太好。你也必須提前預訂才有機會進入，否則就守在門口等它開門。

還有羅馬，這個城市夠大，人口又稠密，因此仍有許多不太遠的邊陲街區，值得一去。我也在羅馬吃到一流的衣索比亞料理，很可能是我嘗過最好的。

在義大利要吃一流食物，恐怕要去比較不熱門的城市，我在杜林（Torino）、熱那亞（Genoa）、波隆納、特倫托（Trento）、那不勒斯、帕爾馬（Parma）、帕都瓦（Padua）等地吃得最好，稍後再來談西西里。如果一個義大利城市沒有你叫得出名字的著名地標，多半有上乘美食，價格又負擔得起。總的來說，一旦你略過上述三個美食「廢墟」，義大利是全世界食物品質最一致的國家。你不需要太多建議就能吃得很好；只要確定你是在沒有觀光客的水裡釣魚就行了。其他的，就隨緣吧。

和法國一樣，你可以在加油站或高速公路休息站，找到相當不錯的食物。它可能排在義大利美食排行榜最後一名，但仍然勝過很多美國的義大利餐廳。上回我去義大利，下飛機後的第一餐就是在前往阿爾卑斯山參加會議途中一個高速公路休息站吃的。那兒的男人穿得像黑手黨，女人打扮得花枝招展，足蹬高得嚇死人的高跟鞋。那頓飯很便宜，時間約晚上十點半，我點了一些擱在保溫燈下的麵食。那是我在義大利吃過最差的一餐，但仍然比得上北維吉尼亞最好的義大利料理。在義大利，不管一個館子看起來多破舊或低級，仍有絕佳機會端出一些非常好的食物。

西西里：能待多久，就待多久

西西里是全歐洲我最愛的吃飯地方。烹飪水準極高，優質食材充裕，價錢便宜（以歐洲標準來衡量），而且很多主要菜餚是你在其他地方吃不到的。這裡的料理融合歐洲、阿拉伯和中世紀的影響，薄荷、橘子和開心果仍是重要的調味料，優質海鮮和麵食無所不在。風味大膽和直率，乳清乳酪（ricotta cheese）好到不可思議。甜品可以媲美伊斯坦堡或加爾各答。西西里每一區都有自己的特色菜。

我曾在巴勒摩市（Palermo）待了六天，時值八月，大部分主要餐廳都關門休假，歐洲許多地方在八月皆如此。朋友和部落格讀者推薦的地方全部槓龜，只有一個例外。我帶去的米其林指南毫無用武之地。但那一週仍是我這輩子吃得最爽的一週，雖然我只是四處閒逛，看到還開門的館子就進去。順便一提，西西里有低密度的米其林星級餐廳，通常寥寥可數。恭喜他們。問題出在，如果你想再頒星給三、四家西西里餐廳，你就必須頒星給另外三、四百家。法國人可不打算自找麻煩。

我只有一餐脫離西西里料理，改吃印度菜，主要出於好奇。當時，我在一個移民社區的巷弄中漫步，無意中吃到一種「融合」料理——印度米豆餅（dosa）裡頭包著西西里沙丁魚餡。好吃到令我銷魂，西西里料理之美，不論我怎麼讚都不嫌多。除了親自去西西里和盡可能待久一點，你不需要進一步建議。準備大快朵頤吧。

西班牙：除了西班牙菜，不妨試試拉美餐

西班牙餐飲已獲得大量報導，尤其是高檔餐廳和輕食（tapas）酒館。我有另一個觀點，在城市最管用：西班牙的異國料理，遠比一般了解的好得多。馬德里和巴塞隆納有很多來自南美和拉丁美洲的移民，他們盤據這些城市的整個區塊，雖然 Fodor 或 Frommer 的旅遊書不會告訴你這一點。你可以找到傑出的厄瓜多爾、玻利維亞、秘魯及其他拉美料理，比你在美國大部分地方吃到的好。菜餚也相當便宜，儘管有些西班牙人會說那一帶不安全，以美國標準來衡量，我倒覺得相當安全。異國料理是在西班牙吃飯擺脫通俗路線的好辦法，你將享受到優質西班牙食材的一切好處，不必再吃一輪過鹹的小菜、火腿和 bacalao（鹹鱈魚乾）。我不是說你會吃膩西班牙菜，但我有時會——不管我有多喜歡——這些地方是我換口味的去處。我發現不必做任何研究，儘管走進一家拉美餐廳，它很可能都很棒。

伊斯坦堡：別理昂貴的食物，樸實最好

在伊斯坦堡吃得好的要訣，是走樸實路線，尋找最好和最純版本的平實菜餚。世界級的新鮮

食材，在這裡任訪客選取。

街上有無數館子供應海鮮（煎胡瓜魚是我的最愛，其次是海鯛或海鱸魚）、茄子、蠶豆、各式各樣的烤肉串，包括加了鹽膚木（sumac）香料的辛辣烤肉串，還有炒孔雀貝、炸生蠔、番茄乳酪沙拉、羊腦、煎烤馬鈴薯、土耳其餃子（好吃但很難找到）及其他佳餚。小館子通常專做幾樣菜，這是品質指標。在這些地方用餐，一盤小份的菜餚花費在六到十美元之間，所以不妨多點幾樣嘗不同味道。你在度假，忘記你的腰圍，開懷大吃土耳其飯後甜點。我喜歡含開心果的甜點。

避免所有靠近主要觀光景點或觀光飯店集中區的餐廳，尤其在蘇丹阿密區（Sultanahmet）。避免主要幹道上的大部分餐廳——甚至包括土耳其餐廳。避免有海景的海鮮餐廳。尋找離大馬路不遠，小館子林立的街區小路，最好是觀光客罕至的街區。如果你點小份菜餚，吃完一家可以再去另一家續攤，一頓飯吃兩、三家館子不成問題。

我最喜歡的伊斯坦堡小館子是牛肚湯屋，雖然我通常不喜歡牛肚。你舀一勺蒜汁到湯裡，撒些紅椒粉，加點辣椒，再抓一撮綠色香草。有些牛肚湯屋做早餐生意。

除非你已嘗過所有主要菜餚（這需要不少時間），否則改走高檔路線或追求創新划不來。這裡基本的市場模式是根據遊客的社會地位，而非基於食物品質，去做餐廳分類和差別定價。如果你在乎的是食物本身，別付更多錢給烹飪花招。在更貴的館子，食物仍看得出來是地中海料理，但偏偏不是傳統做法。

走樸實風和廉價路線。這裡的好東西非常好，最貴的東西也好不了多少。

我在土耳其比較偏僻的地方尋找美食同樣好運。我和妻子最近去了一趟科尼亞（Konya），被公認是土耳其最虔誠的地方之一。人口約七十五萬，坐落在土耳其農業心臟地帶，除了著名的伊斯蘭教蘇菲派神祕主義詩人魯米之墓，很少觀光景點。這些都是廉價美食的處方，該城果然不負所望。我喜歡美妙的優格湯，也喜歡當地的特色料理之一 etli ekmek，樣子像一片薄披薩，上面有牛肉，吃的時候捲一條細長的青辣椒在裡面，再撒一點辛辣的紅辣椒粉調味。全部只要幾塊錢美金。要訣是尋找純本地食材，加上老練的廚藝，還有服務消息靈通的常客的意願。土耳其不只是精采的度假地點，也是全世界吃廉價、一流食物最好的地方之一。

當然，世界上還有很多地方我沒談到，但不管你去哪裡，當你在旅途中挑選一個地方吃飯時，你應該回到同樣的通則，請容我再複述一遍：**食物是經濟供應與需求的產物，因此設法找出供應品新鮮、供應者富創意、需求者消息靈通的地方。**

| 第11章 |

回家，動手煮吧！

在家烹飪的材料與價值

飲食上的革命，唯有在每個人心中和腦中贏得一席永久之地，才有可能成功。

請親朋好友到你家來，分享你學到的食物知識，是最值得的經驗之一。

不久前我們請了大約六十人來家裡晚餐，包括我妹妹和她的伴侶，還老遠從紐澤西開車到維吉尼亞。我們希望讓大家賓至如歸，為春暖花開的宜人氣候和這場聚會增色。

談到辦派對的用品，我是好市多量販店的大粉絲。我們去那裡買紙盤、一大塊乳酪和汽水，包括墨西哥可口可樂。但除此之外，我們還做了一些事，讓我們的客人大開眼界。

首先，我開車去我最喜歡的加油站——附設R&R Tacquería 餐廳的蜆殼加油站，在馬里蘭州九五號公路旁一個特別破爛的地區。業主來自墨西哥市，從前是飛行員，後來決定開館子烹調道地的墨西哥料理，包括拖鞋餅（huaraches）、牧羊人塔可和青椒鑲肉。他做的菜是這一帶最好的，遙遙領先，而且非常便宜，便宜到可以買一大堆。我買了兩大塑膠桶的熱湯——羊肉湯和辣椒泥湯——放在汽車後座。我知道，這兩種湯都很適合第二天再加熱來吃。

我們家通常由我掌廚，但這回是我太太和女兒負責準備食物。這回有很多俄國客人（我太太出生在莫斯科），因此她準備了各式的俄國沙拉。這些沙拉非常適合派對，至少對俄國人而言。賓客中比較年長的俄國人很快就將沙拉一掃而空，感覺像回到老家。

在家吃，不等於每道菜都得自己煮！

這裡要說的重點是：家庭料理與外面的食物，雖然未必能替代，但卻是可以互補的。想要請客，你可以從外面買回足夠一大群人吃的主菜，然後用一些你的拿手菜或自己準備的食物來補充。當你不必燒一整桌飯給六十人吃，你就比較不會感覺壓力大到受不了，這一來，也許你就行有餘力能親手做點東西，否則你可能根本不會找朋友來你家用餐。讓分工——也就是靠著部分外食——成為你的烹飪技術和料理功夫的朋友，而不是敵人。

最後也最重要的一招，是我們雇來我們最喜歡的玻利維亞流動餐車 Las Delicias，在我們家的車道埋鍋造飯五小時。

它不只是玻利維亞料理，還是來自科恰班巴區（Cochabamba）的特殊菜系。我們預先付款，請他們準備幾道玻利維亞主菜：花生湯、麥仁湯、肉排飯（裹麵粉炸的薄肉片配馬鈴薯、米飯、番茄、蛋和綠色辣醬）、青紅椒薯條炒牛肉絲（一大堆肉和澱粉）和牛肉乾。牛肉乾最受歡迎也最好，是乾燥多筋的鹹牛肉條，混合甘美多汁的玻利維亞白乳酪。大多數客人過去從未吃過，很多人一吃就愛上。他們回家時，還在津津樂道。

再強調一次重點，這道菜容易預先準備和大量儲存。當宴請很多客人時，你要注意一個關鍵問題，就是：想好什麼菜可以做得多，同時又能保持美味。否則，光是挑選你平常喜歡的菜，然後以為它們能通過大量製作的考驗，你的希望恐怕會落空。

找外燴這一招，有很多很重要的優點。比方說，外燴業者會帶走剩菜和髒碗盤，這使我們更容易準備和端出自己的拿手菜，並利用廚房空間擺放大量水果和飲料。經營外燴的老闆娘風趣迷人，也為整場派對增添熱鬧的氣氛。

一般而言，如果你打算請外燴，運用你的常識：別挑選一般宴席承辦者，他們價格昂貴、服務平庸，供應的雞肉如同橡膠咬都咬不動。相反的，遵循廉價勞力和低工資的原則，去異國超市和餐館打聽一下，問問有誰在做異國料理外燴；或是有沒有哪家墨西哥、海地、阿富汗、韓國或印度的小餐廳，願意為你和你的賓客烹調和運送一頓便宜的美食？我們會知道 Las Delicias 玻利維亞流動餐車，是因為我們在那裡吃過很多次週日午餐。很多廚師都熱中於賺外快，他們會賣力工作討你歡心。

以上談的，是大型的派對聚餐。如果平常只是我自己下廚，燒給四到八人的小團體吃，我會運用我的墨西哥料理知識，同樣基於一些簡單的經濟原理。根據第九章的內容，以及我們對外出用餐和食物供應鏈的了解，這裡有一些如何在美國做更好的墨西哥菜的法則，提供家庭大廚參考：

1. 以紅椒醬或南瓜子為基礎的墨西哥食譜，頗能適應外國水土。試試看。
2. 傳統墨西哥莎莎醬可以複製。你需要白洋蔥、辣椒、蒜頭和番茄，用平底鍋加熱並搗成泥，否則醬裡可能有塊狀的番茄。
3. 牛肉料理不易討好，除非能買到優質的乾式熟成牛肉。去找一家供應商，偶爾奢侈一下。
4. 用新鮮豬油，你可以在拉美食品市場買到，或嘗試自己做。
5. 墨西哥雞肉料理，最不受美國食材味道較淡的影響。
6. 去拉美社區尋找手工烙餅，或嘗試自己從頭做起。
7. 尋找濃厚黏稠的乳酪，還有，如果你能找到的話，不妨冒險使用未殺菌的墨西哥乳酪（別緊張——你不是敢吃海鮮和生魚片嗎？）

8.買新鮮、小而醜的番茄，別放進冰箱。

到頭來，你很可能仍然做不出純正的墨西哥料理，但那會是很好的家常菜，而且比你在美國大多數墨西哥餐廳吃到的道地得多。

我們還有一個食材供應來源，就在我們自己家裡。不僅非常便宜，還可以真正塞滿你家的冰箱，那就是：剩菜。如何讓你的剩菜變得更好吃？可以運用一些邏輯：例如，最能久放的東西是複合的醬料和慢燉的菜，而非快炒；咖哩是一個明顯選擇，墨西哥莫雷醬或任何牽涉牛肉乾的菜都是。大部分這些菜就算隔天再吃，味道只會更好，而不會更差。醬料有更多機會混合和變濃稠，絞牛肉和羊肉也比肋眼牛排hold得住，出自同樣的道理：對最後味道來說，混合比新鮮重要。

廚餘在美國是一大問題，主要因為食物在垃圾堆中腐爛會釋放甲烷，製造環境問題。一個解決之道，是讓大家產生罪惡感，告誡自己廚餘之惡。最好的辦法，莫過於讓你**不想**扔掉食物，有時，這表示燒菜的時候要預想到第二天。把冰箱和保鮮盒變成好食物的朋友，而不是敵人。這種做法，可能比吃在地食物對環境更友善。

別讓你家的食譜，一直躺在書架上

我希望這本書，能鼓勵讀者超越死背各種食物的製作過程、設法破解美食密碼的習慣。在家開伙，能讓我們更加懂得品味好餐館，並知道糟糕餐館的問題出在哪。但從哪裡著手，才能讓你一步步學會烹飪、理解外食、懂得分辨食材，成為大廚和美食家呢？我個人認為在家開伙最重要的武器是書。也就是：食譜。

大學時代，我常和我的朋友丹尼爾・克林（Daniel Klein）一起去逛圖書館舊書拍賣，希望找到價錢公道的經濟學經典名著。早上圖書館一開門，我們這些禿鷹就飛撲而入，希望用便宜的價錢搶到海耶克（F. A. Hayek）或霍特里（R. G. Hawtrey）等經濟學大師的早期珍本。

但我們很少搶到禿鷹大隊的第一名，因為一位叫做麥克吉樂普太太的婦人，往往比我們還早到。她買食譜，就像丹和我搜尋稀有、古老的經濟學名著一樣，她也搜尋稀有、古老的食譜。麥克吉樂普太太似乎對按食譜做菜興趣不大，她要的是書本身。她是收藏家，她喜歡知道古人如何做菜，雖然她無意模仿。食譜市場有很大一部分如此運作。它未必與烹飪有關。

人們買食譜，多過於使用食譜。這是因為人們買食譜，通常不是為了實際烹飪建議，而是出於一時衝動，買回家後通常擱在書架上。有時候，買這種書是希望與某位名廚或餐廳沾上關係，或是回憶一次假期，表達對一種異國料理或民族性的認同，或是單純喜歡看漂亮照片。

佛洛伊德有句名言：「有時一枝雪茄，就只是一枝雪茄而已。」但食譜，幾乎從來不只是食譜。柏蘭和福格特（Bourland and Vogt）合著的《太空人食譜：故事、食譜及其他》（*The Astronaut's Cookbook: Tales, Recipes, and More*）把「故事」擺在「食譜」前面，是聰明的推銷手法。

尤其在網際網路時代，烹飪資訊唾手可得，因此關鍵在有一個好計畫去建立和整理你的知識，使你能夠用興奮和美味的手法創新。有些食譜可以反覆使用，讓你體會不同的做法。食譜A說用這個方法做咖哩醬，食譜B有極端不同的製程——或沒有。什麼東西適合用墨西哥綠番茄醬來調味？

我的廚藝進步，是靠閱讀資訊豐富的書，這些書是設計給實際用途——而不只是講故事的。扶霞．鄧洛普（Fuchsia Dunlop）寫的湖南菜和四川菜食譜，黛安娜．甘迺迪（Diana Kennedy）、派翠西亞．昆坦納（Patricia Quintana）、馬克．米勒（Mark Miller）和李克．貝雷斯（Rick Bayless）等人的墨西哥菜食譜，茱麗．薩尼（Julie Sahni）的印度菜食譜，長久以來灌輸我的思想。我仰賴馬克．畢特曼（Mark Bittman）做比較簡單、標準的菜餚，我從哈洛德．麥基（Harold McGee）學到很多與烹飪相關的化學常識。我不是建議這些書應該是你的首選，因為選什麼書端看你想燒什麼菜，但這些書反映我對好食物的看法，食譜很少需要花大錢，而且書中充滿有用的資訊。

不要因為看了名廚寫的食譜，而對自己的廚藝自卑

我通常不信任與某名廚經營的某餐廳有關的食譜。一本打著名廚和餐廳名號的食譜，通常是紀念品，菜餚通常過於複雜，難以複製。出版這些食譜，簡直就像是為了要讓你對自己廚藝不精而感到自卑。

想像一下，假如世界名廚 Jean-Georges 或 Ferran Adrià 出了一本曠世巨作，你認為書中的訊息會是：「只要花一點點功夫，並跑一趟你家附近的 Safeway 超市，你也能做這道菜」嗎？不會的。這本書的目的，是要讓你對大廚佩服得五體投地，而不是把你提升到大廚的水準。名廚不只從他們的食譜賺錢，也從上電視、代言產品和當食品公司顧問賺錢。這意味著，他們的食譜往往太嚴苛，出書是為了自我推銷，不是指導他人。如果餐廳老闆教我們如何尋找和利用廉價的褐皮馬鈴薯，我想很少人會光顧這樣一家豪華、昂貴的餐廳。

我翻開《美食人生》（*Susur: A Culinary Life*），作者李國緯是才華橫溢的名廚，揚名多倫多和新加坡，我發現他的文字引人入勝，照片鮮豔奪目。我很高興我買了這本書——書很有趣，敘

述他感人的人生故事，但我不認為它會對我的烹飪造成多少影響。

我隨便翻到一頁，看到「烤鴨胸肉與牛蒡與油封鴨腿薄餅配調味焦糖栗子與羊乳酪」食譜。很多我真正使用的食譜，比這道菜的名字還短。我算了一下，這個食譜包括五十五種不同的食材或食材應用，還要參閱書上另外六頁，每一頁都有更進一步的多重食材。問題不只是它很難，我還發現如果我在過程中犯了錯誤（非常可能），想要從錯誤中學習尤其困難。我如何追溯錯在哪裡？一本像這樣的書，不論有什麼價值，都不會讓我等日常美食家步上永續學習之路。

有些優秀的食譜出自名廚之手，例如李克．貝雷斯的《道地墨西哥菜》（*Authentic Mexican*）。但這些書的目的是傳授真實的烹飪技術，以及對墨西哥料理的了解，不是替特定餐館做廣告。貝雷斯最好的食譜，書名根本不提任何餐廳。一旦名廚擺脫替餐館促銷的動機，書就比較不像到此一遊的紀念品，比較像大廚從多年實踐學到的有用精華。

食譜上寫得太簡略？很好！

我常拿茱麗．薩尼的《傳統印度烹調》（*Classic Indian Cooking*）與我在印度買的一套短小輕薄、便宜的「一般老百姓」食譜做比較。後者花了我大約美金兩元一本，是一本談一個地方菜系的小書。它們很容易打開對摺後抓在手中，一手拿書閱讀，另一手攪拌鍋裡的東西或開水龍頭。

我尤其喜歡被印度人視為理所當然，但薩尼卻認為有必要詳細解釋的重點。薩尼的書，光是預備材料就談了九十五頁，裡面充滿資訊，很少廢話。這些篇幅回答了諸如罌粟籽是什麼、「咖哩」是什麼意思、如何擠出印度乳酪的水、印度人如何慢火燉煮、你能用食物處理機做什麼和不能做什麼之類的問題。印度食譜不含這些資訊，連一頁都沒有。它們認為人人知道，毋須說明。

二十多年前，我開始用薩尼的書學做印度菜，但現在我通常會參考比較短的印度指南。它們不斷挑戰我是否已掌握印度烹飪的各種密碼，它們的缺乏細節，給了我空間去即興創作、學習和犯錯。我偶爾會回到更詳盡的食譜——尼蘭・巴特拉（Neelam Batra）的《一千個印度食譜》（*1,000 Indian Recipes*）——去學習新的食譜和技巧，然後用較短的指南再做一批印度菜。這是一個反覆更迭的流程，我在兩個食物世界之間來來回回，一個教我怎麼做，另一個允許我在已確立的架構內揣摩作者的言外之意並嘗試創新。

你手上的食譜中，應該也有非常簡短的食譜，可以讓你這麼做。莫琳・伊凡斯（Maureen Evans）在推特網的 @cookbook 上貼食譜，已出版一本書叫做《吃之推文》（*Eat Tweet*）。我推薦書上一個好食譜，因為我是德國菜（至少是在德國吃的德國菜）迷：

薯球：德國。6個馬鈴薯去皮，水煮，細磨；攪2蛋／半杯麵粉／1.5茶匙鹽。做1吋球；煮10分鐘。用漏勺撈起；配湯或滷汁上桌。

如此而已。很多老食譜也這麼簡單，你會在舊食譜上看到。但並非書上所有菜餚都簡單，而是廚師運用很多背景知識，包括對適當食材的理解，或清楚知道「配湯或滷汁上桌」是什麼意思。在經濟學，這種知識有時叫做「默會知識」（tacit knowledge），是企業成功的重要因素之一。

以下這道泰國食譜，也是引自她的網站：

玉米沙拉：泰國。混合1茶匙紅咖哩醬／2茶匙椰奶及花生及萊姆及芫荽／加魚露及蝦米（隨意）。拌入2杯甜玉米／及¼杯烤椰肉。

我燒過很多泰國菜，所以即使食譜沒有明示，我也知道每樣食材的適當份量。但這不是學泰國菜的**起點**（該放多少魚露？那玩意不臭嗎？我究竟為什麼要加它？），而是一種讓你繼續前進的方式。遊走在詳細、資訊密集的食譜與相當節略的食譜之間，對你真的會很有幫助。變換一下食譜，強迫你提升某個領域的知識，也是一個不斷測試你了解哪些及不了解哪些食材和製程的方法。

我最喜歡的一套烹飪書，叫做《本土與大眾美食》（*Cocina Indígena y Popular*），總共五十多冊（仍在增加中）。第二十六本談墨西哥聖路易波托西州（San Luis Potosí）和克雷塔羅州（Querétaro）的美食，第二二四頁有一個典型食譜。需要的食材有一個大南瓜、五朵普通大小的蘑菇、水，以及依個人口味而定的肉桂皮。洗淨南瓜，切成大塊，同其他食材一起放入水中煮，直到水煮乾，撈出來冷卻。僅此而已。食譜給你的唯一細節，是需要「兩公升水」（但沒說明應該煮多久），以及告訴你煮好後味道是「甜的」。它不指明用哪種蘑菇，只說是當地土話叫 Nchyawl，直到二〇一一年夏天，我在 Google 上還是找不到任何符合這個字的資料。

我試做過這個食譜，結果味道之芬香鮮美令我驚訝。我建議用墨西哥肉桂，而非亞洲品種（用一整枝，但一掰就斷的那種），以及比我在本地 Wegmans 超市買的金喇叭菇軟一點的蘑菇，然後煮一個半小時似乎就夠了。現在，我正著手將這個食譜改成適合美國環境，並加以調整來供我自己使用。例如我更喜歡在南瓜稍微冷卻但仍溫熱，尚未降到室溫的時候吃。

這套書有一本談的是「塔拉烏馬拉食物」，共五〇九頁，塔拉烏馬拉人（Tarahumaras）是墨西哥北部土著，有五萬至七萬人，以擅於長跑聞名。我從未到過他們的部落，據我所知，也從未嘗過他們的美食。

第二九二頁有一道食譜叫 Palo Amarillo，先用塔拉烏馬拉語說一遍，再譯成西班牙文。如果

Google可以信任的話，Palo Amarillo是一種橡膠樹。食譜先說這樹很老，樹枝可以混合羊毛用於縫紉和編織。繼而告訴我們果實成熟時可食，味甜，有黑白兩色。接下來，食譜敘述這種樹不再生長於峽谷，果實於五月成熟。然後告訴我們，它的木材可以做什麼，會開漂亮的黃花。然後「食譜」就結束了。

大多數人對食譜的功用或食譜的意義，有過度狹隘的理解。墨西哥本土水果通常可口，但吃它們需要地理知識，也需要保鮮技術。閱讀陌生或奇特的食譜，能幫我們跳出自以為對世人飲食方式該知道的都知道、不知道的則不需知道的循環。

讀過墨西哥本土食譜，你也將會發現：其實很多烹飪知識存在人們腦中，而非紙上。上烹飪課或透過其他方式獲得專家指點，是個好辦法，只是你可能負擔不起或沒有時間，因此我有最後一點建議：

當你做菜給別人吃的時候，不妨問問他們的意見。但是，你必須問對問題。問人家「你覺得如何」，聽起來像在博取讚美；相反的，你應該這樣問：「這頓飯，哪道菜最差？」或「我知道你全都喜歡，但你最不滿意的是哪一樣？」然後，略施壓力，逼對方回答。這個辦法，能為你帶來有益的指導，那是食譜永遠做不到的。

別亂買鍋子，廚房就不會凌亂

我注意到一般人的廚房有兩個特點。

首先，和食譜的下場一樣，大多數人從來不用，或難得一用他們擁有的大部分烹飪器具。我是一個相對活躍的廚師，喜歡實驗各式各樣的菜餚和烹飪法，我的烹飪器具仍有遠超過一半閒置不用。

其次，大多數人都有幾樣心愛的器具，一用再用，直到用壞必須買新的為止。換言之，大部分廚房的運作就像個「贏家通吃」市場——少數幾樣東西獲得全部關愛，大部分東西卻遭到忽視和遺忘。

對我來說，贏家是一只傳熱效果非常好的煎鍋、一個中式炒鍋、一個藍色大烤盆、一個煮飯用的小鍋、一台美膳雅（Cuisinart）多功能／香料研磨機、一個煮麵用的大湯鍋和一個烤盤，加上幾把鋒利的刀子，和兩支炒菜用的木製長鍋鏟。如果我只有這幾樣東西——其他一概全無——我照樣能做我大部分的烹調工作，我的廚房也會比較不凌亂。以上我只是描述我的煮夫生涯，不是要給你的採購建議。

你應該先想清楚的是：我會燒哪種菜？然後再決定要買哪些器具。當你相當熟悉某些器具——也就是那些符合你的烹飪興趣者，你會學到最多烹飪之道。那是真正了解一個食譜在講什麼，終至修正或改進它的途徑，而非僅僅記住而已。

如果你是新手，買一組便宜的烹飪器具就好。一旦你搞清楚了什麼東西對你有用，再回頭考慮買那些重要用具的更昂貴版本。不要一開始就花很多錢，因為你花的錢大部分是浪費的。用經濟學術語來說，想像你在進行「最適化搜尋」（optimal search）。一開始就買昂貴的烹飪用具，就像帶著求婚鑽戒去赴第一次約會。還是先搜尋和了解你的偏好吧。

如果你經常使用某個器具，投資那種非常好也非常耐用的版本，會讓你獲得高報酬。所以，試試找出你廚房用具中的五大「贏家」，然後，就只花更多錢在這五樣東西上。這個辦法，通常比嘗試新的廚房用具贏面大——這些新東西買回來後，極高的可能性會被你擱置不用，日後懊惱自己浪費錢。

這是一種常見的認知偏差：嶄新、亮晶晶的玩具，對我們有巨大吸引力，因為在某些方面我們仍是小孩子。但其實，我們是被商人的行銷手法和購物樂趣騙了，因此，把你的錢花在更可靠的樂趣上吧。學習烹飪，是靠使用我們非常了解的工具，去燒一些我們極感興趣的拿手菜，而不是靠買新玩意或擁有每一種工具。

一種器具如果對你有用，不妨多買幾個版本。拿我們家來說，就有三個炒鍋和四台可以充當香料研磨機的機器。為什麼需要用到三個炒鍋？因為有時我用一個鍋燒主菜，另一個鍋蒸蔬菜，另一個裝滿煮好的咖哩，擺在地下室的冰箱裡，留待第二天再吃。如果我們有客人來家裡吃飯，我很可能三個鍋子同時派上用場。（老實說，我有第四個炒鍋，是一個電炒鍋，我一次都沒用過。也許它很棒我不知道，待我發現它的優點，再來寫推文介紹好了。）

我那四台香料研磨機又是怎麼回事？不荒唐嗎？擺闊啊？

是這樣的：我太太娜塔莎，會用其中一個磨咖啡豆，我可不願用帶著濃濃咖啡香的它來磨辣椒或豆蔻。另一台小型的研磨機，用來磨少量東西，占了我需要研磨機的一半次數，比如說要磨兩根辣椒和一粒丁香，當然不適合用大型的美膳雅研磨機。至於那台大型的美膳雅，則是用來磨番茄泥、洋蔥泥，做墨西哥莫雷醬用的。

那麼第四台美膳雅研磨機，中型的那台做什麼用呢？我承認，從來沒用過。但有它在，我比較放心。萬一小號或大號的香料研磨機「罷工」，中號機可以立刻上陣，我照樣可以在家宴客，而不必緊張所有努力因研磨機罷工而功虧一簣。

我不想買第五台研磨機了，但我還真的在考慮多買一個炒鍋，因為我想它可能比買一個焊槍來做脆皮焦糖布丁划算。

你是想學做菜，還是學用新器具？

要如何辨別廚房用品裡的「贏家」呢？去年，我的同事、做得一手好菜的薇若妮卡・羅吉（Veronique de Rugy）信誓旦旦地對我說，我應該買一台美善品多功能料理機（Thermomix），那是令人肅然起敬的德國公司福維克（Vorwerk）製造的。福維克最著名的產品，是超強力真空吸塵器。他們的多功能料理機集蒸、煮、炒、磨、切、打、揉、秤和乳化等多項功能於一機，我猜還不只這些。薇若妮卡堅稱，它值一四〇〇美元，其他用戶也附和（如果你從美國以外的地方訂購，價格可能不同）。據稱它特別擅長揉麵和做需要保持熱度、不停攪拌的醬汁，曾擔任著名西班牙現代派美食餐廳 El Bulli 主廚的費朗・亞德里亞（Ferran Adrià）就有一台。

但我至今未買。也許我太老了，我被一台機器會顛覆我整個慣常烹飪程序的想法嚇壞了。要我拿目前使用的七個烹飪工具去換這台機器，我不確定結果會更幸福或更慘。每一次用它來做菜，我就必須學習一個新功能，也許不到一年這台機器會開始替我節省時間，但談到烹飪，我需要的是很原始的「推動力」，也就是：打從一開始就容易。買這台機器像是培養另一項專長，我還沒準備好這麼做。

此外，當我烹飪時，我通常有「洗了一半的頭」散布在廚房各處，因為我會同時做幾道菜。

我需要一堆工具，只是為了適應我做做停停、來來回回的烹飪方法（美善品多功能料理機可以同時執行一個以上的功能，但我談的是五到七個功能）。如果我才二十三歲或甚至二十七歲，還有可能改變，但到了四十九歲，算了。

我認為烹飪工具可以歸入幾個不同的範疇：

1. 新發明從事舊功能。

2. 新發明允許你執行全新的作業。

3. 舊發明的改良版本。

如果你想經由烹飪改善你的美食生活，你需要問你自己：你準備好接受哪一類烹飪工具？以我為例，我夠忙了，我不渴望學全新的烹飪技術。我已經有一個「研究計畫」，去學更多和更好的用芫荽調印度咖哩的方法，學做各種形式的法國烤雞，學會用新鮮食材從頭做泰國咖哩醬。我也想學一些新的高湯，以及孟加拉芥末咖哩。

也許你讀這本書的時候，我已經完成上述計畫和繼續前進，但比較可能是還沒有。如果你告訴我，有一種新工具可以讓我做我從來沒做過的起士蛋糕，我實在不感興趣。無論該工具有多妙，都跟我無關，我還是只想要更多更好的菜刀、一個新烤盆（舊烤盆還能用，但它二十三歲了，開始結硬殼），以及多一個炒鍋。剩餘的烹飪精力，我會花在改進食譜和採購更好的食材上。

再重複一次我的重點：了解在你目前的人生階段中你自己的烹飪習性，拋棄自欺的想法，抗拒閃亮簇新玩具的誘惑。如何挑選最好的烹飪工具不是大問題，你隨時可以在網路上找到答案。最重要的問題，答案在你內心。

讓飲食革命，在你的心中有一席之地

目前為止，我們已討論廚房經濟的一些生產要素：資本（器具）和構想（食譜），接下來，我們把話題轉到勞力——也就是，你自己的烹飪傾向。

如果你從來不進廚房，資本和構想對你沒多大意義。所以，如果你不想經常外食，你能做什麼來強迫、哄騙或用其他方法引誘自己更常在家吃飯？

對我來說，這個問題大部分仍未獲得解決，但我能給的建議如下：

首先，冷凍食品未必差。我說過，冷藏會損害食物風味，但不是所有冷藏方法都一樣。冷凍保存風味的效果，遠比僅僅冷卻好，所以食品的冷凍品質很重要。法國有一整個連鎖店叫做Picard，專賣冷凍食品，講究飲食的法國食客逛這家店是稀鬆平常之事。它的價錢不便宜，不像很多美國冷凍食品，但品質更高。自一九五〇年代冷凍食品問世以來，冷凍技術已有長足進步，為更高品質的食物背書。急速冷凍法使優質食物能夠保鮮，而不致喪失過多水分。甚至很多美食家都不知道他們吃的壽司——我說的是好東西——大部分靠的是在海上急速冷凍的魚。

今天美國的情況是，冷凍水果和蔬菜（在產地附近急凍），通常比用卡車運輸、維持低溫多日，並根據最大尺寸和裝箱便利而挑選的蔬菜水果「更新鮮」。馬克・畢特曼在他時常傑出、長期連載的美食專欄「極簡主義者」（The Minimalist）中，經常提到這一點。冷凍櫻桃往往比所謂的「新鮮」櫻桃好，後者由於運輸和倉儲的關係，其實並不新鮮。罐頭番茄往往比非罐頭番茄好（要我叫它們「新鮮」番茄，我實在說不出口），包括用來做番茄醬。罐頭沙丁魚的品質，優於超市的海鮮部門，甚至比高檔食品店賣的大部分魚都要優。如果你能用經濟學去思考如何少跑一趟超市，你的烹飪會變得更容易也更便宜。

早上出門上班前，先從冰櫃拿一些冷凍食物出來解凍。然後讓罪惡感來催促你回家吃飯：因為如果當晚你不吃掉已經解凍的玉米，玉米可能壞掉，你會浪費錢；即使沒壞掉，重新冷凍也會讓你感覺愚蠢。

還有很多方法，可以讓你把科技變成家庭烹調的朋友，而非敵人。例如，微波爐越來越常用於優質食物，而非垃圾食品；微波爐可以燒很多魚類菜餚，而無損於品質，這在今天已是普通常識。坊間有很多食譜，教人如何用微波爐做快速但美味的菜餚，與早期的史雲生冷凍晚餐不可以道里計；茱麗・薩尼的《蒙兀兒微波料理》（*Moghul Microwave*）更是全書奉獻給微波爐食譜。此外，微波爐在處理剩菜上極具價值。微波爐是一個好例子，說明科技可以從美食的敵人變成更好及更精緻料理的助手。

至於如何取得好或更好的食材做家庭膳食？我的建議是：不妨利用郵購，透過網路。很多好餐廳和食品供應商，也可以直接送貨到府。過去六年左右，我們年年向德州洛克哈特市訂購冷凍燒烤，做為感恩節大餐的一部分。記得我在談燒烤那一章說過，洛克哈特可能是美國吃德州香腸、肋排和胸肉的最好去處。洛克哈特的主要餐廳之一 Kreuz Market，會送貨到美國大陸的任何地方。利用這類服務，給予我更多時間去準備蔬菜和佐菜。

我也鼓勵訂購高品質的培根，我喜歡班頓煙山（Benton's Smoky Mountain）的鄉村火腿，以「福桃拉麵」聞名的張大衛（David Chang）也偏愛和使用這個供貨來源。冷凍起來，可以用好幾個月，我通常用它來燒四川菜。培根本身經過醃製和防腐處理，冷凍不會損失多少風味。這些肉確實比 Whole Foods 超市的培根貴，但比企圖在餐廳找到品質相若的產品便宜。如果我用培根燒紅燒肉，兩人份的餐食花費約十二美元。這實在稱不上奢侈，而且吃的是世界級的食材。最重要的，它隨時準備好下鍋。**在家開伙，不表示你必須親手做所有食物**。

鼓勵你更常在家吃飯的方法很多，但是那些壓迫式的建議很可能失敗；相反的，趣味、創新的做法才會成功。在家炊煮，不論多溫和的企圖，每一次都應該含一些特殊成分。你的烹飪生涯未必得找很多人一起到家裡吃飯，但應該有集體活動的歡樂氣氛，賦予每一位參與者一些意義，這是對抗外面餐廳誘惑的最佳途徑。飲食上的革命，唯有在每個人心中和腦中贏得一席永久之地，才有可能成功。

下一步，看你了。

註釋

第1章　美食家是勢利眼？

關於傅立葉，見 Priscilla Parkhurst Ferguson, *Accounting for Taste: The Triumph of French Cuisine* (Chicago: University of Chicago Press, 2004) p. 100。

第2章　東西怎麼越來越難吃

關於假日酒店和泰德牛排館，見 Harvey Levenstein, *Paradox of Plenty: A Social History of Eating in Modern America* (New York: Oxford University Press, 1993), p. 128。

見 Charles Merz, *The Dry Decade* (Seattle: University of Washington Press, 1969), pp. 19-23 關於各州禁酒法律的描述。並非所有法律都嚴禁在家飲酒，雖然它們確實禁止公共餐廳賣酒。關於鎮法，見 Norman H. Clark, *Deliver Us from Evil: An Interpretation of American Prohibition* (New York: W.W. Norton & Company, 1976), pp. 101-2。

禁酒如何影響餐飲的引文，摘自 Harvey Levenstein, *Revolution at the Table: The Transformation of the American Diet* (Berkeley: University of California Press, 2003), p. 183。英國觀光客及《週六晚報》，見 Andrew Barr, *Drink: A Social History of America* (New York: Carroll & Graf Publishers, 1999), pp. 104-5。記者賀伯特・艾斯玻利的觀點見其著作 *The Great Illusion: An Informal History of Prohibition* (Westport, Connecticut: Greenwood Press, 1968〔1950〕), p. 193。艾斯玻利在書中（pp. 194-96）討論餐廳歇業及相關議題。亦見 Michael Karl Witzel, *The American Drive-In* (Osceola, Wisconsin:

Motorbooks International, 1994), p. 19 關於餐飲業的普遍變化。

關於法國大廚，Harvey Levenstein 寫道：「在實施禁酒的兩年內，大多數戰前湧至紐約、芝加哥、舊金山和其他大城市的法國大廚都流落街頭，尋找不存在的工作，或在輪船公司訂回家的船票。」摘自 Harvey Levenstein, *Revolution at the Table: The Transformation of the American Diet* (Berkeley: University of California Press, 2003), p. 184。

關於紐約市查酒突襲的效應，見 Andrew Sinclair, *Era of Excess: A Social History of the Prohibition Movement* (New York: Harper & Row, 1964), p. 232；地下酒吧的賄賂及其他成本，見該書 pp. 222, 230-34，對地下酒吧的劣質食物有更廣泛的討論。

關於禁酒令對飲酒習慣傷害多大及花了多久才恢復，見 Andrew Barr, *Drink: A Social History of America* (New York: Carroll & Graf Publishers, 1999), pp. 111-12, 239。關於一九七三年，見 Daniel Okrent, *Last Call: The Rise and Fall of Prohibition* (New York: Scribner, 2010), p. 373。有關紐約美食何時開始復甦的估計，見 Herbert Asbury, *The Great Illusion: An Informal History of Prohibition* (Westport, Connecticut: Greenwood Press, 1968〔1950〕), p. 196，及 Andrew Barr, *Drink: A Social History of America* (New York: Carroll & Graf Publishers, 1999), p. 111。

關於戰時經驗如何形塑美國及其食物網絡，見 Amy Bentley, *Eating for Victory: Food Rationing and the Politics of Domesticity* (Chicago: University of Chicago Press, 1998), p. 9，及 Susan M. Hartmann, *The Home Front and Beyond: American Women in the 1940s* (Boston: Twayne Publishers, 1982), pp. 77-78。戰時配給制度，見上述 Bentley 著作 p.91 及各處。雞肉消耗，見 Steve Striffler, *Chicken: The Dangerous Transformation of America's Favorite Food* (New Haven: Yale University Press, 2005), pp. 43-45。罐頭午餐肉及戰時美國肉類消耗，見 Bentley 著作 pp. 71, 131-32。戰時牛肉消耗，見 Bentley 著作 pp. 91-92。加工食品的興起及蔬菜，見 John L. Hess and Karen Hess, *The Taste of America* (Urbana: University of Illinois Press, 2000), p. 269。糖，見 John Mariani, *America Eats Out: An Illustrated History of Restaurants, Taverns, Coffee Shops, Speakeasies, and Other Establishments That Have Fed Us for 350 Years* (New York: William Morrow and Company, 1991), pp. 156-57。

有關禁酒郡縣的一些基本參考資料，見 David J. Hanson, "Dry Counties," http://www2.potsdam.edu/hansondj/controversies/1140551076.html 及維基百科網頁 http://en.wikipedia.org/wiki/List_of_dry_communities_by_U.S._state。各年度《美國統計摘要》（*Statistical Abstract of the United States*）有更詳盡的禁酒地區統計。關於葡萄酒及一九七〇年代，見各州和郡縣允許飲酒的餐館數字，摘自各年度《美國統計摘要》。禁酒郡縣資料，見 http://www2.pots dam.edu/hansondj/controversies/1140551076.html。葡萄酒及一九七〇年代，見 Andrew Barr, *Drink: A Social History of America* (New York: Carroll & Graf Publishers, 1999), p. 254，引文引自 p. 112。

北韓餐廳的報導，見 "Hermit Kitchen: How Did a North Korean Restaurant Wind Up in Northern Virginia?" http://www.washintoncitypaper.com/articles/40495/hermit-kitchen/full。

關於族群之間的烹調同化過程，更多細節見 Harvey Levenstein, *Revolution at the Table: The Transformation of the American Diet* (Berkeley: University of California Press, 2003), p. 176。辛辣和蒜味食物，見 Jeffrey M. Pilcher, *Que Vivan los Tamales: Food and the Making of Mexican Identity* (Albuquerque: University of New Mexico Press, 1998), p. 93。一些籠統評論，見 Hasia R. Diner, *Hungering for America: Italian, Irish, and Jewish Foodways in the Age of Migration* (Cambridge: Harvard University Press, 2001)。

關於鄧肯・漢斯，見 Harvey A. Levenstein, "The Perils of Abundance: Food, Health, and Morality in American History," in *Food: A Culinary History from Antiquity to the Present*, English edition edited by Albert Sonnenfeld (New York: Columbia University Press, 1999), pp. 516-29，尤其是 pp. 524-25。

中國移民數字，見 J.A.G. Roberts, *China to Chinatown: Chinese Food in the West* (London: Reaktion Books, 2002), p. 165。

關於從墨西哥料理衍生出來的各種版本，德墨料理傾向於用鹿肉和牛肉、鐵板燒、蓬鬆塔可和乳羊。新墨西哥州版本較可能使用新鮮青辣椒和黏果酸漿醬汁，偏愛豬肉而非牛肉。加州的墨西哥料理採用更多蔬果，符合該州的多元化農業。鱷梨、酸奶油和西班牙橄欖特別普遍。

關於電視在美國和歐洲的普及度差異，見 Tyler Cowen, *Creative Destruction: How Globalization is Changing the World's Cultures* (Princeton: Princeton University Press), 2002, 第 4 章。

職業婦女數字，見 Martha Hahn Sugar, *When Mothers Work, Who Pays?* (Westport: Bergin and Garvey, 1994), p. 27。Jell-O 果凍宣傳冊子的引文摘自 Carolyn Wyman, *Jello-O: A Biography* (New York: Harcourt, Inc., 2001), p. 23。

家務工作時間，見 Stanley Lebergott, *Pursuing Happiness: American Consumers in the Twentieth Century* (Princeton: Princeton University Press, 1993), p. 59。

關於微波爐的起源，見 Null du Vall, *Domestic Technology: A Chronology of Developments* (Boston, Massachusetts: G.K. Hall & Co., 1988), p. 117。微波爐價格，見 Gerry Schremp, *Kitchen Culture: Fifty Years of Food Fads* (New York: Pharos Books, 1991), pp. 89-90。

關於早期史雲生電視餐，見 Martin J. Smith and Patrick J. Kiger, *Poplorica: A Popular History of the Fads, Mavericks, Inventions, and Lore that Shaped Modern America* (New York: Harper Resource, 2004), pp. 121-26，及 Richard Pillsbury, *No Foreign Food: The American Diet in Time and Place* (Boulder, Colorado: Westview Press, 1998), pp. 65-66。

關於披薩在美國的歷史，見 John A. Jakle and Keith A. Sculle, *Fast Food: Roadside Restaurants in the Automobile Age* (Baltimore: The John Hopkins University Press, 1999), pp. 242-46。

關於各種美國食評，見 Leslie Brenner, *American Appetite: The Coming of Age of a Cuisine* (New York: Avon Books, 1999), pp. 46-47, 62-64。關於 Betty Crocker，見 Karal Ann Marling, *As Seen on TV: The Visual Culture of Everyday Life in the 1950s* (Cambridge: Harvard University Press, 1994), p. 206。

關於甜甜圈，見 John A. Jakle and Keith A. Sculle, *Fast Food: Roadside Restaurants in the Automobile Age* (Baltimore: The Johns Hopkins University Press, 1999), pp. 197-98。

關於速食店群聚在中學附近，見 S. Bryn Austin, Steven J. Melly, Brisa N. Sanchez, Aarti Patel, Stephen Buka, and Steven Gortmaker, "Clustering of Fast-Food Restaurants Around Schools: A Novel Application of Spatial Statistics to the Study of Food Environment," *American Journal of Public Health*, September 2005, vol. 95, no. 9, pp. 1575-81。

第 3 章　打破你的買菜習慣

都是實地考察，沒有參考出版品。

第 4 章　正妹很多？千萬別進去！

關於 Masa 餐廳，見 G. Bruce Knecht, "The Raw Truth," *The Wall Street Journal*, Saturday/Sunday, March 25-26, 2006, pp. P1, P6。

美國人榮獲諾貝爾獎的一個資料出處在：http://www.jinfo.org/US_Nobel_Prizes.html。

關於可口可樂溢價，Eric Schlosser, *Fast Food Nation: The Dark Side of the All-American Meal* (New York: Perennial, 2002), p.54 提供一些標準數字：「連鎖速食店買可口可樂糖漿的成本約為一加侖四．二五美元。一杯中杯可樂賣一．二九美元，含大約九分錢的糖漿。櫃檯後面的正妹總是建議你，不如買大杯可樂，只要一．四九美元，大杯可樂比中杯多含了三分錢的糖漿——讓麥當勞多賺十七分純利。」

關於葡萄酒溢價的一些最新估計，見 Juliet Chung, "Cracking the Code of Restaurant Wine Pricing," *The Wall Street Journal*, Friday, August 15, 2008，及 Gretchen Roberts, "The Lowdown on Restaurant Markups," *Wine Enthusiast Magazine*, May 7,

2010, http://www.winemag.com/Wine-Enthusiast-Magazine/May-2010/The-Lowdown-on-Restaurant-Markups。據估計紐約Daniel 餐廳儲藏高達八十萬美元的葡萄酒；見 Brenner, *American Appetite*。

關於「掩蔽」次要品價格的概念，如餐廳的飲料，見 Xavier Gabaix and David Laibson, "Shrouded Attributed, Consumer Myopia, and Information Suppression in Competitive Markets," *Quarterly Journal of Economics*, May 2006, pp. 505-40。

關於免費午餐歷史，見 Madelon Powers, *Faces Along the Bar: Lore and Order in the Workingman's Saloon, 1870-1920* (Chicago: University of Chicago Press), 1998。

關於飲料定價策略及餐桌空間的使用，見 John R. Lott Jr. and Russell D. Roberts, "A Guide to the Pitfalls of Identifying Price Discrimination," *Economic Inquiry*, January 1991, vol. 29, no. 1, pp. 14-23。

關於爆米花歷史，見 Andrew F. Smith, *Popped Culture: A Social History of Popcorn in America* (Columbia: University of South Carolina Press, 1999), pp. 102, 119-120, 159。有關爆米花價格的實證研究，見 Richard Gil and Wesley Hartmann, "Empirical Analysis of Metering Price Discrimination: Evidence from Concession Sales at Movie Theaters," working paper, 2008。

有關電影發行的經濟分析，見 Peter Caranicas, "Studios at the Brink," *Variety Magazine*, May 3-9, 2010, pp. 1, 70。

關於爆米花價格，製片公司不是傻瓜。他們擔心爆米花定價過高會壓低電影需求並減少他們的利潤。因此當電影租給戲院上映時，合約上通常註明爆米花的最高價格。理想上，製片公司寧可票價定得高，爆米花賣得非常便宜。因此雙方展開拉鋸戰，造成結果如下：製片公司可以管制容易監控的爆米花價格，但管不了它的品質。製片公司制定爆米花的價格，而戲院以降低爆米花的品質來回應。降低每個單位的品質是另一個（偷偷摸摸）向消費者收取更高單價的方法。這是為什麼電影院的爆米花及其他食品通常品質低劣的原因。

關於餐廳失敗率，見 H.G. Parsa 的作品，包括 "Why Restaurants Fail" 一文。出自他與 John T. Self, David Njite 及 Tiffany

King 合著的 *Cornell Hotel and Restaurant Administration Quarterly*, August 2005, vol. 46, no. 3, pp. 304-22。

關於麥當勞，見 Philip Langdon, *Orange Roofs and Golden Arches: The Architecture of American Chain Restaurants* (New York: Alfred A. Knopf, 1986), p. 107。

第5章　雜亂無章的食堂裡，冒出美好的煙

關於 Mike Whitely，見 http://thelittledixieweekender.com/archive/page/4/。

關於建立燒烤連鎖店失敗的例子，見 John A. Jackle and Keith A. Sculle, *Fast Food: Roadside Restaurants in the Automobile Age* (Baltimore: The Johns Hopkins University Press, 1999), pp. 171-72。史凱格斯牧師，見 Greg Johnson and Vince Staten, *Real Barbecue* (New York: Harper & Row, 1988), p. 145；時代廣場的燒烤店，見 p. 107。Robert F. Moss 的 *Barbecue: The History of an American Institution,* (Tuscaloosa: University of Alabama Press, 2010) 是一本非常好的燒烤通史。

美國人一年燒烤次數的估計，見 Rick Browne and Jack Betridge, *Barbecue America: A Pilgrimage in Search of America's Best Barbecue* (Alexandria, Virginia: Time-Life Books, 1999), p. 11。

烤豬前腿肉的時間，見 Steven Raichlen, *BBQ USA* (New York: Workman Publishing, 2003), pp. 160, 230。

關於 barbecue 這個字的來源和演變，可參見 Eric Lolis Elie, *Smokestack Lightning: Adventures in the Heart of Barbecue Country* (Berkeley: Ten Speed Press, 2005), p. 26。

關於早期燒烤，見 Dotty Griffith, *Celebrating Barbecue: The Ultimate Guide to America's 4 Regional Styles of 'Cue* (New York: Simon & Schuster, 2002), pp. 20, 32。關於燒烤的加勒比海起源，見 Eric Lolis Elie, "Barbecue," in *Encyclopedia of Food and Culture*, edited by Solomon Katz and William Woys Weaver (New York: Charles Scribner's Sons, 2003), pp. 164-66。

關於德州歷史及燒烤與政治集會的關係，見 Robb Walsh, *Legends of Texas Barbecue Cookbook: Recipes and Recollections from the Pit Bosses* (San Francisco: Chronicle Books, 2002), pp. 28-30，及 Sharon Hudgins, "A Feast for All: Texas Barbecue as a Meal and Social Gathering," *Culture* 6, 1992。

燒烤與麵包的關係，見 John Egerton and Ann Bleidt Egerton, *Southern Food: At Home, On the Road, in History* (Chapel Hill: The University of North Carolina Press, 1993), p. 150。

關於北卡羅萊納州的高麗菜沙拉，見 Bob Garner, *North Carolina Barbecue* (Winston-Salem, North Carolina: John F. Blair, 1996), pp. 20-25。

燒烤比賽參與人數的粗略估計，見 Rick Browne and Jack Bettridge, *Barbecue America: A Pilgrimage in Search of America's Best Barbecue* (Alexandria, Virginia: Time-Life Books, 1999), p. 102，及 Steven Raichlen, *BBQ USA* (New York: Workman Publishing, 2003), p. 12。

關於稀奇古怪的燒烤店名，見 Greg Johnson and Vince Staten, *Real Barbecue* (New York: Harper & Row, 1988), pp. 187-89。

關於烤窯師傅，見 Bob Garner, *North Carolina Barbecue* (Winston-Salem, North Carolina: John F. Blair, 1996), pp. 29-30 的評論，及 Eric Lolis Elie, *Smokestack Lightning: Adventures in the Heart of Barbecue Country* (Berkeley: Ten Speed Press, 2005), p. 11。

關於藍煙餐廳及其遭遇的障礙，見 "Where the Smoke Rises (and Rises)," *The New York Times*, Wednesday, March 27, 2002。

關於羊頭燒烤，見 Daniel D. Arreola, *Tejano South Texas: A Mexican American Cultural Province* (Austin: University of Texas Press, 2002), pp. 167-69；Robb Walsh, *Legends of Texas Barbecue Cookbook: Recipes and Recollections from the Pit Bosses* (San Francisco: Chronicle Books, 2002), pp. 190-91；及 Mario Montaño, *The History of Mexican Folk Foodways of South Texas: Street Vendors, Offal Foods, and Barbacoa de Cabeza* (Ann Arbor: University of Microfilms, University of Pennsylvania doctoral dissertation, 1992), pp. 257-63。

關於墨西哥烤乳豬技術，見 Peter Kaminsky: *Pig Perfect: Encounters with Remarkable Swine and Some Great Ways to Cook Them* (New York: Hyperion, 2005)，第 17 章。關於 pib 的意思，見 Diana Kennedy, *The Essential Cuisines of Mexico* (New York: Clarkson Potter, 2000), pp. 277, 320。

有關墨西哥農村燒烤及其調味料的討論，見 James W. Peyton, *El Norte: The Cuisine of Northern Mexico* (Santa Fe: Red Crane Books, 1995), pp. 112-14。

關於旋轉烤肉如何來到墨西哥，見 Jeffrey M. Pilcher, *Que Vivan los Tamales: Food and the Making of Mexican Identity* (Albuquerque: University of New Mexico Press, 1998), p. 136。

關於用木柴燒烤的成本，見 Greg Johnson and Vince Staten, *Real Barbecue* (New York: Harper & Row, 1988), p. 70 之討論。

燒烤師傅威伯．雪萊對於肉擺放的位置及其為何重要的觀點，見 Bob Garner, *North Carolina Barbecue* (Winston-Salem, North Carolina: John F. Blair, 1996), pp. 31-32。

關於關島的燒烤醬，見 Steven Raichlen, *BBQ USA* (New York: Workman Publishing, 2003), pp. 244, 657。

此處列舉的燒烤醬原料引自 Mike Mills and Amy Mills Tunnicliffe, *Peace, Love & Barbecue: Recipes, Secrets, Tall Tales, and Outright Lies from the Legends of Barbecue* (Emmaus, Pennsylvania: Rodale Books, 2005), pp. 53, 61, 65。作者在 p. 53 討論 Miracle Whip 與美乃滋的差別。

關於燒烤醬的生產與行銷，見 Nell du Vall, *Domestic Technology: A Chronology of Developments* (Boston, Massachusetts: G.K. Hall & Co., 1988), p.79。

低溫真空烹調法約於三十年前引進法國。起初未能流行，因害怕肉毒桿菌中毒和李斯特菌，但後來設備和技術都改進了。

關於洛克哈特市的烤香腸，見 Rick Browne and Jack Bettridge, *Barbecue America: A Pilgrimage in Search of America's Best*

Barbecue (Alexandria, Virginia: Time-Life Books, 1999), pp. 11-12，及 Eric Lolis Elie, *Smokestack Lightning: Adventures in the Heart of Barbecue Country* (Berkeley: Ten Speed Press, 2005), p. 49。

第6章　呷飽未？

關於菲律賓人和菲律賓餐廳數目，及中國餐廳數目，見 Steven A. Shaw, *Asian Dining Rules: Essential Strategies for Eating Out at Japanese, Chinese, Southeast Asian, Korean, and Indian Restaurants* (New York: William Morrow, 2008), pp. 130-31。

第7章　糧食革命，人人有責

關於玉米培育史，見 "Rio Balsas most likely region for maize domestication," Christine A. Hastorf, *Proceedings of the National Academy of Sciences*, March 31, 2009, vol. 106, no. 13, pp. 4957-58。

關於火車時速及運銷成本，見 W.P. Hedden, *How Great Cities are Fed* (Boston: D.C. Health and Company, 1929)，火車時速見 pp. 74-81, p.88，運銷成本見 p. 299。

關於美國農業生產力激增，見 Bruce L. Gardner, *American Agriculture in the Twentieth Century: How It Flourished and What It Cost* (Cambridge: Harvard University Press, 2002), pp. 20-22, 44。

關於糧食價格自一九五〇年起下跌，見 Indur M. Goklany, *The Improving State of the World: Why We're Living Longer, Healthier, More Comfortable Lives on a Cleaner Planet* (Washington, D.C.: Cato Institute, 2007), p.21。

關於布若格及他的綠色革命之傳布，見 Leon Hesser, *The Man Who Fed the World: Nobel Peace Prize Laureate Norman Borlaug and His Battle to End World Hunger* (Dallas: Durban House Publishing Company, 2006)，第七章討論傳布。

關於毛澤東時代的中國饑荒，見 Frank Dikotter, *Mao's Great Famine: The History of China's Most Devastating Catastrophe,*

1958-1962 (New York: Walker & Company, 2010)。

有關土地壓力的數字，見Goklany, *The Improving State*, pp. 120-22, p. 190。

有關食物課稅的研究，見Jonah B. Gelbach, Jonathan Klick, and Thomas Stratmann, "Cheap Donuts and Expensive Broccoli: The Effects of Relative Prices on Obesity," March 13, 2007, http://www.law.yale.edu/documents/pdf/Intellectual_Life/JKlick_Cheap_Donuts.pdf。

世界飢民人數估計，見http://en.wikipedia.org/wiki/Hunger。對此估計持懷疑觀點的文章，見Abhijit Banerjee and Esther Duflo, "More Than 1 Billion People Are Hungry in the World, But What if the Experts Are Wrong?" *Foreign Policy*, May/June 2011。

有關美國農業生產力下滑的資料，見Julian M. Alston, Mathew A. Anderson, Jennifer S. James, and Philip G. Pardey, *Persistence Pays: U.S. Agricultural Productivity Growth and the Benefits from Public R&D Spending* (New York: Springer, 2010), pp. 147-57。學者喬納森・佛里的引語，見"A Warming Planet Struggles to Feed Itself," *The New York Times*, June 4, 2011。

關於小麥價格飆漲，見Robert J. Samuelson, "The Great Food Crunch," *The Washington Post*, Monday, March 14, 2011, p. A19。

關於生化燃料占農業比例，見Elisabeth Rosenthal, "Rush to Use Crops as Fuel Raises Food Prices and Hunger Fears," *The New York Times*, April 6, 2001。

關於葉門，見Hugh Macleod and John Vidal, "Yemen Threatens to Chew Itself to Death over Thirst for Narcotic Qat Plant," *The Guardian*, February 26, 2010。

關於沙烏地阿拉伯，見"Wheat and Water Subsidy Datapoints of the Day," June 23, 2008, http://www.portfolio.com/views/blogs/market-movers/2008/06/23/wheat-and-water-subsidy-datapoints-of-the-day/#ixzz1KGRWIOzS，該文引用Elie Elhadj的研究，參見其"Saudi Arabia's Agricultural Project: From Dust to Dust,"一文http://www.globalpolitician.com/print.

asp?id=5059。

關於印度的營養不良率，見 Vikas Bajaj, "Galloping Growth, and Hunger in India," *The New York Times*, March 8, 2011，該文亦引述特別快速攀升的印度糧價。關於印度對食物生產的限制，一個非常好的資料來源是 Maurice Landes, *The Environment for Agricultural and Agribusiness Investment in India, USDA, Economic Information Bulletin*, Number 37, July 2008，如 p.19 討論土地法，p.27 討論外商直接投資的限制。農產品蹧蹋率，見 "Fling Wide the Gates," *The Economist*, April 14, 2011 的估計（應為非常粗略的估計，但無論如何蹧蹋率很高），小麥蹧蹋率見 "*WSJ* Interview with Kaushik Basu," *The Wall Street Journal*, March 22, 2011。關於二〇一一年放寬外商直接投資，見 "100% FDI allowed in some areas of farm sector," *The Hindu*, March 31, 2011。

GMO背景資料，除了國家研究委員會報告（The Impact of Genetically Engineered Crops on Farm Sustainability in the United States, Washington, D.C.: National Academies Press, 2010）外，參考Pamela C. Ronald and Raoul W. Adamchak, *Tomorrow's Table: Organic Farming, Genetics, and the Future of Food* (New York: Oxford University Press, 2008)，及"Global Status of Commercialized Biotech/GM Crops: 2010," ISAAA Brief 42-2010, http://isaaa.org/resources/publications/briefs/42/executivesummary/default.asp。

其他有用資料包括 Indur M. Goklany, *The Improving State of the World: Why We're Living Longer, Healthier, More Comfortable Lives on a Cleaner Planet* (Washington, D.C.: Cato Institute, 2007)，及 Henry I. Miller and Gregory Conko, *The Frankenfood Myth: How Protest and Politics Threaten the Biotech Revolution* (Westport, Connecticut: Praeger, 2004)。一般看法摘要，見 Gregory Conko, "The Benefits of Biotech," *Regulation*, Spring 2003，及 James E. McWilliams, "The Green Monster: Could Frankenfoods be good for the environment?" *Slate*, Wednesday, January 28, 2009, http://www.slate.com/id/2209168/pagenum/all/#p2。

關於GMO如何使農作物更營養，見Pamela C. Ronald and James E. McWilliams, "Genetically Engineered Distortions," *The New York Times*, May 14, 2010，及國家研究委員會報告。

關於棉花與殺蟲劑，見 Gregory Conko, "The Benefits of Biotech," *Regulation*, Spring 2003, p.22。

這段摘錄引自泰西亞提夫婦的 *Genetically Engineered Foods: Are They Safe? You Decide* (Los Angeles: Keats Publishing, 1998), p. 45。

關於阿米緒人與GMO，可參見http://news.bbc.co.uk/2/hi/science/nature/7745726.stm。非洲的GMO，以及歐洲的法規，見Robert Paarlberg, *Starved for Science: How Biotechnology Is Being Kept Out of Africa* (Cambridge: Harvard University Press, 2009)。

第8章　你挺綠嗎？

關於艾德・貝格雷，可參見 http://www.johnnyjet.com/folder/archive/I-Flew-with-Ed-Begley-Jr-Possibly-the-Greenest-Person-Alive.html；http://www.edbegley.com/environment/tipsandfaq.html。

關於德國人馬蒂奧斯・吉爾伯，見 http://greenmanplanet.blogspot.com/。

有關麥克・杜克與沃爾瑪的報導，見 Tom Rooney, "The greenest man alive is…Mike Duke of Wal-Mart!" *Pittsburgh Post-Gazette*, July 18, 2010, http://www.post-gazette.com/pg/10199/1073252-109.stm#ixzz1KGYRMjsm。

關於中非俾格米人的平均壽命，見 Roger Highfield, "Pygmies Life Expectancy Is Between 16 and 24," *The Telegraph*, December 10, 2007。

有關浪費的研究，可參見 Ro'i Zultan and Maya Bar-Hillel, "When Being Wasteful Appears Better than Feeling Wasteful," *Judgment and Decision Making*, vol. 5, no. 7, December 2010, pp. 489-96。消費者心理與綠色產品，見 Nina Mazar and Chen-Bo Zhong, "Do Green Products Make Us Better People?" *Psychological Science*, March 5, 2010, XX(X), pp. 1-5。

關於安妮娜・羅斯特，見 Jascha Hoffman, "Carbon Penance," *The New York Times*, December 12, 2008。

關於塑膠，可參見 "Paper or Plastic?" *The Washington Post*, October 3, 2007。關於棉花，見 Martin Hickman, "Plastic Fantastic! Carrier Bags 'Not Eco-villains After All'" *The Independent*, February 20, 2011。

關於運輸食物的能源成本，見 Stephen Budiansky, "Math Lessons for Locavores," *The New York Times*, Friday, August 19, 2010, p. A19。原始資料出處為 "Energy Use in the U.S. Food System," by Patrick Canning, Ainsley Charles, Sonya Huang, Karen R. Polenske, and Arnold Waters, United States Department of Agriculture, March 2010；二九%的數字引自 p. 10；亦見 p. 20。里奇・皮拉克的估計，見 James E. McWilliams, *Just Food: Where Locavores Get It Wrong and How We Can Truly Eat Responsibly* (New York: Back Bay Books, 2009), pp. 25-26。

冷藏蘋果的例子，見 Mike Berners-Lee, *How Bad Are Bananas?: The Carbon Footprint of Everything* (London, England: Profile Books, 2010), p. 27。

愛波・戴維拉的資料來自她的部落格及推特貼文：http://web.me.com/aprildavila/MWM/Check_My_Work.html.；http://web.me.com/aprildavila/MWM/Blog/Blog.html. ；http://web.me.com/aprildavila/MWM/Blog/Entries/2010/2/20_Food_For_Thought.html ；http://twitter.com/WithoutMonsanto。

愛波杯葛孟山都的故事，亦見這篇文章：http://blogs.riverfronttimes.com/dailyrft/2010/04/la_woman_boycotts_monsanto_for_a_moth.php?page=1。GMO與老鼠致癌關係的文章可在下述網站找到：http://www.biolsci.org/v05p0706.htm。

關於杯葛，見 Brayden G. King, "A Political Mediation Model of Corporate Response to Social Movement Activism," *Administrative Science Quarterly*, 2008, vol. 53, no. 3, pp. 395-421，及下述網站上的摘要：http://insight.kellogg.northwestern.edu/index.php/kellogg/article/why_boycotts_succeed_and_fail。

關於美國眾議院的新刀叉，見 "Stick a Fork in Hill's 'Green' Cutlery," by David A. Fahrenthold and Felicia Sonmez, *The*

Washington Post, Saturday, March 5, 2011, pp. A1, A4。

關於家庭烹飪及食物儲存的能源成本，見“Energy Use in the U.S. Food System,” by Patrick Canning, Ainsley Charles, Sonya Huang, Karen R. Polenske, and Arnold Waters, United States Department of Agriculture, March 2010。英國估計食物占總能源用量約二〇%；見 Mike Berners-Lee, *How Bad Are Bananas?*, p. 177。

關於糖的提煉與加工的能源成本，以及汽油與食物的比較，見“Energy Use in the U.S. Food System,” by Patrick Canning, Ainsley Charles, Sonya Huang, Karen R. Polenske, and Arnold Waters, United States Department of Agriculture, March 2010。

第9章　邊境上的料理東西軍

關於艾爾帕索的強烈拉丁影響，見 Kathleen Staudt, *Free Trade? Informal Economies at the U.S.-Mexico Border* (Philadelphia: Temple University Press, 1998), pp. 35, 46，並見 p. 33 有關雙城之間的邊界關係史。

華雷斯城是墨西哥最富裕的地方之一。相對於美國其他地區，艾爾帕索的財富是向下滑落的。一九五〇年艾爾帕索的人均所得略高於全國平均值，但到了一九九一年已跌至全國平均值的五九%；見 Staudt, *Free Trade?*, pp. 35-36。過去的製造業工作已轉型為低工資勞動，尤其在成衣業。

有關這兩國不同的工廠式農場經濟，一般背景見 Ann Cooper, with Lisa M. Holmers, *Bitter Harvest: A Chef's Perspective on the Hidden Dangers in the Foods We Eat and What You Can Do About It* (New York: Routledge, 2000), pp. 108-109；及 Peter Kaminsky, *Pig Perfect: Encounters With Remarkable Swine and Some Great Ways to Cook Them* (New York: Hyperion, 2005), p. 243。

乾式與濕式牛肉熟成技術之比較，可參見 *Steaks, Chops, Roasts, and Ribs: A Best Recipe Classic*, by the Editors of *Cook's*

Illustrated (Brookline, Massachusetts: America's Test Kitchen, 2004), p. 234。關於乾式熟成牛肉溢價，可參見 Katy McLaughlin, "Steakhouse Confidential," *The Wall Street Journal*, Saturday/Sunday, October 8-9, 2005, pp. P1, P4。

橫膈膜肉與牛腩之比較，可參見 *Steaks, Chops, Roasts, and Ribs: A Best Recipe Classic*, by the Editors of *Cook's Illustrated* (Brookline, Massachusetts: America's Test Kitchen, 2004), p. 40；及 Mario Montaño, *The History of Mexican Folk Foodways of South Texas: Street Vendors, Offal Foods, and Barbacoa de Cabeza* (Ann Arbor: University of Microfilms, University of Pennsylvania doctoral dissertation, 1992), p. 227。在墨西哥的西班牙語中，Fajita 的意思是「小束腹帶」（faja 是「束腹帶」）。橫膈膜肉取自牛隻的胸腹之間，彷彿牛穿束腹帶的部位，因而得名；見 Jeanne Voltz, *Barbecued Ribs, Smoked Butts, and Other Great Foods* (New York: Alfred A. Knopf, 1990), pp. 63-64。

彼得・克明斯基談豬的引文，見 Peter Kaminsky, *Pig Perfect: Encounters With Remarkable Swine and Some Great Ways to Cook Them* (New York: Hyperion, 2005), p. 159。

關於牛肉消耗量與豬肉消耗量在美國的消長，見 Richard Pillsbury, *No Foreign Food: The American Diet in Time and Place* (Boulder, Colorado: Westview Press, 1998), pp. 71-73。

關於美國豬肉含脂量的下降，見 Kaminsky, *Pig Perfect*, p. 190。

美國禁止未殺菌乳酪的起因不明。禁令頒布於一九四七年，當時乳酪運輸尚未普遍使用冷藏貨車。墨西哥政府近年鼓勵乳酪和乳製品殺菌，但此政策不涉及全面禁止。墨西哥牛奶通常比較稀薄，這也影響乳酪的味道。關於墨西哥牛奶，見 Arturo Lomeli, *La Sabiduria de la Comida Popular* (Miguel Hidalgo, Mexico: Random House Mondadori, 2004), pp. 303-4。

關於門諾派乳酪，見 Cheryl Alters Jamison and Bill Jamison, *The Border Cookbook: Authentic Home Cooking of the American Southwest and Northern Mexico* (Boston: The Harvard Common Press, 1995), p. 141。墨西哥門諾派教徒的更多歷史，見

Harry Leonard Sawatzky, *They Sought a Country: Mennonite Colonization in Mexico* (Berkeley: University of California Press), 1971。

關於豬油和牛油在墨西哥的用途，見 James W. Peyton, *El Norte: The Cuisine of Northern Mexico* (Santa Fe: Red Crane Books, 1995), p. 16。墨西哥食用豬油的歷史，見 John C. Super, *Food, Conquest, and Colonization in Sixteenth Century Spanish America* (Albuquerque: University of new Mexico Press, 1988), p. 85，及 Jeffrey M. Pilcher, *Que Vivan los Tamales: Food and the Making of Mexican Identity* (Albuquerque: University of New Mexico Press, 1998), p. 36。

見 *The El Paso Cookbook*。El Paso: Ladies' Auxiliary, YMCA, 1898 原版，Applewood Books, Bedford, Massachusetts 再版（無日期），Andrew F. Smith 撰寫導讀。

關於植物油歷史及其廣告，見 Susan Strasser, *Satisfaction Guaranteed: The Making of the American Mass Market* (Washington: Smithsonian Books, 2004), 第一章。一九二九年出版的英文墨西哥食譜，見 Pauline Wiley-Kleeman, *Ramona's Spanish-Mexican Cookery: The First Complete and Authentic Spanish-Mexican Cook Book in English*, 1929，未註明出版者。

Tortilla 在西班牙文的意思是「煎蛋餅」；西班牙人初到墨西哥時，扁平的玉米烙餅讓他們想到家鄉的扁平煎蛋餅。麵粉烙餅在美國的占比，見 Daniel D. Arreola, *Tejano South Texas: A Mexican American Cultural Province* (Austin: University of Texas Press, 2002), p. 175。

關於墨西哥的麵粉烙餅，見 Jeffrey M. Pilcher, *Que Vivan los Tamales: Food and the Making of Mexican Identity* (Albuquerque: University of New Mexico Press, 1998), pp. 31-36, 86-87, 493，亦見 Arreola, *Tejano South Texas*, p. 173，作者討論德州。

關於 Fritos 公司的故事，見 Betty Fussell, *The Story of Corn: The Myths and History, the Culture and Agriculture, the Art and Science of America's Quintessential Crop* (New York: North Point Press, 1992), p. 209。

關於一九二〇年代美國的玉米培育，見 Visser, *Much Depends on Dinner*, p. 48。墨西哥的玉米當然也是人類培育的，但發生在更久遠的時代。存活下來的品種遠比美國多。

墨西哥的烙餅機始於一九二〇年代和一九三〇年代。在過渡時期，婦女會帶玉米粒去村子的中央機器。電力來到村子之前，機器通常靠瓦斯運轉，使烙餅產生較差的味道。烙餅機在墨西哥的發展史，見 Jamie A. Aboites, *Breva Historia de un Invento Olvidado, Las Maquinas Tortilladoras en Mexico* (Mexico City: Universidad Autonoma Metropolitana, 1989)。關於墨西哥的烙餅生產，可參見 Pilcher, *Que Vivan*, pp. 100-102，及 Jeffrey M. Pilcher, "Industrial Tortillas and Folkloric Pepsi: The Nutritional Consequences of Hybrid Cuisines in Mexico," in *Food Nations: Selling Taste in Consumer Societies*, edited by Warren Belasco and Philip Scranton (New York: Routledge, 2002), pp. 222-39。生麵團及更多的烙餅歷史，見 Janet Long-Solis and Luis Alberto Vargas, *Food Culture in Mexico* (Westport, Connecticut: Food Culture Around the World, 2005), p. 27。烙餅濕度，見 Robert L. Wolke, *What Einstein Told His Cook 2: The Sequel* (New York: W.W. Norton & Company, 2005), p. 231。烙餅工廠，見 Donna R. Gabaccia, *We Are What We Eat: Ethnic Food and the Making of Americans* (Cambridge: Harvard University Press, 1998), p. 221 ；Jeffrey M. Pilcher, *Que Vivan los Tamales: Food and the Making of Mexican Identity* (Albuquerque: University of New Mexico Press, 1998), p. 103-105 ；及 Arturo Lomeli, *La Sabiduria de la Comida Popular* (Miguel Hidalgo, Mexico: Random House Mondadori, 2004), p. 136。墨西哥烙餅補貼史，見 Enrique C. Ochoa, *Feeding Mexico: The Political Uses of Food Since 1910* (Wilmington, Delaware: Scholarly Resources Books, 2000)，及 Lomeli, *La Sabiduria*, p.53。關於較大的美國烙餅工廠，及手工烙餅在美國的東山再起，見 Himilce Novas and Rosemary Silva, *Latin American Cooking Across the U.S.A.* (New York: Alfred A. Knopf, 1997), p.8。

有些墨西哥本土青菜，如 pápalos、pipizca、verdolaga、quelite，通常在美國買不到。

關於番茄及番茄運輸，這本書中有很好的討論：Deborah Barndt, *Tangled Routes: Women, Work, and Globalization on the Tomato Trail* (Lanham, Maryland: Rowman & Littlefield), pp. 12-13, 16-17, 21-22, 48。

第10章　吃，是旅途的一部分

新加坡各種食物的歷史，見 Lee Geok Boi, "Part One: Food in Singapore," in *The Food of Singapore: Authentic Recipes from the Manhattan of the East* (Singapore: Periplus Editions, 2001), pp. 5-24，尤其是 pp. 14-15，及 Chua Beng Huat and Ananda Rajah, "Food Ethnicity and Nation," in *Life is Not Complete Without Shopping: Consumption Culture in Singapore*, edited by Chua Beng Huat (Singapore: Singapore University Press, 2003), pp. 93-117。新加坡小販中心的歷史，可參見 Selina Ching Chan, "Consuming Food: Structuring Social Life and Creating Social Relationships," in *Past Times: A Social History of Singapore*, edited by Chan Kook Bun and Tong Chee Kiong (Singapore: Times Editions, 2000), pp. 123-35，尤其是 pp. 124-26。

巴黎中央市場的歷史，可參見 John Hess, *Vanishing France* (New York: Quadrangle/The New York Times Book Co., 1975), pp. 4-5，及 Susanne Friedberg, *French Beans and Food Scares: Culture and Commerce in an Anxious Age* (Oxford: Oxford University Press, 2004), pp. 130, 142, 144, 149。

關於出版米其林指南所牽涉的財務損失，見 Paul Betts, "Flavour of austerity taints Michelin guide," *The Financial Times*, March 5, 2011, p. 2。

第11章　回家，動手煮吧！

如何從你的賓客套取誠實建議，見 Hang 於 http://blog.figuringshitout.com/my-hn-dinner-party-3/ 的評論。

關於德國的福維克公司，見 Amanda Hesser, "The Way We Eat: Dream Machine," *The New York Times Magazine*, November 11, 2005, at http://www.nytimes.com/2005/11/20/magazine/20food_.html?_r=1。

國家圖書館出版品預行編目（CIP）資料

中午吃什麼？：一個經濟學家的無星級開味指南 / 泰勒．柯文 (Tyler Cowen) 著 ; 朱道凱譯 . -- 初版 . -- 臺北市 : 早安財經文化 , 2013.07
面； 公分 . -- (早安財經講堂 ; 58)
譯自 ：An economist gets lunch : new rules for everyday foodies
ISBN 978-986-6613-59-3 (平裝)

1. 飲食風俗 2. 經濟學

538.7 102012129

早安財經講堂 58

中午吃什麼？

一個經濟學家的無星級開味指南

An Economist Gets Lunch

New Rules for Everyday Foodies

作　　者：泰勒・柯文 Tyler Cowen
譯　　者：朱道凱
特約編輯：莊雪珠
封面設計：Bert.design
責任編輯：沈博思、劉詢
行銷企畫：陳威豪、陳怡佳

發 行 人：沈雲驄
特　　助：戴志靜、黃靜怡
出版發行：早安財經文化有限公司
台北市郵政 30-178 號信箱
電話：(02) 2368-6840　傳真：(02) 2368-7115
早安財經網站：http://www.morningnet.com.tw
早安財經部落格：http://blog.udn.com/gmpress
早安財經粉絲專頁：http://www.facebook.com/gmpress

郵撥帳號：19708033　戶名：早安財經文化有限公司
讀者服務專線：(02)2368-6840　服務時間：週一至週五 10:00~18:00
24 小時傳真服務：(02)2368-7115
讀者服務信箱：service@morningnet.com.tw

總 經 銷：大和書報圖書股份有限公司
電話：(02)8990-2588
製版印刷：中原造像股份有限公司
初版 1 刷：2013 年 7 月
初版 20 刷：2013 年 7 月

定　　價：350 元
I S B N：978-986-6613-59-3（平裝）